U0603794

『高校培育和践行社会主义核心价值观』丛书

谦谦为人

中国古代君子教育研究

黄思记　等◎著

国家社会科学基金教育学重大招标课题『高校培育和践行社会主义核心价值观长效机制研究』（VEA150005）研究成果

科学出版社

北京

内 容 简 介

中国古代君子教育是与中国特色的君子文化一脉相承的，是中华优秀传统文化的重要组成部分。本书围绕“谦谦为人：中国古代君子教育”进行研究，旨在通过对相关儒家经典与相关先贤之君子教育思想的分析，系统挖掘古代君子教育思想，分析古代君子教育思想的基本特点，丰富中国传统教育理论研究成果，充实君子教育思想研究，为新时代中小学和其他教育机构君子教育的实施提供基础性知识。

本书可供中国传统文化与传统教育的研究者和爱好者，师范类专业本科生、研究生，以及相关专业的教师参阅。

图书在版编目（CIP）数据

谦谦为人：中国古代君子教育研究 / 黄思记等著. --北京：科学出版社，2024.12. —(“高校培育和践行社会主义核心价值观”丛书). —ISBN 978-7-03-080619-2

Ⅰ. K203

中国国家版本馆CIP数据核字第20245YL190号

责任编辑：崔文燕　高丽丽 / 责任校对：贾伟娟
责任印制：徐晓晨 / 封面设计：润一文化

科学出版社出版
北京东黄城根北街16号
邮政编码：100717
http:// www.sciencep.com

北京九州迅驰传媒文化有限公司印刷
科学出版社发行　各地新华书店经销
*
2024年12月第　一　版　开本：720×1000　1/16
2024年12月第一次印刷　印张：18 3/4
字数：300 000

定价：128.00元

（如有印装质量问题，我社负责调换）

序

由安阳师范学院教育学院副教授、河南省教育学会比较教育专业委员会学术委员会常务理事黄思记博士主持完成的《谦谦为人：中国古代君子教育研究》一书，是国家社会科学基金教育学重大招标项目“高校培育和践行社会主义核心价值观长效机制研究”（VEA150005）的研究成果之一。

中国古代的君子教育，根植于独具中国特色的君子文化土壤之中，构成了中华优秀传统文化不可或缺的一环，是探究传统文化与传统教育领域的关键议题。研究中国古代君子教育，对传承与弘扬中华优秀文化、汲取其合理教育内核、创新当代教育理论、培育和践行社会主义核心价值观、更好地完成立德树人的时代教育任务等均有重要意义。《谦谦为人：中国古代君子教育研究》以“谦谦为人：中国古代君子教育”为核心议题，致力于通过细致剖析儒家经典著作及历代贤哲的君子教育观，全面挖掘古代君子教育的核心要义，并总结其本质特征，弥补当前在君子教育相关研究领域的不足，同时为新时代中小学及其他机构开展君子教育活动提供相应的支持和借鉴。

该书主体部分包括中国古代君子教育相关概念阐释、中国古代君子教育的形成与发展、“四书”之君子教育思想分析、“五经”之君子教育思想分析，以及中国古代君子教育的基本特点、历史影响与现代价值五部分内容。

首先，书中阐释了君子、君子人格及君子教育的基本内涵，指出君子教育是以儒学为理论基础，并指出旨在培养“内圣外王”的君子教育是自汉代至清代中国古代主流的教育模式和一以贯之的教育传统。

其次，书中较为系统地探讨君子教育的形成与发展背景，强调夏商周三代文化、邹鲁特色文化和春秋战国社会巨变对其形成的影响，以及古代大一统国家治理与发展对其发展的推动作用。同时，总结了中国古代君子教育形成与发展的主要特点。

再次，该书在第三、四章采用整体分析与案例分析相结合的方式分析了“四书”“五经”中的君子教育思想。其中第三章包括“四书”之君子教育思想概述、《论语》中的君子教育思想和《孟子》中的君子教育思想；第四章包括“五经”之君子教育思想概述、《诗经》中的君子教育思想和《礼记》中的君子教育思想。在分析过程中，以理论剖析资料，以资料佐证理论，将理论分析与资料呈现完美地融而为一，从而使所论观点更具说服力，并使人对君子教育的认知上升到一个新的高度。

最后，第五章总结了中国古代君子教育的基本特点、历史影响与现代价值。书中指出，以德为要的精英人才教育目的取向、重视人文的君子教育内容选择和灵活多样的教育方法中国古代是君子教育的基本特点；中国古代君子教育的历史影响主要体现在君子教育对中国及周边儒家文化圈多国教育的发展产生了深远的历史影响，同时君子教育对古代中国的稳定与发展作出了重要贡献；书中强调，君子教育的现代价值在于：君子教育的形成机制是当代教育理论创新的重要借鉴、君子教育以德为要的精英教育理念有助于推动当代“立德树人”教育的健康发展、君子教育全人格教育观有助于推动现代通识教育的实施、君子教育三位一体实践机制有助于社会主义核心价值观培育和践行的长效机制构建与实施、君子教育对道德价值的追求是人类教育的永恒主题等。

综上，《谦谦为人：中国古代君子教育研究》一书系统研究了儒家经典中的君子教育思想，通过对儒家经典文献的深入剖析，全面把握君子教育的核心理念和精髓，聆听儒家先贤的智慧教诲与深刻警醒。这不仅是对中国传统教育理论的深化与拓展，更是对中华优秀传统文化的一次致敬与传承。将来，希望黄思记博士以此为基础，在未来的学术研究道路上，进一步细化研究专题，对儒家经典中的君子教育思想进行更为细致和深入的探索，并希望通过这种持续研究，进一步把握儒家经典中君子教育的要义，揭示其背后的深层逻辑、广泛影响和现代价值，从而促进君子人格及其教育在当代的创造性转化和创新性发展，并在社会中加以广泛地传播和普及，彰显出新时代礼仪之邦的中国精神特质和中国风范。

李申申

目　　录

绪　论

谦 谦 为 人

一、研究意义

（一）中国古代君子教育是教育研究领域的重要课题

综观世界历史的发展，中国素以“礼仪之邦”著称。源远且无断流的五千年灿烂文化堪称奇迹，震惊世界。君子是中华民族的人格典范，是礼仪之邦的中国人精神面貌的真实写照，君子文化是中华传统文化的精华。中国古代君子教育是主流的教育模式，是君子文化形成与发展的重要推动力量，是以德为要的中华传统教育的精华和中华优秀传统文化的重要组成部分，既是中国和世界的宝贵教育遗产，也是教育研究领域的重要课题。对这一课题的研究，有助于厘清与汲取中国古代君子教育的合理内核，推动中国教育现代化建设，培育和践行社会主义核心价值观。

（二）研究中国古代君子教育有利于展示当代中国的国际形象

在世界一体化、经济全球化的今天，我国的经济发展取得了令世人惊羡的成就，与之相匹配的国际形象亦须快速提升。礼仪之邦的中国正以坚实的步伐走在民族复兴大业的征程中，也正以从容的姿态走向多元文化的世界。“国际形象”成为影响中国在世界上的地位的重要因素之一，打造良好的国际形象是提升我国综合实力、提升国家地位的关键。令人遗憾的是，近些年时而出现的“土财主”“土豪”等新群体、新标签，使我们不得不深思在实现中华民族复兴大业、彰显负责任大国形象的当代中国，国人应当以何种精神风貌居于当今世界。倘若如此不雅称号成为国人的主流人格写照，可想而知我们呈现于当代世界的将是何种人格、何种国格。国格是国民人格的折射，全体国民道德水平的提升是塑造负责任大国形象的关键。国民需要提升道德水平，需要在主流文化或国家教育政策的引领下，形成强调社会、学校、家庭多方参与并构成合力的大教育观。君子教育以人格教育为核心，在理论与实践上以不同形式体现了这种大教育观。因此，要提高国民道德素养，展示礼仪之邦之大国君子之风，就需要研究君子教育。

（三）实现立德树人教育之根本任务需要继承与发展中国古代君子教育

中国是一个重视道德教育、重视人格修养的礼仪之邦。“立德树人”一直以来都是我国的教育理念。立德位于“立德、立言、立功”三不朽之首，成为中国人的崇高追求。“一年之计，莫如树谷；十年之计，莫如树木；终身之计，莫如树人”（《管子·权修》），道出了育人的重要性。党的十八大报告把教育发展作为改善民生、加强社会建设的重要内容，提出“把立德树人作为教育的根本任务”，同时坚定有力地回答了当代中国教育发展必须解决的培养什么人与怎样培养人的根本问题，具有里程碑意义。党的二十大报告进一步提出，“育人的根本在于立德。全面贯彻党的教育方针，落实立德树人根本任务”。“立德树人”这一教育根本任务的落实，需要从我国丰富的传统教育思想，尤其是君子教育思想中汲取营养，需要深入研究君子教育的理论与实践。

实际上，自孔子倡导培养君子以来，君子便逐渐成为中国人的典范人格。历史上不同时期的知识分子对君子文化的接力研究和对君子人格的切身恪守，使我国的君子文化源远流长。君子文化历经明末农民起义、太平天国运动、辛亥革命、五四运动等历史大潮的洗礼，历经数代仁人志士、英雄豪杰的反思、批判与再反思，其超越时空的价值魅力愈加彰显。近年来，君子人格逐渐成为史学、哲学、教育学、社会学等学科研究的重要内容。因此，作为以培养君子为目的的君子教育研究也应该成为教育研究的重要课题，这样才能更好地继承与发展我国重视道德修养的传统，促进立德树人教育理论的构建与教育实践的开展。

（四）矫正偏“能”的精英教育需要研究君子教育

构建拔尖人才培养体系，培养拔尖人才，实施精英教育，是构建创新型国家的需要，是与大众教育并行不悖的教育生态的重要组成部分。然而，当前精英教育理念呈现出严重的偏“能”倾向，尤其是在部分优质高中的招生过程中，出现了唯能是举、以钱招“能”的现象，致使精英教育中的“德”“能”失衡。这种偏失的教育理念下培养出来的所谓“精英”，可能是“能者”众而“贤者”寡。这些所谓的“能者”将成为社会各界精英，成为众人效仿的对象，对国民道德素养的养成教育会产生不可小视的负面影响，进而对中国社会的健康发展产生不良影响。德行缺失的精英可能因私欲弥天而贻害社会。在西方国家，一些唯利是图的经济精英人士在获取了足够的经济掌控权之后，可能因追求利益最大化而成为引发经济危机的重要因素。虽然精英教育理念的偏失不是导致社会德不配位的全部因素，但就精英教育而言，如果不把“立德”放在首位，其所树之人难免出现德不配位现象，这种所谓的“精英”具有的“能力”可能成为危害社会的凶器。为了矫正当前德能失衡的问题，对以德为要的古代君子教育进行深入研究十分必要。

（五）当前不同形式的君子教育实践亟须理论研究助推

当前，不同形式的君子教育实践活动相继出现，这是中国古代君子教育在当代中国的新发展，值得关注与研究。例如，辽宁省桓仁满族自治县桓仁镇东关小学长期坚持君子教育实践与研究，较好地继承和发展了君子教育的传统。2007年，该校实施的“君子教育”在全县推广；学校还开展了全国教育科学“十一五”规划课题“依托构建君子教育特色学校”研究。该校还成功开发了《君子之礼篇》《君子之学篇》《教师之礼篇》等君子教育系列教材。再如，河北省唐山市丰南区实验小学以君子文化为切入点，编写了校本教材《君子文化教育校本教程》，全书分为忠、孝、廉、礼、智、信 6 个分册，分别供 1—6 年级学生使用。这些自发的、生机初现的君子教育实践活动，无疑是对君子教育现代价值的认可与彰显，是传承与弘扬中华优秀传统文化的重要方式，理应得到理论研究的指导与帮助。[①]系统研究中国古代君子教育，不仅有利于当前不同形式的君子教育实践活动的健康开展，还能推动中国古代君子教育的现代化转化及其与大中小学生思想政治教育的有机结合。

---

① 黄思记. 君子教育与绅士教育比较研究. 河南大学博士学位论文，2015.

二、国内外相关研究

目前，国内外关于“君子教育”和“君子教育思想”的专题研究成果较少，“君子”方面的研究相当丰硕。以下简要分析国内外的相关研究。

（一）国内研究

国内研究君子教育思想的相关研究成果主要包括专著和论文（包括学位论文和期刊论文）两个方面。

其一，君子教育思想相关专著。君子教育思想相关专著的研究包括君子人格研究、君子文化研究、君子群体研究等方面。关于君子人格方面的研究，廖建平从君子人格的内涵、君子人格与轴心时代、君子人格的品德、君子人格的外观、君子人格的境界、君子人格的培养路径、君子与政治、君子与天命等方面进行了论述。[①]关于君子文化方面的研究，李洪峰从《周易》之君子气象、《论语》之君子风范、《大学》之君子修养、《中庸》之君子境界、《孟子》之君子故事、《荀子》之君子理念等方面，对中国古代君子文化进行了梳理与解读[②]；余秋雨论述了君子怀德、君子之德风、君子成人之美、君子周而不比、君子坦荡荡、君子中庸、君子有礼、君子不器、君子不耻等君子之道的基本内涵，以及君子之交、君子之名、君子之伪、君子之狱等方面，分析了中国君子之道、君子人格[③]。关于君子群体方面的研究，有马雪芹的《天启六君子》[④]、周天度的《七君子传》[⑤]等。

其二，君子教育思想相关论文。此类研究可以大致分为历史人物的君子教育思想研究和相关经典的研究。

历史人物的君子教育思想研究，既包括对人物本人君子人格的分析，也包括对其君子或君子教育思想的研究，主要集中于孔子、孟子、荀子等先秦诸贤，而

---

① 廖建平. 君子人格论. 北京：中国文联出版社，2001.

② 李洪峰. 中国古代的君子文化. 北京：紫禁城出版社，2011.

③ 余秋雨. 君子之道. 长沙：岳麓书社，2014.

④ 马雪芹. 天启六君子. 西安：三秦出版社，2000.

⑤ 周天度. 七君子传. 北京：中国社会科学出版社，1989.

对秦汉以来的思想家、教育家的君子观研究较少。孔子本人的教育实践及代表其君子教育思想的《论语》是研究“君子”“君子人格”“君子教育”的主要来源。从中国知网检索后发现，有关孔子君子教育思想的研究成果，截至2022年，硕博学位论文25篇（其中博士学位论文1篇）。与孔子君子教育思想相关的硕博学位论文中，既有对孔子人格的专题研究，如陈卫的《孔子的人格》（2011）等；也有对孔子君子观或君子人格的研究，如丁文远的《孔子君子观对当代青少年人格养成的启示》（2013）、熊燕华的《孔子君子观探析》（2007）等。也有期刊论文对孔子的君子教育思想进行了研究，如叶瑞昕的《孔子的义利观》（1997）、傅允生的《孔子义利观再认识》（2000）、李继兵等的《“君子爱财”与“君子固穷”：孔子“义利观”的现代启示》（2013）等。除孔子之外，被研究最多的是孟子和荀子。在学位论文中，刘友芳的《孔孟理想人格思想研究》（2011）有对孟子君子教育思想的相关研究。荀子君子教育思想研究的相关学位论文有5篇，期刊论文有4篇。另外，还涉及对王夫之、郑板桥等的君子观的研究。

在与君子教育思想相关的经典文献研究中，对《论语》的研究最多。对《论语》的研究涉及君子含义和君子观等方面。在君子含义方面，《〈论语〉中的君子审美人格分析》一文指出，《论语》中君子的人格具有多方面的特性：一是在才学方面，“君子博学于文”；二是在道德方面，“君子无终食之间违仁”，“君子义以为质，礼以行之，孙以出之，信以成之”，君子以“仁、义、礼、信”为本；三是在社交方面，“君子和而不同”“君子周而不比”，君子既讲团结也讲原则；四是在外表方面，“文质彬彬，然后君子”，君子是讲气质风度的；五是在审美方面，强调君子应“游于艺”，君子是一个充满趣味性的人。[①]总之，君子人格体现的是既有道德修养又有审美修养。除《论语》外，一些论文还涉及对《周易》《左传》《诗经》等与君子教育思想相关典籍的研究。

（二）国外研究

中国源远流长的儒家文化为世界文明的发展做出了巨大贡献，成为很多国家

① 边应东.《论语》中的君子审美人格分析. 河北大学硕士学位论文，2011.

学习和研究的重要内容。国外对君子的研究往往涵盖于儒学或汉学研究之中，而且对“中国君子”和“儒学”的正面评价居多，如美国学者狄百瑞（W. T. de Bary）将君子与“先知”类比，认为中国君子最重要的职能是和《旧约》中的先知一样，具有宣扬真理的使命①；韩国学者赵骏河认为，孔子所谓的“仁”是内在人性的德目，是每个人都与生俱有的，我们应当探求其现代价值。全社会只有尊奉以“仁”为核心的价值观，才能享受快速发展的经济与科技带来的既平安、安乐又和平、共生共存的世界。②不过，也有国外学者对孔子人格理论的缺陷进行了批评。一种较为普遍的批评是，孔子的人格理论虽然强调道德实践和修身养性，但在某些方面可能过于理想化，忽视了人性的复杂性和多样性。

英国对中国及君子的了解始于 13 世纪的《马可·波罗游记》。17 世纪，英国出版了第一本英文译本《孔子的道德》，开启了对孔子学说和君子人格的研究。19 世纪，英国传教士理雅各（J. Legge）把“十三经”中的 10 卷翻译成英文，其中就包括《论语》，成为西方国家了解儒学和君子人格的重要文献。休谟（D. Hume）对孔子非常崇拜，主张用儒学的理性战胜欧洲的神学统治。伦敦大学教授韦尔斯（H. G. Wells）说过，孔子的教导集中于一种高尚生活的思想，他把这种思想具体表现为一种标准或理想，就是贵族式的人——君子。③柏尔特（E. A. Burtt）所著《宗教之比较及历史研究》（*Man Seeks the Divine: A Study in the History and Comparison of Religions*）④一书对儒家思想进行了论述，认为作为君子必须言教与身教并重。

（三）研究特点与不足

综上所述，当前“君子”与“君子人格”方面的研究成果比较丰富，“君子

① [美]狄百瑞. 儒家的困境. 黄水婴，译. 北京：北京大学出版社，2009：73.

② [韩]赵骏河. 孔子的“仁”和“礼”. 姜日天，译. 孔子研究，1996（2）：118-128.

③ [英]赫·乔·韦尔斯. 世界史纲：生物和人类的简明史. 吴文藻，谢冰心，费孝通，等，译. 北京：人民出版社，1982：438.

④ 转引自朱仁夫. 儒学在英国的传播//国际儒学联合会. 儒学与当代文明：纪念孔子诞生 2555 周年国际学术研讨会论文集：卷四，2004：1793-1802.

教育”与“君子教育思想”方面的研究主要蕴含于其他研究之中，君子教育思想的专题研究显得不足。与国内相比，国外对君子教育思想的研究更加不足。具体表现为：对君子教育目的、君子教育内容和君子教育方法等教育要素缺乏研究；对君子教育的重要文献缺乏专题研究，如《论语》《孟子》等儒家经典中的君子教育思想的剖析等。本书希望在上述不足之处有所突破，丰富中国古代君子教育的理论研究。

三、研究思路与研究方法

（一）研究思路

本书的研究思路如下：首先，解读君子、君子人格、君子教育三个概念的内涵；其次，通过历史文化考察，分析君子教育的产生和发展，整体把握君子教育思想的历史发展脉络；再次，对儒家经典“四书”“五经”之君子教育思想进行系统研究，这是研究的主体部分；最后，在上述研究的基础上，归纳与分析中国古代君子教育的基本特点、历史影响和现代价值。

（二）研究方法

本书采用的研究方法主要有文献分析法、历史研究法和比较研究法等。

文献分析法是本书的主要研究方法，贯穿于本书研究的各部分，重点是对四书五经中蕴含的君子教育思想进行研究。

本书采用历史研究法，主要是通过对《中国儒学史》①、《中国教育通史》②等历史文献的分析，揭示我国古代君子教育思想的形成和发展，整体把握君子教育的发展脉络。

本书采用比较研究法，主要是通过对各种文献中蕴含的君子教育思想的比较分析，更为准确地揭示中国古代君子教育的基本特征。

---

① 汤一介，李中华. 中国儒学史. 北京：北京大学出版社，2011.

② 王炳照，李国钧，阎国华. 中国教育通史. 北京：北京师范大学出版社，2013.

第一章
中国古代君子教育相关概念阐释

谦 谦 为 人

关于“君子”的内涵，古今学者均有涉及，而对“君子教育”一词的研究却寥寥无几。本章先对君子的内涵进行阐述，再对君子人格、中国古代君子教育的内涵进行阐释。

第一节　君子的内涵

一、工具书中对“君子”的解释

先看《说文解字》中对“君”和“子”的解释：君，尊也，从尹。发号，故从口。，古文象君坐形[①]；子，十一月，阳气动，万物滋，人以为称。象形。凡子之属皆从子。，古文子，从巛，象发也。，籀文子囟有发，臂胫在几上也。[②]“君”的本义为“君主”，“子”是“幼儿”的象形，“君子”有君主之子的含义，可见“君子”身份的高贵。

《古代汉语常用字字典》对“君”“子”“君子”的解释分别如下。“君”的释义有三：①君主，如《论语·八佾》载：“君使臣以礼，臣事君以忠”；②封号，如“商君”“春申君”；③对对方的尊称，相当于现代汉语中的“您”，例如，《战国策·齐策四》载：“今君有一窟，未得高枕而卧也。”再如，《三国志·魏书·武帝纪》载：“能安之者，其在君乎！”“子”的释义有五：①婴儿。②对人的尊称，多指男子，相当于现代汉语中的“您”。《论语·子路》载：“卫君待子而为政，子将奚先？”写在姓氏后面，表示对人的尊称。③古代五等爵位的第四等，如《礼记·王制》载：“王者之制禄爵：公侯伯子男，凡五等。”④利息。⑤地支的第一位，相当于深夜的11点到凌晨1点。“君子”的释义有二：①贵族，做官的人。如《孟子·滕文公上》载：“无君子莫治野人，无野人莫养君子。”②道德高尚的人。《古汉语常用字字典》对“小人”的解释如下：①地位低

---

① （汉）许慎. 说文解字（卷三·口部·君）. 清文渊阁四库全书本.

② （汉）许慎. 说文解字（卷二十八·子部·子）. 清文渊阁四库全书本.

微的人，如《论语·季氏》载："小人不知天命而不畏也。"②道德低下的人，诸葛亮的《出师表》有语："亲小人，远贤臣，此后汉所以倾颓也。"[①]

《辞源》中"君子"的释义有三：①统治者和贵族男子的通称，常与被统治的所谓小人或野人对举，如《诗·魏风·伐檀》云："彼君子兮，不素餐兮。"②泛称有才德的人。《论语·子路》载："故君子名之必可言也，言之必可行也。"《荀子·劝学》载："故君子结于一也。"③妻称夫。《诗经·王风·君子于役》载："君子于役，不知其期。"[②]

《辞海》中对"君子"的解释有二：①西周、春秋时对贵族的通称。《尚书·无逸》载："君子所其无逸。"孔颖达疏引郑玄曰："君子，止谓在官长者。"《礼记·曲礼上》："博闻强识而让，敦善行而不怠，谓之君子。"②古时妻对夫的敬称。《诗·召南·草虫》载："未见君子，忧心忡忡。"[③]

由以上工具书可见，"君子"主要指贵族和做官之人、有才德之人、有德之人，以及妻对夫的敬称等。

二、"君子"一词的历史演变

"君子"这一称谓历史悠远，是中国传统文化的重要标志。正如谭长流所言，君子是与中华文明相伴而生的。[④]在《尚书》《周易》出现"君子"一词之前，君子的原型就已经在中国文化中形成了。在有民间文化色彩的《诗经》中，"君子"已成为一个常见的指称人物的词语，说明了"君子"在西周使用的普遍性。春秋以降，君子的含义发生了巨大的变化，直至汉代形成了君子人格化含义的固定说法。简要分析如下。

关于"君子"一词最早出现于何种典籍，说法不一，大多认为是出自《尚

① 王力，岑麒祥，林焘，等. 古汉语常用字字典（第 4 版）. 蒋绍愚，唐作藩，张万起，等，增订. 北京：商务印书馆，2005：420.

② 广东、广西、湖南、河南辞源修订组，商务印书馆编辑部. 辞源（修订本）·第一册. 北京：商务印书馆，1979：486.

③ 辞海编辑委员会. 辞海（第二册）. 上海：上海辞书出版社，2003：886.

④ 谭长流. 君子哲学. 北京：九州出版社，2011：1.

书》或《周易》。被称为上古之书的《尚书》，在《虞书·大禹谟》中载有“君子”相关语句——禹乃会群后，誓于师曰：“济济有众，咸听朕命。蠢兹有苗，昏迷不恭，侮慢自贤，反道败德，君子在野，小人在位。民弃不保，天降之咎，肆予以尔众士，奉辞伐罪。尔尚一乃心力，其克有勋。”①“君子在野，小人在位”是我国历史典籍中最早关于君子与小人的记载，其主要是道德和能力的区别，即贤德的高下。可以说，中国人对“君子”与“小人”的区分最早就有“贤德”之义，明确了“君子”的德性内涵。上引“君子在野”之语，表明有文字记载的“君子”至今已有4000多年的历史。②

有研究者认为，“君子”一词源出于被称为群经之首的《易经》。③《易经·乾卦》中的“君子终日乾乾”、《易经·坤卦》中的“君子有攸往”、《易经·谦卦》中的“谦谦君子”、《易经·未济卦》中的“‘君子之光’，其晖‘吉’也”等语句，从不同侧面反映了君子的内涵，同时也呈现了中国君子的精神气象。

另外，还有学者研究了《黄帝四经》中唯一含有“君子”的语句，认为中国君子的“谦卑”“智慧”“力行”“待时”等特征已鲜明呈现：“是故君子卑身以从道，智以辩之，强以行之，责道以并世，柔身以待之时。”④中国君子“乾之又乾、谦之又谦和诚信这三大标志的确立……在黄帝很久之前，就已经完成了”⑤。可见，君子这一概念确实与中国文化同源。

不过，从《尚书》《易经》，加之含有西周丰富民间文化色彩的《诗经》来看，“君子”在周代已是一个常用词，成为周代文化的重要表征。基于可靠的文献资料考证，“君子”一词从周代开始，其指向与含义已非常清晰。

整体来看，西周时期的君子主要指社会地位较高的人，而“君子”之“君”表示有职位者，“尊贵”是其基本内涵，“子”表示下属对为官者、晚辈对长辈的尊称和敬称，从社会地位高低上形成了“尊贵”的“君子”与表示“低贱”的

---

① 李民，王健. 尚书译注. 上海：上海古籍出版社，2004：34.

② 谭长流. 君子哲学. 北京：九州出版社，2011：2.

③ 高喜田. 君子之道——中国人的处世哲学. 北京：中华书局，2011：9.

④ 转引自谭长流. 君子哲学. 北京：九州出版社，2011：6.

⑤ 谭长流. 君子哲学. 北京：九州出版社，2011：36.

“小人”的对应、对立。

小人用壮，君子用罔。(《周易·大壮·九三》)

负也者，小人之事也。乘也者，君子之器也。(《周易·系辞上》)

负者，担负于物，合小人所为。乘车者君子之器物，言君子合乘车。(孔颖达《易·系辞疏》)

君子务治，小人务力。(《国语·鲁语上》)

君子子者，贵人之子也。(《仪礼》)

乘车者，皆君子。(《史记·循吏列传》)

由以上所引文献可见，君子与小人的社会地位对立，无论是在职业、衣着还是在交通方式上，均凸显了西周君子尊贵的社会地位这一基本特征，“君子子者，贵人之子也”更说明了君子的出身规定性。春秋时期，“君子”已演变成一种具有普遍意义的尊称，在人际交往中，尊称对方为“君子”逐渐成为一种时尚。[①]所以，《白虎通义》指出，“君子”是自天子至民的通称：“何以知其通称也，以天子至于民，故《诗》云：‘恺悌君子，民之父母。’《论语》曰：‘君子哉若人。’此谓弟子，弟子者，民也。”[②]《白虎通义》所举之例，实际上是指上至天子、下至读书人（甚至可以理解为儒家弟子）皆是君子。进一步分析可见，君子在周代有了较为丰富的具体指向。

第一，表示对周天子的称呼。例如，《诗经·既醉》中的“既醉以酒，既饱以德。君子万年，介尔景福”[③]与《诗经·假乐》中的“假乐君子，显显令德。宜民宜人，受禄于天”[④]等中的“君子”，均是对周天子的称呼。

第二，表示对诸侯王的称呼。例如，《诗经·有駜》中的“自今以始，岁其有。君子有谷，诒孙子。于胥乐兮”[⑤]。

第三，表示妻子对丈夫的称呼。例如，《诗经·王风·君子于役》中的“君

---

① 任福申. 中国君子文化. 北京：线装书局，2009：5.

② 齐豫生，夏于全. 中国古典名著·白虎通义 菜根谭. 长春：北方妇女儿童出版社，2006：6.

③ 程俊英. 诗经译注. 上海：上海古籍出版社，2004：443.

④ 程俊英. 诗经译注. 上海：上海古籍出版社，2004：447.

⑤ 程俊英. 诗经译注. 上海：上海古籍出版社，2004：548.

子于役，不知其期……君子于役，如之何勿思”[①]，展示的是妇人对外出服役丈夫的思念。再如，《诗经·汝坟》中的“未见君子，惄如调饥”[②]，也形象地表达了妻子对丈夫的思念之情。

第四，表示女子对情人的称呼。例如，《诗经·隰桑》中的“隰桑有阿，其叶有难。既见君子，其乐如何！”[③]

第五，表示对青年男子的称呼。例如，国人耳熟能详的“关关雎鸠，在河之洲；窈窕淑女，君子好逑”[④]中的“君子”等。

另外，春秋时期，君子还表示一种特殊兵种。例如，《史记·越王勾践世家》有“居三年……乃发习流二千人，教士四万人，君子六千人，诸御千人，伐吴”之语。这里的“习流”是水军，“教士”是陆军，“诸御”为技术兵种，“君子”应是一种受过特殊训练的文职军官和士兵。

“君子”一词的含义在孔子时代发生了革命性的变化。孔子之前的西周，君子主要体现在社会地位和出身上，尚未与德行产生必然联系，如《诗经·伐檀》中的“彼君子兮，不素餐兮”[⑤]与《诗经·雄雉》中的“百尔君子，不知德行。不忮不求，何用不臧”[⑥]，以及《诗经·巧言》中的“君子信谗……君子屡盟，乱是用长。君子信盗，乱是用暴”[⑦]等，就表明了当时也有道德低劣与施行暴政的君子。这些人之所以被称为君子，是因为他们有高贵的社会地位。同时，与之相对应的“小人”也是指社会底层民众，而不是道德意义上的称呼。当然，德行也与君子有着重要联系，人们渴望当政者有高尚的品质。而且，在周代之前，君子本身已有鲜明的道德意蕴，只是周朝的贵族体制形成了君子的贵族性与垄断性，从而凸显了其社会地位方面的意涵。及至孔子，周朝的贵族体制已经瓦解，礼崩乐坏的社会局面出现。为了培养人才，再造像西周一样的盛世，孔子对前代

① 程俊英. 诗经译注. 上海：上海古籍出版社，2004：104.
② 程俊英. 诗经译注. 上海：上海古籍出版社，2004：16.
③ 程俊英. 诗经译注. 上海：上海古籍出版社，2004：396.
④ 程俊英. 诗经译注. 上海：上海古籍出版社，2004：3.
⑤ 程俊英. 诗经译注. 上海：上海古籍出版社，2004：165.
⑥ 程俊英. 诗经译注. 上海：上海古籍出版社，2004：49.
⑦ 程俊英. 诗经译注. 上海：上海古籍出版社，2004：331-332.

“君子”德行方面的含义进行了充实与强化，将传统美德及儒家伦理道德与政治理想中的“仁、义、礼、智、信、忠、恕、礼、让”等德目赋予“君子”，使“地位君子”转向“道德君子”。在君子之学《论语》一书中，“君子”一词共出现 100 多次。书中君子的含义主要指有德之人、有位之人，或兼指“有德、有位”之人，而西周出现的“丈夫”“情人”等义项在《论语》中则没有出现。“仁、智、勇”成为君子重要的内核。一种德行高端、学识渊博且具有齐家、治国、平天下能力的精英人才与理想的人格类型——君子人格正在形成。与此同时，孔子也赋予“小人”道德内涵，使之从社会等级意义走向与道德君子的二元对立，如“君子周而不比，小人比而不周”，“君子坦荡荡，小人长戚戚”①，等等。这样就把周代的“君子”与“小人”从社会等级的禁锢中解放出来，在道德意义上走向了人人平等，向学、修身之人人可行的君子成长途径。由此，“君子”逐渐成为良好道德形象的载体，德性成为“君子”的首要内涵。到了汉代，君子的德性意涵成为共识，并在钦定的《白虎通义·号篇》中明确了“君子”的德性本质：“或称君子何？道德之称也。”②这样，从孔子时代到汉代，经过数百年的演变，“道德”已成为君子的基本内涵，社会等级已不再是评价君子的必要条件。广义的君子之德，包括德行、学问、能力等君子入仕从政的重要素养要求，“才德出众，谓之君子”③。

由此可见，“德、位”是君子的主要内涵。在《论语》中，“君子”一词有时指有地位者，有时指有德者，有时指德、位兼而有之者，但主要是指有德者。④也就是说，自孔子始，君子的本真内涵最终体现在人的修养上，不是体现在人的地位上，君子人格就是君子德性内涵的聚焦与体现，是君子的代称。

唐文治撰文道：“君子之名恶乎始。解者曰：君尹也，发号施令者也。子者，尊称也。此言人品之良贵也。又有解者曰：古者王子、世子及卿大夫元士之适［嫡］子与乡校所升。凡民之俊秀者，皆入学。终业之时，其成也。恭敬而温

---

① 金良年. 论语译注. 上海：上海古籍出版社，2004：14，81.

② 齐豫生，夏于全. 中国古典名著·白虎通义 菜根谭. 长春：北方妇女儿童出版社，2006：6.

③（宋）程颢，（宋）程颐. 二程集：下册. 王孝鱼，点校. 2 版. 北京：中华书局，2004：1146.

④ 王宏亮. 儒家君子人格初探. 太原：山西人民出版社，2008：3.

文，则可谓君之子也。已此则重其人，以尊其亲，兴孝道也。尧舜之道，孝弟而已。未有不孝不弟，而可称君子者。”[①]唐文治进而指出：“君子品行事业，为善而已矣。”[②]可见，德性是君子的必要素养，有位无德者也不可称为君子。

近代，随着社会的发展变化，“君子”一词开始剥离“学问”“能力”的含义，高尚的道德成为评价君子的唯一指标，君子逐渐成为一种具有深厚文化内涵的道德人格、好人形象，即“有德之人”。

综上所述，“君子”一词的具体指向是社会上层之人（尤指有位之人，包括君王和各级官吏）、有德有才之人、有德之人、对他人的尊称（尤其是对男子的尊称，常以“君”代替）、妻子对丈夫的敬称、读书人（儒学之士）等。笔者认为，“君”和“子”在古代均为对他人的尊称，“君子”更是作为道德意涵的尊称出现，“德性”应为“君子”的本真意涵。此“德”为“贤德”之义，古代称上层为“君子”，称丈夫为“君子”等，既包含尊敬，也蕴含盼望。“君子”是“国”与“家”的支撑（无君子不成国）。有能者成为君子，有利于社稷、臣民，所以人们希望君子的出现，也希望自己成为君子。这种尊敬和盼望也促成了君子教育的产生。同时，这种凸显德性的人格化的君子正是儒家设计的理想形象。

第二节　君子人格的内涵

“人格”一词的英语表达是“personality”，源于拉丁文“persona”，原意为戏剧表演中演员的面具与面具体现的人物形象，后引申为人格。

在心理学中，人格是个体内在的在行为上的倾向性，它表现一个人在不断变化中的全体和综合，是具有动力一致性和连续性的持久的自我，是人在社会化过程中形成的给予人特色的身心组织。[③]

---

① 唐文治. 大家国学·唐文治卷. 天津：天津人民出版社，2008：45.

② 唐文治. 大家国学·唐文治卷. 天津：天津人民出版社，2008：46.

③ 张承芬. 教育心理学. 济南：山东教育出版社，2000：444.

在伦理学视角下，人格常常指向一个人的道德人格，即指个体人格的道德规定性，是一个人做人的尊严、价值和品格的总和。[①]《现代汉语词典》给出的“人格”义项有三：人的性格、气质、能力等特征的总和；个人的道德品质；人作为权利、义务主体的资格。[②]在中国本土文化语境中，人们通常将人的“道德修养”或“人品”作为人格的主要内容。在此意义上而言，“君子人格”主要指君子的道德人格，是君子“道德修养”或“人品”的内在规定性，是以孔子开端的儒家设计的理想人格。

按照谭长流的说法，君子可分为实指的君子和泛指的君子两种，其中泛指的君子则转化为人格化的君子——君子人格。[③]孔子之前，多以实指的君子为主，即表示君王、官吏、贵族等。孔子时代，一是由于周室衰微，实指的君子有的失去了“位”，留下的是君子的名声；二是由于孔子赋予君子圆满的道德内涵，德性逐渐成为君子的主要标志，人格化的君子逐渐形成。人格化的君子即“君子人格”。这样，在儒学语境中，淡化了地位与出身含义的“君子”就成为“君子人格”的同义语。所以，现在无论是学术方面研究的君子，还是日常生活中讨论的君子，一般指君子的道德修养、君子的处世方式，即“君子人格”。如陈俊明在其《君子论》一书中，就是从君子的言行、处世、交友之道、学习之道及人生观等方面论述君子人格的。[④]另外，研究者多通过君子人格来研究君子，如廖建平的《君子人格论》、王宏亮的《儒家君子人格初探》等。《现代汉语词典》中“古代指地位高的人，后来指人格高尚的人”[⑤]的解释则进一步道出了君子与君子人格的互通之处，此处的“人格高尚”即指君子人格。

儒家的理想人格，包括君子、圣人、仁人等，而君子人格是儒家现实的培养目标。从人格生成而言，君子人格也有更宽泛的内涵，将其作为儒家的理想人格有其合理之处。台湾学者陈大齐先生指出，儒家理想人格可分为三级，君子一名

---

① 唐凯麟. 伦理学. 北京：高等教育出版社，2001：183.

② 中国社会科学院语言研究所词典编辑室. 现代汉语词典（第7版）. 北京：商务印书馆，2019：1096.

③ 谭长流. 君子哲学. 北京：九州出版社，2011：76.

④ 陈俊明. 君子论. 成都：电子科技大学出版社，1993.

⑤ 中国社会科学院语言研究所词典编辑室. 现代汉语词典（第7版）. 北京：商务印书馆，2019：718.

则可用作广、狭两种不同的意义。君子用作狭义时，次于圣人，且次于仁者，只表示理想人格的第三级；用作广义时，则为理想人格的通称，上摄圣人，下摄未达仁者境地的君子。孔子所用君子一名有若干处系就社会地位而言，非指理想的人格。其指理想人格的，仅有少数、可自其上下文揣知其为狭义或广义，其大多数、则究系用作狭义抑或广义，殊不易判别。君子既可用作广义，故以君子为孔子理想人格代表名称，当无不可。[①]孔子往往以君子作为自己的修身目标，亦有研究者称孔子为君子或大君子等。中国典籍也通常将君子与士、大夫、贤人、醇儒等等同，体现了君子在人格意义上的通用性。总之，君子人格可以代表儒家的理想人格，也是在历代儒者的不断设计与发展中逐渐完善的。

孔子在《论语》中把“仁、智、勇”作为君子的三达德，并把“仁”作为君子人格的根本内涵。《周易》载：“天行健，君子以自强不息；地势坤，君子以厚德载物。”这高度概括了君子人格的内涵所在：君子既要有像天一样具有生生不息的进取精神和刚健有为的阳刚之美，还要像地一样具有宽厚仁慈、涵养万物、温柔敦厚之美德。孟子以“仁、义、礼、智”发展君子之德，并倡导养成“贫贱不能移，富贵不能淫，威武不能屈”之浩然正气。荀子以“礼”进一步丰富了君子人格的内涵，增强了君子的实践性。至董仲舒以“仁、义、礼、智、信”定型中国人伦与君子人格的基本内涵，儒家君子人格的设计基本完成。在此基础上，宋明理学家提出了“君子之学，必至圣人”这一更高目标，提出“先天下之忧而忧”与“为天地立心，为生民立命，为往圣继绝学，为万世开太平”之担当精神。总之，“君子人格的设计是儒家千百年来深思熟虑的产物，儒家代表人物，一代接一代地对这一话题进行思考，进行阐释，使得这一思想越来越趋于完善，越来越符合人的道德本性和人的生存状态。它集中了中国传统文化的精华，把千百年来的思想家的人生经验、人生智慧和对人生的思考凝聚在一起，成了一个不同时代的儒家共同建构的理想人格”[②]。

儒家在对君子人格进行设计的同时，也设计了与之相对应的负面人格——“小人”。这里的“小人”不同于西周时代社会地位规定性的“小人”，主要是从

① 陈大齐. 孔子学说. 台北：正中书局，1964：252.

② 廖建平. 君子人格论. 北京：中国文联出版社，2001：33.

道德意义上而言的。《论语》中就有多处论述君子与小人二元对立的警句，如“君子周而不比，小人比而不周”[①]，“君子和而不同，小人同而不和”[②]，“君子泰而不骄，小人骄而不泰”[③]，“君子坦荡荡，小人长戚戚”[④]，“君子有勇而无义为乱，小人有勇而无义为盗”[⑤]。这种把君子与小人两种人格相对应的说法更容易促使人们形成相应的道德认知与道德行为，也使中国人形成了基本的道德判断模式与道德修养导向。邵雍的《君子吟》则更加鲜明地再现了君子与小人在人格方面的对立和差异，引领人们走向君子之道。

君子与义，小人与利。与义日兴，与利日废。

君子尚德，小人尚力。尚德树恩，尚力树敌。

君子作福，小人作威。作福福至，作威祸随。

君子乐善，小人乐恶。乐恶恶至，乐善善归。

君子好誉，小人好毁。好毁人怒，好誉人喜。

君子思兴，小人思坏。思兴召祥，思坏召怪。

君子好与，小人好求。好与多喜，好求多忧。

君子好生，小人好杀。好生道行，好杀道绝。[⑥]

君子人格不仅是儒家设计的理想人格，更是中华优秀传统文化的重要组成部分。在历史发展中，君子人格融入中华民族的血脉之中，成为中华民族自然的民族心理与理想的民族人格。因此，君子人格既是中国君子教育的结晶，也是中华优秀传统文化的结晶。以君子人格为核心的君子文化是礼仪之邦中国的重要表征，是中华民族走向复兴的内在基石，也是世界和平与发展的重要推动力量。君子人格是中华民族的典范人格，是中国人道德修养的标杆。君子人格的内涵既包括仁、义、礼、智、信之道德根基、价值尺度、行为规范、求是精神、操守准则，也包括君子人格的道德追求——道，君子人格的宽阔胸怀——宽、恕，君子

---

① 金良年. 论语译注. 上海：上海古籍出版社，2004：14.

② 金良年. 论语译注. 上海：上海古籍出版社，2004：157.

③ 金良年. 论语译注. 上海：上海古籍出版社，2004：158.

④ 金良年. 论语译注. 上海：上海古籍出版社，2004：81.

⑤ 金良年. 论语译注. 上海：上海古籍出版社，2004：217.

⑥ （宋）邵雍. 伊川击壤集·卷之十六. 四部丛刊景明成化本，110.

人格的修养风范——文，君子人格的独立精神——不器，等等。正是君子的本真内涵最终聚焦人的修养之上，才使君子的养成教育成为可能。

第三节　中国古代君子教育的内涵

就字面意思而言，君子教育即以培养君子为目的的教育。君子教育一词最先由谁提出或最早出现于何种文献，有待考证，但君子教育的实质却由来已久。如姚中秋先生所言，化成君子的教育是贯穿中国五千年之基本文化理想。[①]关于君子教育的产生时间、存在形态，大致有以下三种说法。

其一，君子教育产生于舜帝时代或更早的时期。《尚书·舜典》记载，“帝曰：‘夔！命汝典乐，教胄子：直而温，宽而栗，刚而无虐，简而无傲’”[②]。这里，对胄子的教育可谓君子教育之源。“胄子”，贵族或官员之子女，是上层社会意义上的君子，教育目的和内容之“直而温，宽而栗，刚而无虐，简而无傲”则是君子之德的重要内容。由此可以推断，君子教育应萌生于三代之前的舜帝时代或舜帝之前更久远的时代。

其二，君子教育产生于商末周初。持这一观点的是近代教育家唐文治，从他对君子教育产生与发展的论述中可清楚地得知。

《孝经》曰：夫孝，德之本也。教之所由生也。君子教育，权舆于《周易》而推衍于《孝经》。[③]

曷言君子教育权舆于《易》也？盖提倡为君子者，始于周文王。如《坤卦》君子有攸往，《同人卦》利君子贞，《谦卦》君子有终，是也。至周公爻辞，始以君子小人对言。如《剥卦》君子得舆，小人剥庐。《革卦》君子豹变，小人革面。《解卦》君子维有解，吉，有孚于小人。是也。孔子作六十四卦，大象传皆以君子为矜式，而于《泰卦》君子道长，小人道消。《否卦》小人道长，君子道

① 姚中秋. 美德·君子·风俗. 杭州：浙江大学出版社，2012：77.

② 陈戍国点校. 四书五经. 长沙：岳麓书社，2014：179.

③ 唐文治. 大家国学·唐文治卷. 天津：天津人民出版社，2008：45.

消。垂千古之炯戒。盖人心消息之转移，国家治乱之根本，世运隆污之枢纽，罔不系乎是？君子小人之进退，即一治一乱之循环。然则君子教育为政者，其可忽乎哉？①

唐文治认为，周文王是商末周初人，君子教育开始于《周易》，开始提倡君子养成教育的是周文王。这样说来，君子教育开始于商末周初。上述在说明君子教育产生与发展的同时，也论述了君子教育对国家治理的重要性。儒学之经典《孝经》则是体系化的道德教育的重要范本。《孝经》曰："君子之教以孝也。"②可以说，《孝经》是君子教育的核心与起点，从我国妇孺皆知的"百善孝为先"的箴言中可知《孝经》在中国传统君子教育中的地位和作用。

周代，已经形成了"学在官府"的官学教育体系，"礼、乐、射、御、书、数"施教的对象就是被称为君子的贵族子弟。唐文治论述的君子教育已经涵盖了孔子倡导的君子教育。笔者认为，西周学在官府之"君子教育"与孔子倡导的"君子教育"虽然存在着前后继承关系，但是儒家倡导的君子教育在理念与实践上均与周代之君子教育有着显著的区别，二者难以相提并论。

其三，君子教育产生于春秋战国之际的孔子时代。这是儒家倡导的一种全新的君子教育。此"君子教育"由孔子开创，加之代代儒家学者的不懈努力，至汉武帝时期上升为中国主流的教育模式，并且一直延续至清末。通常所说的中国君子教育就是指产生于春秋时期，由孔子开创的这一教育模式。

廉永杰把中国古代教育分为君子教育（人格教育）和驯民教育（顺民教育）两种，认为君子教育是着眼于人的善端，且善端人皆有之，并相信通过教育修身扬善，能够使善端扩而充之。君子教育指向人格修炼的理想方向，培养出仁人、君子、圣贤道德楷模，达到齐家、治国、平天下之功用，以实现"圣人之治"之社会目的。③廉永杰对君子教育的界定，很显然是以《孟子》的"四端说"和《大学》的"三纲八目"为基础进行的阐释，属于孔子创建的君子教育范畴。当然，在我国历史上，儒家之外的其他学派对君子也有所论述，例如，道家的《庄

---

① 唐文治. 大家国学·唐文治卷. 天津：天津人民出版社，2008：45-46.

② 汪受宽. 孝经译注. 上海：上海古籍出版社，2004：65.

③ 廉永杰. 创新教育及比较研究. 北京：科学出版社，2006：46.

子·大宗师》谈道："故乐通物，非圣人也。有亲，非仁也；天时，非贤也；利害不通，非君子也；行名失己，非士也；亡身不真，非役人也。"①再如，墨家的《墨子·兼爱下》载："故兼者，圣王之道也，王公大人之所以安也，万民衣食之所以足也。故君子莫若审兼而务行之，为人君必惠，为人臣必忠，为人父必慈，为人子必孝，为人兄必友，为人弟必'悌'。故君子[莫]若欲为惠君、忠臣、慈父、孝子、友兄、[悌]弟，当若兼之不可不行也。此圣王之道，而万民之大利也。"②但是，墨家提倡培养"兼士"，道家追求的是"真人"，而"君子"是儒家始终如一的主要培养目标，也是对中国影响最深远的教育模式。

综上所述，笔者认为君子教育孕育于孔子之前的中国传统教育思想和教育实践之中，无论是内容上的"直而温，宽而栗"等，还是称谓上代表等级意义的"君子"，都是以儒学思想为基础。赋予"君子"道德意涵，把君子从社会等级表征转化为人格表征和人才标准则始于孔子，成于《论语》等儒学经典之中。中国君子教育是指孔子以儒学为理论基础，在私学教学实践中开创的以培养"内圣外王的君子"为目的的教育模式。③当前，部分学校开展的"新君子教育"也是对孔子开创的君子教育的继承与发展。

本书将"中国古代君子教育"（也简称为"君子教育"）界定如下：以儒学为理论基础，在私学教学实践中开创的以培养"内圣外王"之君子为教育目的，从汉代直至清代延续与发展的中国主流的教育模式。④

① 任福申. 中国君子文化. 北京：线装书局，2009：54.

② 唐敬杲选注，余欣然校订. 墨子. 武汉：崇文书局，2014：38.

③ 黄思记. 君子教育与绅士教育比较研究. 河南大学博士学位论文，2015.

④ 黄思记. 君子教育与绅士教育比较研究. 河南大学博士学位论文，2015.

第二章 中国古代君子教育的形成与发展

谦 谦 为 人

中国君子教育可划分为两大阶段。第一阶段是春秋战国时期，孔子与其他儒者在讲学中形成了以德为要的君子教育。这一时期是学派主导的形成期；第二阶段则从秦朝一统天下开始直至清末，君子教育与其依托的儒家学派经历了从秦代的沉寂到汉代的逐渐复起，汉武帝倡导儒学，君子教育也发展成为国家倡导的教育模式。宋代时，理学的形成与发展，特别是“四书”的编纂，进一步推动了君子教育的发展；经过明清两代的持续发展，君子教育最终成为中国古代特色鲜明的教育制度与教育文化，成为宝贵的历史财富。这一阶段是以国家支持为主、学派与国家共同主导的发展期。本章重点分析中国古代君子教育的形成、发展及其特点。

第一节　中国古代君子教育的形成

春秋战国是儒家君子教育形成的重要时期，汉代是君子教育上升为国家教育的重要阶段。本节主要从三代文化、邹鲁特色文化、春秋战国之社会巨变三个方面分析中国古代君子教育的形成。

一、三代文化是君子教育形成的历史文化之源

春秋之前，特别是在夏、商、周三代，中华民族就已经形成了自己鲜明的特色文化，这是君子教育形成的重要历史背景。其中，三代之天命观、德教文化和礼乐文化等对君子教育形成的影响尤为重要。

其一，天命观。中国文化中最早、最核心的就是天命观，这是由原始社会人们对天的崇拜和敬畏而形成的，天被看成是万物之源。《诗经》叙述了商人的来历：“天命玄鸟，降而生商，宅殷土芒芒。古帝命武汤，正域彼四方。方命厥后，奄有九有。”[①]这就由“商”的由来解释了“命由天定”的天命观。不过，在

① 程俊英. 诗经译注. 上海：上海古籍出版社，2004：564.

发展过程中，中国的天命观逐渐演变为敬天保民的民本思想，这在《尚书》中已有鲜明的体现。例如，在《尚书·商书·盘庚》中，盘庚迁都动员令中的“呜呼！古我前后，罔不惟民之承保，后胥戚鲜，以不浮于天时”[①]之语，就讲到了君王顾全民众、顺应天时的道理。《尚书·周书·泰誓》中更是把“天”“民”连在一起，认为伐纣是替天行道、解救黎民的深孚大义之举，即“天视自我民视，天听自我民听，百姓有过，在予一人，今朕必往”[②]。商亡周立，在总结夏、商的历史经验教训中，周天子更进一步地认识到了敬天保民与社稷长久的内在联系。至此，这种敬天保民的天命观就与敬德保民的伦理观融为一体：要想使其政权顺应天命而稳固，首先要顺应民心，在德行上下功夫，否则天命不容。三代之天命观应用于个体发展上就是要“知天命”，这对君子教育产生了重要影响，如孔子所言“不知命，无以为君子也”[③]，“五十而知天命”[④]等。

其二，德教文化。“德”是三代文化的一个常见词，之前已有记载，主要呈现于《尚书》之中。例如，尧之“克明俊德，以亲九族”[⑤]，舜之“玄德升闻，乃命以位”[⑥]。另外，还有“皋陶迈种德，德乃降，黎民怀之”[⑦]。有研究者指出，周人把德视为最重要的和人相关的品质，同时也是赢得天之眷顾的依据。[⑧]特别是帝王之德，更是被看成决定国运兴衰的重要因素。“惟不敬厥德，乃早坠厥命”[⑨]，是周人对夏朝灭亡历史教训的总结，可见德的力量之大和敬德的重要性。如上所述，周人还进一步把敬德与天命相联系，特别是把王德与天命并提，在《诗经》里多有体现。

维天之命，於穆不已。於乎不显，文王之德之纯！假以溢我，我其收之。骏惠我文王，曾孙笃之。(《周颂·维天之命》)[⑩]

---

① 李民，王健. 尚书译注. 上海：上海古籍出版社，2004：157.
② 李民，王健. 尚书译注. 上海：上海古籍出版社，2004：199.
③ （宋）朱熹. 四书章句集注. 北京：中华书局，1983：195.
④ 金良年. 论语译注. 上海：上海古籍出版社，2004：10.
⑤ 李民，王健. 尚书译注. 上海：上海古籍出版社，2004：1.
⑥ 李民，王健. 尚书译注. 上海：上海古籍出版社，2004：12.
⑦ 李民，王健. 尚书译注. 上海：上海古籍出版社，2004：29.
⑧ 王博. 中国儒学史·先秦卷. 北京：北京大学出版社，2011：11.
⑨ 李民，王健. 尚书译注. 上海：上海古籍出版社，2004：291.
⑩ 程俊英. 诗经译注. 上海：上海古籍出版社，2004：514.

於穆清庙，肃雝显相。济济多士，秉文之德。对越在天，骏奔走在庙。不显不承，无射于人斯。(《周颂·清庙》)①

无念尔祖，聿修厥德。永言配命，自求多福。殷之未丧师，克配上帝。宜鉴于殷，骏命不易。(《大雅·文王》)②

西周之后，“德”更是被看成国家之基，美称之本，安乐之源，“夫令名，德之舆也。德，国家之基也。有基无坏，无亦是务乎！有德则乐，乐则能久。《诗》云：‘乐只君子，邦家之基。’有令德也夫！‘上帝临女，无贰尔心。’有令名也夫！恕思以明德，则令名载而行之，是以远至迩安”③。

“立德”还被视为三不朽之首，成为美德和事业的至高点。

按《左传》：“二十四年春，穆叔如晋。范宣子逆之，问焉，曰：‘古人有言曰：“死而不朽”，何谓也？’穆叔未对。宣子曰：‘昔丐之祖，自虞以上，为陶唐氏，在夏为御龙氏，在商为豕韦氏，在周为唐杜氏，晋主夏盟为范氏，其是之谓乎？’穆叔曰：‘以豹所闻，此之谓世禄，非不朽也。鲁有先大夫曰臧文仲，既没，其言立。其是之谓乎？豹闻之，大上有立德，其次有立功，其次有立言，虽久不废，此之谓不朽。若夫保姓受氏，以守宗祊，世不绝祀，无国无之。禄之大者，不可谓不朽。’”④

这种重德性的价值取向得到持续发展，成为中国人的核心价值取向。各种德目竞相出现，如“咨、询、度、諏、谋、周”六德（《国语·鲁语下》），“忠、仁、信、义”四德（《国语·周语》），“仁、智、勇”三德（《国语·晋语二》），等等。“仁、智、勇”发展成为君子三德，也是孔子君子形象的写照。《论语·宪问》载，子曰：“君子道者三，我无能焉：仁者不忧，知者不惑，勇者不惧。”子贡曰：“夫子自道也。”⑤

在敬德的文化氛围中，尧、舜、禹、文王、周公以其至高的功德成为道德的

---

① 程俊英. 诗经译注. 上海：上海古籍出版社，2004：513.

② 程俊英. 诗经译注. 上海：上海古籍出版社，2004：408.

③ 李梦生. 左传译注 上. 上海：上海古籍出版社，2013：790.

④ 李梦生. 左传译注 下. 上海：上海古籍出版社，2013：790.

⑤ 金良年. 论语译注. 上海：上海古籍出版社，2004：173.

楷模，也成为中国文化中的圣人。也就是说，在仰圣、希圣的过程中，彰显德性的君子发展成为儒家的培养目标。

其三，礼乐文化。三代的礼乐文化是君子教育内容的主要来源，“礼乐”主要是由原始宗教仪式演变为建立在宗法制基础上的礼制而形成的。“礼”主要指礼仪，夏、商、周均有自己的礼制。西周学校课程中就有“六仪”的必学内容，注重仪表仪容上升为人之为人的重要内容之一，当然这主要体现在贵族阶层，如《诗经·庸风·相鼠》所言：“人而无仪，不死何为？”“人而无礼，胡不遄死？”①周代“六艺”之中的“礼”“乐”是孔子施教的重要内容，孔子所说的“不学礼，无以立”②，就是对周代礼仪文化的继承与发展。另外，形成于周代的《尚书》《周易》《诗经》等典籍之中蕴含的君子文化是君子教育形成的重要依托，如《周易》提出的自强、谦虚、中正、诚孚、无妄、贵节等君子素养，以及谨言慎行、闲邪存诚、居安思危、变易革新、反身修德等君子修身之道，均是君子的重要特征。孔子在对其继承的基础上进行损益，逐渐形成了儒学经典和君子教育的重要内容。

由于学在官府，西周的教育对象主要是贵胄子弟，即实施的是贵族教育。贵族阶层统称“君子”，其学习内容也注重道德和礼仪，可以说西周的贵族教育是身份意义上的“君子教育”。孔子提倡有教无类，打破了等级差别，教育不再是贵族子弟的专利，教育对象扩大到社会的各个阶层，如孔子的弟子既有贵族子弟孟懿子，也有“贱人”仲弓父和“鄙家”子弟子张等。孔子继承了“君子”这一称谓，可见即便是贵族教育时期，君子的德性还是受人称颂的，这可以说是当时高尚人格的象征。孔子提倡君子教育，既是对传统文化和教育的继承与发展，也是儒学成为主流文化的重要因素。由此可见，孔子时代的君子教育由西周的“对君子的教育”逐渐转变为“培养君子的教育”，赋予“君子”崭新的内涵，扩大了君子教育对象的范围。

总之，春秋之前形成的中国传统文化是君子教育形成的历史文化之源，而西周的贵族教育则是君子教育的前身。

---

① 程俊英. 诗经译注. 上海：上海古籍出版社，2004：78.

② （宋）朱熹. 四书章句集注. 北京：中华书局，1983：174.

二、邹鲁特色文化为君子教育的形成提供了丰富的滋养

儒学和君子教育产生于鲁国，这与邹鲁地区的特色文化有着一定的关系。邹鲁特色文化可以说是一种混合文化或多元文化，中国前期的主要文化类型均在此交汇，包括周文化、殷文化和东夷文化，形成了博大精深的综合文化。

周代，邹鲁地区居住着大量商人后裔[①]，他们传承着自己的祭祀习俗与文化，而且儒起初就是商代负责祭祀的官员，是商代重要的知识分子群体。孔子本人也是殷商遗民的一员，“三年之丧”就是孔子对本族丧葬风俗的传承。

周人东来，带来了周朝的文化，使周、商两个朝代的文化在此并存、交融。因此，春秋时期的鲁国较好地保存与传承了周朝的礼仪文化。孔子生于鲁，长期讲学、著书于鲁，也曾经为政于鲁，这些都为孔子儒学的创建提供了得天独厚的条件。

比商人和周人更早居住于邹鲁地区的是东夷人，属于四夷之一。他们同样传承着具有鲜明民族特征的风俗和文化。许慎在《说文解字》中这样评价东夷人：“唯东夷从大。大，人也。夷俗仁，仁者寿，有君子，不死之国。”《淮南子·地形训》也有东方有君子国之说。关于东夷，有这么一段对话，表明了孔子对东夷的看法：“子欲居九夷。或曰：‘陋，如之何？’子曰：‘君子居之，何陋之有？’”[②]

东夷人的仁德被孔子所尊崇，成为孔子“仁学”思想的重要来源，东夷人的社会道德观念便是中国历史传统上所说的“仁道”……孔子本是接受东方传统的仁道思想的，又进一步将其发展为儒家的中心理论。[③]可见，君子人格的道德根基“仁”就源于君子之国东夷人“仁”的风俗，即儒家“仁”思想的滥觞。“仁”是孔子思想的核心，它的认识论根源是东夷仁俗与孔子之前及同时代人们对于“仁”的使用与理解。[④]

---

① 王钧林. 中国儒学史·先秦卷. 广州：广东教育出版社，1998：55.

② 金良年. 论语译注. 上海：上海古籍出版社，2004：97.

③ 转引自王钧林. 中国儒学史·先秦卷. 广州：广东教育出版社，1998：58.

④ 王春华，于联凯. 东夷仁俗与孔子仁学——也谈孔子仁学的认识论渊源与逻辑结构. 临沂大学学报，2021，43（5）：38-56.

由上可见，周代以来邹鲁地区形成的博大精深的综合文化为君子教育的形成提供了丰富的养分，东夷人的君子之风更是君子教育形成的直接来源。

三、春秋战国之社会巨变促成了君子教育的形成

春秋战国是中国社会剧烈动荡与变化的时期，诸侯兼并、王纲接纽是其重要的时代特征。在此期间，有的大诸侯国曾吞并三五十个小国。相传西周时期有1800国，春秋时期兼并到100多个，实力较大的有十几个，战国之时形成了七雄为主的局面。[①]直到秦朝的建立，这一剧烈的社会动荡方宣告结束。春秋以降，由于西周贵族统治体系解体，旧有秩序被打破，新的秩序尚未建立，中国步入了首个“礼崩乐坏的时代”。孔子说：“天下有道，则政不在大夫。天下有道，则庶人不议。”[②]“天下无道、处士横议”，也为各种学术思想孕育、产生和发展提供了比较宽松的环境，使春秋时期成为新思想、新教育孕育与发展的伟大时代。君子教育思想就主要形成于这一时代。

春秋战国正处于雅斯贝尔斯所说的轴心时代，轴心时代的中国以老子、孔子开其端，以荀子、韩非子殿其后，诸子百家竞相争鸣，缔造了中国知识分子的“英雄时代”“黄金时代”。“在这个时代，一批又一批以‘立言’而享不朽声名的文化学术巨擘，如老子、孔子、孙子（武）、墨子、孟子、庄子、商鞅、惠施、孙膑、邹衍、荀子、韩非子等等，崛起于社会的各个阶层；一个又一个开物成务、极深研几的学派，如道家、儒家、兵家、墨家、法家、名家、阴阳五行家等等，出现于思想文化的各个领域；一座又一座永远让人仰之弥高或者简直就是不可企及的思想高峰，如道家的哲学、儒家的仁学和大同理想、兵家的军事理论、墨家的逻辑学和科学思想、法家的法治思想等，矗立于中国大地之上。”[③]这成为后世学术的发展之源。春秋末年，中国最早的两大学派的思想，

---

① 白寿彝. 中国通史纲要（上）. 北京：中国友谊出版公司，2012：57.

② （宋）朱熹. 四书章句集注. 北京：中华书局，1983：171.

③ 王钧林. 中国儒学史·先秦卷. 广州：广东教育出版社，1998：16.

即儒家思想、道家思想，在孔子和老子的旗帜下形成，后来发展成为我国历史上的重要思想。春秋时代儒家思想的诞生为君子教育思想的形成奠定了坚实的理论基础。

春秋时期又是一个学术下移、学在四夷的时代。这一时代的特征为教育思想与教育内容的转型和发展提供了难得的历史良机。学术下移经历了"文化人"从周王室主要散入各诸侯公室和从各诸侯公室下移至民间两个阶段，下移民间的文化人在自谋生路的过程中收徒讲学，产生了私学。私学的产生，打破了春秋以前"学在官府"的局面，为各种教育理论的产生提供了更加适宜的实践依托。君子教育最初就是在孔子及其弟子所创办的私学中产生并推行的。

春秋与其后的战国时期是"士"阶层形成与发展的重要时期。西周时期，"士"是贵族的最底层，其社会地位介于大夫与庶民之间，"公食贡，大夫食邑，士食田，庶人食力"①。春秋战国时期，"士"逐渐发展成为一个新兴的具有强大生命力的社会阶层。当时，"士"的构成主要有三个来源。一是没落的贵族子弟。这类"士"一般受过正规的礼乐教育，兼具有贵族遗风。他们熟悉各种典籍制度，具有操持各种礼仪的技能，但是他们已经不具有可依仗的政治地位和经济基础，加入了"民"的行列。他们只有靠拥有的知识谋生，且时刻不忘通过继续学习与积极进取重新获得祖上的地位与荣耀，再次进入社会上层，成就个人或家族事业，同时也对社会的发展产生了积极影响。孔子是这类群体中的一员，其积极进取的一生就是这类"士"的典型代表。二是流落到民间的原周王室或诸侯王室的司礼乐官员。这些司礼乐官员在春秋之际下移到民间，在文化下移与教育下移方面发挥了重要作用。老子曾任周王室的守藏室史官，是这类士的典型代表。三是由农、工、商等庶民等级上升而来。春秋战国时期，铁制生产工具的广泛使用，大大推动了生产力的发展，生活资料大幅度增加，越来越多的人可以摆脱农业生产劳动，通过拜师学艺提升自身的能力，由庶人成为士，以求在这个变革的时代谋求更好的发展。这些人与上述两类"士"共同形成了一个新的社会阶层，即"士农工商"四民之首的"士"。加之春秋战国时期养士之风的助推，以及

① 东篱子解译. 国语全鉴. 北京：中国纺织出版社，2020：171.

“学而优则仕”[①]和“耕也馁在其中矣，学也禄在其中矣”[②]等以学识和才干得富贵、谋发展的现实，激发了越来越多人的求学积极性。学在官府的时代已经过去，民间既有欲以讲学维持生计和发展学术的文化人，又有积极向学之士，私学自然应运而生，且很快得到了蓬勃发展。战国时期，从学之人更多，据《韩非子·外储说左上》载，晋国执政大夫赵襄子一日就破格提拔了中牟县的庶人出身的士人中章和胥己两人为中大夫，结果“中牟之人弃其田耘、卖宅圃而随文学者，邑之半”[③]。可见，当时庶人求学为士谋前程的积极性很高，社会基础很广。

春秋诸侯兼并、争霸不已。“在某些较大的国家里，统治者们通过削弱地方世袭贵族的根基，强化了其统治体制的‘官僚制’基础，并开始依赖通过各种途径招募来的‘新人’。”[④]面对天下无道的社会现实，孔子抓住各国需要“新人”的契机，高扬“从周”的旗帜，兼熔三代之学和邹鲁文化创建了儒学。同时，为了实现其内圣外王的政治理想，恢复圣王时代的社会秩序，孔子以培养内仁外礼、积极服务社会的“君子”为目的开创私学，君子教育理论在这样的背景中逐渐形成，君子教育的实践也在孔子及其弟子的教育活动中逐渐展开。

第二节　中国古代君子教育的发展

君子教育经典《论语》的成书，标志着君子教育在理论上的成熟，经过战国时期孟子、荀子的丰富与发展，日臻完善，在实践上也从鲁齐之地渐传至诸侯各国。

战国后期，经历了以制衡与争霸为主题的历史演绎，天下一统已是大势所趋。但是，以宗亲制为核心的西周封建体制下的天下观及其治理模式，已经不适

① 金良年. 论语译注. 上海：上海古籍出版社，2004：233.
② 金良年. 论语译注. 上海：上海古籍出版社，2004：192.
③（战国）韩非. 韩非子. 郑之声，江涛，编著. 北京：北京燕山出版社，1995：257.
④ [美]本杰明·史华兹. 古代中国的思想世界. 程钢，译. 南京：江苏人民出版社，2003：58.

应经过诸侯争霸产生的统一帝国的治理与业已形成的私有经济模式的发展需要，一种与其相适应的天下观与治理体制的探索已成为历史发展的必然诉求。在儒者的持续努力与帝国治理经验的不断总结中，以“中央集权之文治体制”为主导的天下观及其治理模式，就逐渐发展成为之后中国的大一统天下观及其重要的治理模式。与此同时，儒学及其主导下的君子教育也上升为国家哲学与国家教育模式。

在天下一统的初期，崇尚武力与严刑峻法的秦人仍以此作为秦朝的治国理念，推崇霸道，极端使用法家之学。以吏为师，以法为教，焚书坑儒，禁止私学。结果，强大的秦王朝二世而亡。面对秦亡之教训，汉初在治国理念上走向了无为而治的黄老之学，人民得到休养生息，促进了汉代社会财富的积累。但是，面对新诸侯势力的强大和强悍匈奴的武力侵扰之内忧外困，黄老之学指导下的汉廷陷入了困境。以中庸之道和内圣外王为重要理念的儒学在汉儒的努力下逐渐成为汉王朝的治国哲学，成为大一统中国长治久安的重要思想基础。这一变化既是前述社会发展的需要，也是儒学历经血的教训后的再出发。“焚书坑儒”，罪在秦始皇，相应地，儒者也应有所反思：春秋战国，处士横议的时代形成了君子的“自由人格”与“三军可以夺帅，匹夫不可夺志”之勇气。君臣意见不合，可奔走他国。时代巨变，六国一统。“游士”心态与强秦以严刑峻法统一“民心”的极端手段，最终酿成“君子”既不能施展理想又惨遭横祸的历史悲剧。这一历史悲剧促进了儒者的反思与儒学的重构，董仲舒就是这一时期儒者的杰出代表。他结合阴阳五行学说形成了与时俱进的“汉代新儒学”，提出了“屈民而伸君”的大一统的中央集权制思想，这契合了皇权思想的需要。同时，他又提出了具有谶纬神学色彩的“屈君而伸天”，以限制皇权，为文治官僚政府的确立、儒者施展政治理想提供了坚实的理论基础。这也是儒学应有的发展之路和“君子”的曲线救国之道。正如周桂钿所言，汉代新儒学得以独尊，而坚持先秦的儒学却一再受到打击。这是变与不变的不同命运。时代变了，理论不变，必然凝固、僵化，被淘汰；只有与时俱进，不断创新，才能有活力，有长久的生命力。[①]同时，汉代

① 周桂钿. 董仲舒研究. 北京：人民出版社，2012：110.

新儒学也是学者的理想主义与政治家的现实主义之间平衡的结果。这样，政治家对国家治理与发展道路的选择，加之儒家学者的努力，共同促成社会进入了儒学与君子教育的新时代。

汉武帝始独尊儒术，创设以儒为教的太学，重用儒学之士，确立了君子之道的文治官僚体制。直至清代，我国历朝历代均采用这一政治模式。与此同时，在大一统中央集权制的文治政府之政治模式下，由孔子开创、活跃于私学的君子教育也进入官学、深入家庭教育，君子教育逐渐成为国家教育的主导模式，直至清末。当然，也不排除历史上某一阶段的特殊环境下短时间或局部地遭到摧残与破坏。但正如同滚滚长江东逝水之中时而出现的曲折迂回，警示着一切事物均有其发展的大趋势，在前行中也不乏其艰难。在长期的历史发展中，君子教育逐渐成为中国古代特色鲜明的教育制度、教育文化，成为宝贵的历史财富。

第三节　中国古代君子教育形成与发展的特点

中国古代君子教育形成与发展的主要特点体现在以传统文化为根基、以社会大变革为动力、自成体系、非宗教性、奉行“有教无类”等方面。

一、传统文化是君子教育形成与发展的根基

春秋之前的中国传统文化，特别是其重德教育理念，春秋时期百家争鸣的时代文化与私学的兴起，以及邹鲁地区特殊的区域文化及儒学的形成与发展，共同构成了君子教育形成的历史背景与时代背景。可以说，中国特色的传统文化是君子教育形成的根基。无论是从教育之“名”，还是教育之“实”而言，这一根基均体现得较为鲜明。

第一，教育之“名”。君子教育之“君子”，是对西周及其之前贵族与有德、有才之人称呼的继承，这体现了君子教育对前代文化的继承性。君子教育的指向，鲜明地展现了教育的向善性与向上性。这些特征正是立足于本国的传统文化

之中。这样的文化根基，不仅有利于增强对时代文化的敏锐感与吸收能力，还能促进教育经典的形成，赋予其长久生命力。

第二，教育之“实”。君子教育之实，在于培养具备齐家、治国、平天下能力的人才，即服务于君王与国家的各级官员。这实质上也是对西周及其之前国家教育培养目标的延续。这种教育之实为人们提供了通过努力改变自身命运、实现人生抱负或进入社会上层的可行之路。

由此可见，唯有深深根植于本国悠久而深厚的优秀传统文化之中，方能更有效地吸纳并融合鲜活的时代文化。本国深厚的传统文化与鲜活的时代文化，共同构成了教育创新的主要源泉。脱离本国传统文化或忽视时代文化发展的教育创新，将难以拥有强大的生命力，难以对社会产生深远的影响，更难以成为流传后世的教育经典。

二、社会大变革是君子教育形成与发展的强大动力

春秋战国时期可以说是古代中国一个激烈社会变革时期。大而言之，它是我国历史上第一次大规模的动荡期与分合期，其上限为春秋起始，下限为秦汉一统。秦朝一统至汉武帝之间不过百余年的时间，又是中国告别分封制、走向大一统的探索期。这次大的社会变革，瓦解了以宗亲分封制为基础的周王朝。在春秋战国这一数百年的历史大变局中，有识之士都在寻找救世之良方。倡导礼治的儒家在春秋战国时期形成了显学，培养君子参与社会管理、恢复礼治的社会秩序是儒家谋求天下治理的政治理想。这在诸侯争霸、武力代言的时代当然难以成为各国的选择，但是儒学的持续发展，为之后天下一统的汉代提供了成熟的治国理念和人才培养模式，也正是从汉代起君子教育上升为国家主流的教育模式，并一直延续至清末。总之，社会大变革是君子教育形成与发展的强大动力。

三、中国君子教育自成体系

五千年中华文化渊远而不断流，中国古代君子教育形成于中国原生文化，自

成体系成为其鲜明特征。

中国文化属于原生文化且自成一体，早熟性是其重要特征之一。正如梁漱溟所说，中国文化是一步登天，没有经过许多层次和阶段的发展，是人类文化的早熟。①由于中国优越的地理环境，农耕文化诞生了，至周代中国文明已经到了成熟期，之后中国的文化均源于此，中国君子教育也是诞生于中国自成体系的原生文化之中。相对于欧洲国家与其他地区，春秋战国时期的中国自成一个独特的文化世界。孔子周游列国，在某种意义上，就如同周游了整个文化世界。然而，在这个世界内部，主流文化是发达的中原文化，它对周边地区主要起着影响与传播的作用。因此，孔子所倡导的儒学和君子教育，便由文化发达的邹鲁之地逐渐传播到其他诸侯国，并最终成为整个中国的官方教育体系。

四、君子教育的非宗教性

中国人虽然敬天畏天，但始终没有形成一统的宗教文化，其实这源于自西周以来的天命观。西周总结了夏商灭亡的教训，由对天的单纯崇拜发展为“以德配天”“敬德保民”的伦理观。这一观念包含的意蕴是，上天对人的褒奖或惩罚主要视人的行为而定。这就开了中国以人为本的天命观之先河。春秋以降，王纲解纽所带来的人的解放，尤其是百家争鸣的自由学术氛围，进一步加深了人们对“天”的认识和对人的认识。这一时期，民本思想由周代的敬天保民逐渐发展为以民为本。以民为本的重要理念就是以人为本，以人为本体现了对人的尊重与对人的能动性的认识，从而形成了中国以人为中心而不是以天为中心的传统文化特征，这也是中国文化早熟的重要标志。君子教育依托的是儒学，虽然儒学在某些方面也具有一定的宗教色彩，如“畏天”之言等，但是由于它长期作为中国古代社会的官方哲学应用于世俗化的国家治理和社会教化之中，其积极服务社会的价值取向使其最终无法形成宗教。君子教育的指导思想正是入世的儒学，而不是遁世的宗教，从而使中国君子教育自创立至清代均具有鲜明的非宗教性特征。

① 梁漱溟. 中国文化的命运. 北京：中信出版社，2010：19.

五、君子教育奉行“有教无类”

自从孔子倡导“有教无类”以来，中国君子教育就打破了教育的贵族专属性，使受教者人数大幅增加。尽管直到宋代，君子教育才真正走向平民化，但在孔子时代，对君子的评价标准就已经转变为德行和学问，而非官位和权势。君子教育采用以儒家经典为主的教育内容，面向所有人施教，实行了一种单轨制的教育模式。

相比之下，英国传统的绅士教育则具有鲜明的贵族性。高贵的出身是判定绅士的一个重要前提，在洛克等教育家关于绅士教育的论述中，其教育对象明确限定为绅士子弟。尽管 17 世纪的英国已经把德行看成绅士最重要的素养，但出身仍是一个不可或缺的前提。这种固有的观念强化了英国绅士教育的贵族性和等级性。直到 18 世纪，随着人们逐渐认为通过学习或从事某种职业可以获得绅士地位，出身门第才逐渐不再是绅士的必备条件，但出身仍然作为一个重要的指标被加以考虑。

第三章
“四书”之君子教育思想分析

本章主要内容包括“四书”之君子教育思想概述和《论语》《孟子》之君子教育思想研究两个专题。《大学》《中庸》的君子教育相关解读蕴含于“概述”之中，不再设专题研究，《论语》《孟子》两个专题既是文献专题研究，也是对孔子与孟子的君子教育思想的专题研究。

第一节 “四书”之君子教育思想概述

“四书”是《大学》《中庸》《论语》《孟子》四部儒家经典的并称，始于南宋。《论语》确立了君子的基本内涵与外延，以及君子里仁外礼、内圣外王的修养取向，是君子教育形成的标志，是君子仁学的核心。《大学》《中庸》是对君子义理不同方面的阐发，《大学》重在阐述君子修养内容和修养路径，《中庸》重在阐述君子道德境界和道德智慧。《孟子》的“四端说”则进一步完善了君子教育的理论体系，高扬了君子的高尚人格。宋代，《大学》《中庸》从《礼记》析出，独立成篇，与《论语》《孟子》合称“四书”，宋代之后，“四书”“五经”共同构成了中国君子教育的经典课程，也是研究古代君子教育的主要文献。

一、《大学》

“大学”是我国古代的学制划分，《礼记・王制》中有载：“乐正崇四术，立四教。”[①]郑玄解释为：“幼者教之于小学，长者教之于大学。”[②]《大学》原含于《礼记》之中，郑玄认为，“大学者，以其记博学可以为政也”[③]。程子曰“大学，孔氏之遗书”。《二程粹言（卷上）》载：“……学者由是而学，则不迷于入德之门也。”朱熹说：“大学之书，古之大学所以教人之法也。”“教之以穷

① 杨天宇. 礼记译注（上）. 上海：上海古籍出版社，2004：158.

② 耿天勤. 郑玄志. 济南：山东人民出版社，2009：155.

③ （宋）卫湜. 礼记集说・卷一百四十九. 清通志堂经解本，2470.

理、正心、修己、治人之道。”[①]司马光说：“夫离章断句，解疑释结，此学之小者也。正心、修身、齐家、治国以至盛德著明于天下，此学之大者也，故曰‘大学’。”[②]可见，《大学》是君子学达圣人的入门之书，是告别小学教育、开启大学教育之书，也是为官理政的必读之书。大学就是要学习修己治国之大道，内圣外王之圣德。宋之前，《大学》一直附于《礼记》之中。司马光最早撰著《大学广义》一书，程颢、程颐两兄弟各自编了《大学定本》，成为“四书”之首，南宋朱熹所作《四书章句集注》成为后世科举考试之定本，也成了君子教育的基本内容。

《大学》主要论述了君子修身之要与政治理想的实现。《大学》阐明的“明明德、亲民、止于至善”三纲领与“格物、致知、诚意、正心、修身、齐家、治国、平天下”八条目是大学的指导思想和学习梯次。《大学》在论述修养的重要性与学习梯次的同时，还指出了“诚”与“慎独”的修养方法。

所谓诚其意者：毋自欺也，如恶恶臭，如好好色，此之谓自谦，故君子必慎其独也！小人闲居为不善，无所不至，见君子而后厌然，掩其不善，而著其善。人之视己，如见其肺肝然，则何益矣。此谓诚于中，形于外，故君子必慎其独也。曾子曰：“十目所视，十手所指，其严乎！”富润屋，德润身，心广体胖，故君子必诚其意。[③]

《大学》作为“四书”的首篇，言简意赅，成为君子求知、修身的重要内容和建功立业的人生指南。

二、《中庸》

“中庸何为而作也？子思子忧道学之失其传而作也。”[④]《中庸》为孔门传授心法。该书的核心是中庸之道，此既是君子重要修德之要目，又是君子修身、行

① （宋）朱熹. 四书章句集注. 北京：中华书局，1983：1.

② （宋）卫湜. 礼记集说·卷一百四十九. 清通志堂经解本，2471.

③ （宋）朱熹. 四书章句集注. 北京：中华书局，1983：7.

④ （宋）朱熹. 四书章句集注. 北京：中华书局，1983：14.

事的方法与智慧。关于“中庸”的含义，郑玄的解释是：“庸，常也；用中为常道也。”[①]程颐认为，“不偏之谓中，不易之谓庸。中者，天下之正道，庸者，天下之定理”[②]。朱熹说：“中庸者，不偏不倚、无过不及，而平常之理，乃天命所当然，精微之极致也。”[③]可见，中庸的基本含义就是行事能够执中，执中符合常理。所以《中庸》曰：“庸德之行，庸言之谨，有所不足，不敢不勉，有余不敢尽；言顾行，行顾言，君子胡不慥慥尔！”[④]君子的一言一行都要符合中庸之道，即“君子之中庸也，君子而时中”[⑤]。

《中庸》开篇即阐明了“中和”之德，指出了“慎独”修身之法，成为君子修身之要。

天命之谓性，率性之谓道，修道之谓教。道也者，不可须臾离也，可离非道也。是故君子戒慎乎其所不睹，恐惧乎其所不闻。莫见乎隐，莫显乎微，故君子慎其独也。喜怒哀乐之未发，谓之中；发而皆中节，谓之和。中也者，天下之大本也；和也者，天下之达道也。致中和，天地位焉，万物育焉。[⑥]

《中庸》还提出了“德性”的概念，指出“君子尊德性而道问学”[⑦]，这就表明君子只有通过学习才能更好地提高自身的修养和德性，臻达“致广大而尽精微，极高明而道中庸”[⑧]。“德性”与“学问”是君子之两翼，缺一不可，最为重要的是德性。中国人把学识作为君子的重要标志之一，也缘于“君子尊德性而道问学”之说。

《中庸》不但论述了至道的道德境界，还论证了修身与国家治理的统一性。如《中庸》载，“子曰：‘好学近乎知，力行近乎仁，知耻近乎勇。知斯三者，则知所以修身；知所以修身，则知所以治人；知所以治人，则知所以治天下国家矣’”[⑨]。

---

① 蒋伯潜. 蒋伯潜四书读本（上）. 长春：吉林人民出版社，2013：35.

② （宋）朱熹. 四书章句集注. 北京：中华书局，1983：17.

③ （宋）朱熹. 四书章句集注. 北京：中华书局，1983：18-19.

④ （宋）朱熹. 四书章句集注. 北京：中华书局，1983：23-24.

⑤ （宋）朱熹. 四书章句集注. 北京：中华书局，1983：19.

⑥ （宋）朱熹. 四书章句集注. 北京：中华书局，1983：17-18.

⑦ （宋）朱熹. 四书章句集注. 北京：中华书局，1983：35.

⑧ （宋）朱熹. 四书章句集注. 北京：中华书局，1983：35.

⑨ （宋）朱熹. 四书章句集注. 北京：中华书局，1983：29.

三、《论语》

《论语》是孔子及其弟子言论的汇编，构成了君子之学的核心内容。在汉代，《论语》被尊为兼经之一，到了宋代，它又被并入“四书”之中。孔子时代以降，直至当代社会，中国人的道德修养与行政决策皆深受《论语》的影响，人们视其为根本之源与行事之基。《论语》堪称中国民众与中国文化的精神支柱和心灵纽带。

《论语》中含有“君子”一词的语句达100多条，从不同方面阐明了君子之道，成为君子安身立命、修身理政之本。君子之道包含君子之德、君子之学与君子之行等，指明了君子是尊德性、道学问、贵实践的理想人格典范。

《论语》开篇和收篇谈论的都是君子之学，说明了君子之学的重要性。开篇《学而》耳熟能详：“子曰：‘学而时习之，不亦说乎？有朋自远方来，不亦乐乎？人不知而不愠，不亦君子乎？’”[①]其指明了学习方式与学习态度。末篇《尧曰》载：“子曰：‘不知命，无以为君子也。不知礼，无以立也。不知言，无以知人也。’”[②]这进一步强调了学习的重要性。另外，在《季氏》中，陈亢与伯鱼的对话提及的孔子之言，即“不学诗，无以言”，“不学礼，无以立”[③]，则是君子对学习科目选择的论述。《卫灵公》中的“君子病无能焉，不病人之不已知也”[④]，则指出了通过学习提高能力的重要性，等等。《季氏》还讲到君子要做到严以自律，做到三戒、九思与三畏。

君子有三戒：少之时，血气未定，戒之在色；及其壮也，血气方刚，戒之在斗；及其老也，血气既衰，戒之在得。[⑤]

君子有九思：视思明，听思聪，色思温，貌思恭，言思忠，事思敬，疑思问，忿思难，见得思义。[⑥]

---

① （宋）朱熹. 四书章句集注. 北京：中华书局，1983：47.
② （宋）朱熹. 四书章句集注. 北京：中华书局，1983：195.
③ （宋）朱熹. 四书章句集注. 北京：中华书局，1983：173-174.
④ （宋）朱熹. 四书章句集注. 北京：中华书局，1983：165.
⑤ （宋）朱熹. 四书章句集注. 北京：中华书局，1983：172.
⑥ （宋）朱熹. 四书章句集注. 北京：中华书局，1983：173.

君子有三畏：畏天命，畏大人，畏圣人之言。[①]

关于君子之德，《论语》中认为君子要以“仁”为道德根基，修己安人。“君子无终食之间违仁，造次必于是，颠沛必于是。”[②]“君子笃于亲，则民兴于仁。”[③]“君子务本，本立而道生。孝弟也者，其为仁之本与！”[④]以“义”为价值尺度，义行天下：“君子之于天下也，无适也，无莫也，义之与比”[⑤]；以“礼”为行为规范，待人接物：“君子博学于文，约之以礼，亦可以弗畔矣夫”[⑥]；以“信”为人格操守；以“道”为最高追求；等等。

君子之德、君子之学最终应体现在君子之行上，君子只有通过践行，才能做到利国利民。《论语》在这方面的论述颇多，为君子服务社会提供了指南，以下略举数语。

谈“行”的重要性。子曰：“君子欲讷于言而敏于行”[⑦]，“君子耻其言而过其行”[⑧]；子贡问孔子怎样才能做个君子，子曰：“先行其言而后从之。”[⑨]

谈君子之行为遵循。“子谓子产有君子之道四焉：其行己也恭，其事上也敬，其养民也惠，其使民也义。”[⑩]

谈君子临危受命。曾子曰：“可以托六尺之孤，可以寄百里之命，临大节而不可夺也。君子人与？君子人也。”[⑪]

谈君子正名。“子路曰：‘卫君待子而为政，子将奚先？’子曰：‘必也正名乎！’子路曰：‘有是哉，子之迂也！奚其正？’子曰：‘野哉由也！君子于其所不知，盖阙如也。名不正，则言不顺；言不顺，则事不成；事不成，则礼乐不兴；礼乐不兴，则刑罚不中；刑罚不中，则民无所错[⑫]手足。故君子名之必可言

① （宋）朱熹. 四书章句集注. 北京：中华书局，2011：172.
② 金良年. 论语译注. 上海：上海古籍出版社，2004：32.
③ 金良年. 论语译注. 上海：上海古籍出版社，2004：82.
④ 金良年. 论语译注. 上海：上海古籍出版社，2004：2.
⑤ 金良年. 论语译注. 上海：上海古籍出版社，2004：34.
⑥ 金良年. 论语译注. 上海：上海古籍出版社，2004：64.
⑦ 金良年. 论语译注. 上海：上海古籍出版社，2004：38.
⑧ 金良年. 论语译注. 上海：上海古籍出版社，2004：173.
⑨ 金良年. 论语译注. 上海：上海古籍出版社，2004：14.
⑩ 金良年. 论语译注. 上海：上海古籍出版社，2004：46.
⑪ 金良年. 论语译注. 上海：上海古籍出版社，2004：85.
⑫ “错”应为“措”。——引者注

也，言之必可行也。君子于其言，无所苟而已矣。'"[①]子曰："不在其位，不谋其政。"曾子曰："君子思不出其位。"[②]

谈君子从政之五美、四恶。子张问孔子何以从政，孔子回答"尊五美，屏四恶"[③]，并做了进一步解答。"子张曰：'何谓五美？'子曰：'君子惠而不费，劳而不怨，欲而不贪，泰而不骄，威而不猛。'子张曰：'何谓惠而不费？'子曰：'因民之所利而利之，斯不亦惠而不费乎？择可劳而劳之，又谁怨？欲仁而得仁，又焉贪？君子无众寡，无大小，无敢慢，斯不亦泰而不骄乎？君子正其衣冠，尊其瞻视，俨然人望而畏之，斯不亦威而不猛乎？'子张曰；'何谓四恶？'子曰：'不教而杀谓之虐；不戒视成谓之暴；慢令致期谓之贼；犹之与人也，出纳之吝谓之有司。'"[④]

四、《孟子》

孟子以"四端说"进一步完善了君子教育的理论体系，高扬了君子的高尚人格。孟子的"性善论"是中国主导的人性论。"人之初，性本善"，更是妇孺皆知。由"性善论"衍生的孟子"四端说"，成为君子教育的重要理论基础。

恻隐之心人皆有之，羞恶之心人皆有之，恭敬之心人皆有之，是非之心人皆有之。恻隐之心仁也，羞恶之心义也，恭敬之心礼也，是非之心智也。仁、义、礼、智非由外铄我也，我固有之也，弗思耳矣。[⑤]

孟子还进一步把"四端"界定为人之为人的根本，为"五常"的形成奠定了基础。他说：

由是观之，无恻隐之心非人也，无羞恶之心非人也，无辞让之心非人也，无是非之心非人也。恻隐之心，仁之端也；羞恶之心，义之端也；辞让之心，礼之端也；是非之心，智之端也。人之有是四端也，犹其有四体也。[⑥]

---

① 金良年. 论语译注. 上海：上海古籍出版社，2004：146.

② 金良年. 论语译注. 上海：上海古籍出版社，2004：172.

③ 金良年. 论语译注. 上海：上海古籍出版社，2004：241.

④ 金良年. 论语译注. 上海：上海古籍出版社，2004：241.

⑤ 金良年. 孟子译注. 上海：上海古籍出版社，2004：236.

⑥ 金良年. 孟子译注. 上海：上海古籍出版社，2004：72.

孟子以“我善养吾浩然之气”自许。浩然之气是充满着正义和道德力量之气，是人最高尚的气节与精神支柱，需要长期的积累而形成。

其为气也，至大至刚，以直养而无害，则塞于天地之间。其为气也，配义与道，无是，馁也。是集义所生者，非义袭而取之也，行有不慊于心，则馁矣。①

孟子提出的“富贵不能淫，贫贱不能移，威武不能屈”之大丈夫人格，更是为中国君子撑起了坚挺的脊梁，成为中国志士仁人自强不息的精神支柱。

《孟子》一书多以对话体的故事进行说理，生动形象，寓意深刻，是儒家学说的重要著作。儒学被称为孔孟之道，可见《孟子》一书历史地位的重要。宋代将《孟子》一书升格为“经”，并成为“四书”的重要组成部分，也成为宋之后君子教育的重要内容。

第二节 《论语》中的君子教育思想

自《论语》成书以来，历代对《论语》的解读众多，本节主要以宋朝朱熹的《四书章句集注》（中华书局，1983 年）为底本，参考清朝刘宝楠的《论语正义》（中华书局，1990 年）、杨伯峻的《论语译注》（中华书局，2017 年）、金良年的《论语译注》（上海古籍出版社，2004 年）等文献，分析《论语》对君子教育的相关论述。

本节采用分篇解读与综合分析相结合的方法，全面、系统地研究《论语》中的君子教育思想。具体方法有二：一是以《论语》之篇章为序，分析重点语句中的君子和君子教育观点，其他相关语句归入其下，减少分析歧义和主观臆断，尽可能地展示其本真意涵；二是以教育基本理论框架分析君子教育，如教育目的、教育内容、教育方法等，以实现古今理论的转化与对话，形成符合现代教育理论的君子教育思想体系。

① 金良年. 孟子译注. 上海：上海古籍出版社，2004：58.

一、《论语》之君子教育相关语句解读

本部分以朱熹的《四书章句集注》（中华书局，1983 年）的 10 卷 20 篇为文本依据，分篇解读其君子教育思想。

（一）《学而》

《学而》共 16 章，“此为书之首篇，故所记多务本之意，乃入道之门、积德之基、学者之先务也”①。“君子务本”是本篇的基本要义，正如游氏所言：“故学而一篇，大抵皆在于务本。”②学习、交友等则是叩启入道之门、奠定仁德之基的重要途径。

1. 君子务本，以孝达仁

有子曰：“其为人也孝弟，而好犯上者，鲜矣；不好犯上，而好作乱者，未之有也。君子务本，本立而道生。孝弟也者，其为仁之本与！”③

君子重视做好根本的事情，根本确立了，基本事理也就形成了。对于孔子倡导的儒家学说而言，其核心是“仁”。“仁”是君子应有之品质，也是君子的价值追求，而“仁”之根本则是“孝”与“悌”，做到了孝悌，才能顺次到达“仁”的道德素养。以孝达仁，提高自身修养，提高执政者的修养，是儒家礼治社会的实现方式。儒家的孝道观对传统中国产生了重大影响，如汉代的“孝治天下”就是对孔子以孝为本思想的具体实践。

在道德修养与知识学习上，儒家倡导以道德修养为主，知识学习为次，即如孔子所言：“弟子入则孝，出则弟，谨而信，泛爱众，而亲仁。行有余力，则以学文。”④《大学》更是指出：“自天子以至于庶人，壹是皆以修身为本。”⑤可见，君子务本也可以理解为以修身为本，修身就是达成仁德，仁德达成要以孝为

① （宋）朱熹. 四书章句集注. 北京：中华书局，1983：47.

② （宋）朱熹. 四书章句集注. 北京：中华书局，1983：50.

③ （宋）朱熹. 四书章句集注. 北京：中华书局，1983：47-48.

④ （宋）朱熹. 四书章句集注. 北京：中华书局，1983：49.

⑤ （宋）朱熹. 四书章句集注. 北京：中华书局，1983：4.

本。所以，“孝”是君子最为根本的道德素养，是君子教育的入门之教。另外，该篇以下几章对儒家的孝道观进行了论述。

子曰：“父在，观其志；父没，观其行；三年无改于父之道，可谓孝矣。”①

子夏曰：“贤贤易色，事父母能竭其力，事君能致其身，与朋友交言而有信。虽曰未学，吾必谓之学矣。”②

曾子曰：“慎终追远，民德归厚矣。”③

2. 君子自省非巧言

君子欲达“仁”，需要谨慎、持续地提升自己的修养，如曾子所言“吾日三省吾身：为人谋而不忠乎？与朋友交而不信乎？传不习乎？”④而不是夸夸其谈，巧言令色，即如孔子之语“巧言令色，鲜矣仁”。去仁，无以为君子，亦即巧言令色者难为君子。

《论语》通过孔子及其弟子的言语反映了他们的观点、立场和价值追求。其中，也通过孔子及其弟子的现身说法，即身教的方式实施教育。这里曾子所言“吾日三省吾身”这一君子养成的重要方式，也是儒家“慎独”思想的重要体现，即重视自省，反对自夸。

3. 君子之学与君子之交

《论语》各篇的题目本与各篇内容没有实质性联系，但《学而》却较好地凸显了学习的重要性，特别是首句“学而时习之，不亦说乎”可谓妇孺皆知的名句，该篇不少内容涉及君子之学和君子之交等。

君子的学习与交友有共同的意蕴，《论语》开篇就谈到学习，要求把学习作为快乐的事，“学而时习之，不亦说乎”是最佳的学习态度和学习境界，能如此，何谈厌学？交友也是学习的重要方式，“有朋自远方来，不亦乐乎”与“三人行，必有我师焉”有共同的意蕴，交友也要成为快乐的事，同时进一步做到

---

① （宋）朱熹. 四书章句集注. 北京：中华书局，1983：51.

② （宋）朱熹. 四书章句集注. 北京：中华书局，1983：50.

③ （宋）朱熹. 四书章句集注. 北京：中华书局，1983：50.

④ （宋）朱熹. 四书章句集注. 北京：中华书局，1983：48.

“人不知而不愠”，就达到了君子的交友之道，说明个体拥有了宽恕的品性与豁达自信的修养。《学而》中的“不患人之不己知，患不知人也”[①]，也可以理解为对交往与认知的告诫：一位君子不要害怕别人不了解自己，怕的是自己不了解别人，君子要不断了解他人，不断提高知人的能力。显然，君子之学不只是知识的学习，更主要的是道德的学习与个体修养的提升。可以说，整部《论语》的主要内容也是君子之德或言君子之道。

孔子提出要与志同道合的人交往，与道德高尚的人交往，不要与道德不如自己的人交往，即“无友不如己者”[②]。

同时，守信用是交友的重要准则，要做到“与朋友交，言而有信”。

在后面的《季氏》篇中，孔子也谈到了交友的相关问题：

孔子曰：“益者三友，损者三友。友直，友谅，友多闻，益矣。友便辟，友善柔，友便佞，损矣。”[③]

孔子曰：“益者三乐，损者三乐。乐节礼乐，乐道人之善，乐多贤友，益矣。乐骄乐，乐佚游，乐宴乐，损矣。”[④]

4. 君子不重，则不威

孔子在其教诲中，对君子的学习态度与人际交往方式提出了明确的要求：“君子不重则不威，学则不固。主忠信。无友不如己者。过则勿惮改。”[⑤]孔子的这句话不仅是对君子学习态度和人际交往方式的指导，更是对个人品德修养的深刻阐述。他告诉我们，要成为一个真正的君子，就需要在学习上保持庄重、深入钻研；在人际交往中注重忠诚和信用；在交友时慎重选择；面对过错时勇于承认并改正。这样才能不断完善自己，成为对社会有用的人。

5. 君子食无求饱，居无求安，富而好礼

子曰：“君子食无求饱，居无求安，敏于事而慎于言，就有道而正焉，可谓

① （宋）朱熹. 四书章句集注. 北京：中华书局，1983：53.
② （宋）朱熹. 四书章句集注. 北京：中华书局，1983：50.
③ （宋）朱熹. 四书章句集注. 北京：中华书局，1983：171.
④ （宋）朱熹. 四书章句集注. 北京：中华书局，1983：172.
⑤ （宋）朱熹. 四书章句集注. 北京：中华书局，1983：50.

好学也已。”[①]

孔子在其教诲中，对君子的学习态度和生活方式有着深刻的阐述。他认为君子不过分追求物质条件的满足，不贪图口腹之欲，不追求安逸的居住环境。在他们看来，物质上的富足并不是生活的全部，更重要的是精神上的充实和道德修养的提升。因此，他们勤于做事，对待工作一丝不苟，尽心尽力。同时，他们谨慎说话，不轻易发表未经深思熟虑的言论，以免误导他人或给自己带来不必要的麻烦。

子贡曰：“贫而无谄，富而无骄，何如？”子曰：“可也。未若贫而乐，富而好礼者也。”子贡曰：“《诗》云：‘如切如磋，如琢如磨。’其斯之谓与？”子曰：“赐也，始可与言《诗》已矣！告诸往而知来者。”[②]

孔子认为，作为一个君子，应该向有修养的人学习，不断进行自我改进；应该具备“如切如磋，如琢如磨”的精神，不断磨砺自己，成为真正有德有才的人。

6. 孔子之温良恭俭让

万世师表孔子，其德行、言辞与行为，无疑是那些致力于培养君子的教师应该效法的榜样。该篇谈及了孔子的“温良恭俭让”。

子禽问于子贡曰：“夫子至于是邦也，必闻其政，求之与？抑与之与？”子贡曰：“夫子温、良、恭、俭、让以得之。夫子之求之也，其诸异乎人之求之与？”[③]

孔子虽被尊为圣人，但他本人始终保持谦逊，认为自己能达到君子的修养层次便已足够。这种自我认知不仅体现了他的谦逊品格，还强调了君子之道并非高不可攀，而是每个人通过不懈努力都可以达到的目标。孔子的修养，包括他的“温良恭俭让”，成为后世君子学习的重要内容，也被视为君子应当具备的基本品性。

因此，对于教师而言，孔子的言行举止不仅是个人修养的典范，更是教育学

---

① （宋）朱熹. 四书章句集注. 北京：中华书局，1983：52.

② （宋）朱熹. 四书章句集注. 北京：中华书局，1983：52-53.

③ （宋）朱熹. 四书章句集注. 北京：中华书局，1983：51.

生的宝贵资源。通过学习和效仿孔子的美德，教师可以更好地引导学生成长为具有高尚品德和良好行为习惯的君子，为社会培养出更多有责任感、有担当的人才。同时，这也提醒我们，无论时代如何变迁，人性的基本价值与美德都值得我们不断追求与传承。

7. 和为贵

有子曰："礼之用，和为贵。先王之道，斯为美，小大由之。有所不行，知和而和，不以礼节之，亦不可行也。"①

有子的这段话不仅强调了礼与和的重要性，还提醒我们在实践中要把握好二者的平衡。只有在尊重礼的规范与引导的基础上，才能真正实现社会的和谐与稳定。这对于我们今天的社会治理与人际关系处理而言，同样具有深远的指导意义。

（二）《为政》

《为政》共24章，主要阐述了如何以德治理国家、实现君子之治的理念。儒家教育强调"学而优则仕"，即在学问上有所成就后应投身于政治，这一观点在农业文明时代（鉴于生产力水平低下和社会分工的特点），具有一定的历史合理性。孟子后来提出的"劳心者治人，劳力者治于人"的观点也体现了当时的社会分工。在儒家思想中，从政被视为君子的职业选择，学者在学成之后，应积极参与到国家治理之中。同时，《论语》中的"君子"既指学成之君子，也指在位之君子。在位之君子，指其社会地位而言，如国君、贵族和各级官员。对于在位君子而言，要提高修养，以"德"匹"位"，只有如此才能更好地管理国家，成为名副其实的君子。所以该篇及《论语》其他篇章在论及君子之治时，一方面是对"学生"的君子之"教"，另一方面是对在位"君子"的君子之"教"。该篇的君子教育思想主要体现为君子之学、君子之德等。

1. 孔子终身学习与修养的进阶

终身学习与修养不仅是孔子个人实践的真实写照，更是他极力推崇的一种人

① （宋）朱熹. 四书章句集注. 北京：中华书局，1983：51.

生哲学。孔子通过自身的经历，向我们展示了一个人在不断学习与修养中，如何逐步成长为具有高尚品德和卓越能力的君子。

子曰：“吾十有五而志于学，三十而立，四十而不惑，五十而知天命，六十而耳顺，七十而从心所欲，不逾矩。”①

孔子的这段人生经历，不仅为我们提供了君子成长的对照标准，更警醒我们修养是一个持续不断的过程。无论处于人生的哪个阶段，我们都应该保持对学习的热情与对修养的追求。只有这样，我们才能不断提升自己的能力与品德，实现自己的人生价值。

在当今社会，终身学习的理念已经深入人心。孔子倡导的修养，更强调内心的修炼与品德的提升。我们应该将学习与修养相结合，不仅追求知识的积累，更注重品德的完善。只有这样，我们才能在复杂多变的社会中保持清醒的头脑与坚定的信念，成为具有高尚品德与卓越能力的时代新人。

2. 学习方法

该篇论及的学习方法包括“立志向学”“重视复习”“学思结合”等。孔子所言“吾十有五而志于学”，一方面是对自己人生的回顾；另一方面也以“师表”的作用告诉弟子，求学要立志，人无志不立，立志是更好地走向成功学习、终身学习的前提条件。“温故而知新，可以为师矣”主要就是指学习要注重复习，“学而不思则罔，思而不学则殆”主要论述了“学”“思”结合的重要性。

3. 学习态度

子曰：“由！诲女知之乎！知之为知之，不知为不知，是知也。”②

孔子教育弟子要拥有“知之为知之，不知为不知”的学习态度和学习智慧。“诚”为君子的重要素养，君子在学习上不能不懂装懂，要做到“知之为知之，不知为不知”。在学习的道路上，我们经常会遇到各种难题。面对这些困难，真正的智者不会选择逃避或伪装，而是会坦诚地面对自己的无知与不足。他们知

① （宋）朱熹. 四书章句集注. 北京：中华书局，1983：54.

② （宋）朱熹. 四书章句集注. 北京：中华书局，1983：58.

道，只有正视自己的不足，才能找到学习的方向与动力，从而不断进步。同时，在学习上，君子追求的不仅是知识的积累，更是品德的完善。他们明白，知识的海洋无边无际，个人的认知总是有限的。因此，他们不会不懂装懂，更不会在无知中自满。相反，他们会保持一颗谦逊的心，勇于承认自己的不足，并以此为契机，不断拓宽自己的视野与认知。

4. 学习内容

子曰："《诗》三百，一言以蔽之，曰'思无邪。'"①

《诗》是孔子之教的重要教育内容，也是君子之学的重要学习内容。作为教材的《诗》是孔子搜集、筛选、编订而成的，是否符合"礼"，是孔子筛选的重要标准，即"思无邪"强调了君子之学道德教育的重要性。

在孔子看来，知识的学习应当服从于道德教育。他强调，教育的首要任务是培养人的品德，而非单纯追求知识的积累。因此，在《诗》的教学中，孔子注重引导学生领悟作品背后的道德寓意，通过诗歌的韵律与情感，激发学生的道德共鸣，从而在潜移默化中提升他们的道德境界。

孔子的教育思想体现了对知识与道德教育的深刻洞察与平衡。他通过《诗》这一经典教材，不仅传授了知识，更是在无形中培养了学生的道德品质与审美情趣。对于我们今天的教育实践而言，这种教育理念依然具有重要的指导意义与启示作用。我们应该借鉴孔子的教育思想，注重知识与道德的双重培养，努力培养出既具有深厚学识又具备高尚品德的优秀人才。

5. 君子守信

"守信"作为君子应当具备的重要素养与表征，不仅关乎个人品行与在社会中的生存发展，更体现了君子对社会责任的担当与践行。

子曰："人而无信，不知其可也。大车无輗，小车无軏，其何以行之哉？"②

在这句话中，孔子以车辆的运行作比喻，形象生动地阐述了守信的必要性。

---

① （宋）朱熹. 四书章句集注. 北京：中华书局，1983：53.

② （宋）朱熹. 四书章句集注. 北京：中华书局，1983：59.

“君子一言，驷马难追”这句俗语，便是对君子守信的生动写照。它意味着君子一旦许下承诺，就要坚定地履行自己的承诺，不应轻易改变或背弃。这种守信的精神，不仅体现了君子的高尚品德，更彰显了他们对社会责任的担当与践行。我们应当以孔子为榜样，时刻铭记守信的重要性，努力成为守信之人、君子之楷模。

6. 见义勇为

“勇”作为君子三达德（智、仁、勇）之一，在孔子的道德观念中占据着举足轻重的地位。它不仅仅是一种外在的、单纯的力量表现，更是一种内在的、与道义紧密相连的高尚品质。孔子认为，真正的“勇”并非鲁莽行事或无所畏惧，而是敢于在关键时刻站出来，维护正义与公理。

与此同时，“义”作为孔子衡量一个人行为的重要标准，强调的是行为是否符合道德准则与公平正义。在孔子的道德体系中，“义”是至高无上的，它要求人们在行事时不仅要考虑个人利益，更要兼顾社会整体的利益与公正。

将“勇”与“义”相结合，孔子提出了“见义勇为”的道德理念。他认为，敢于在见到正义被践踏、公理被歪曲时挺身而出，维护正义与公理，这才是真正的“勇”。那些对于正义之事视而不见、听而不闻，甚至为了个人利益而背离正义的人，孔子称之为“无勇”，认为不能称其为真正的君子。

孔子说：“非其鬼而祭之，谄也。见义不为，无勇也。”①这句话既是对那些为了讨好权贵而祭拜不属于自己祖先的神灵之人的谴责，也是对那些见到正义之事却不敢为之的人的严厉批评。孔子认为，这种行为不仅违背了道德准则，更缺乏作为君子应有的勇气与担当。

“见义勇为”这一道德品格，经过千百年的传承与发展，已经成为中华民族优秀道德品格的重要内容之一。它激励着无数中华儿女在面对不公与邪恶时，要能够挺身而出，维护正义与公理，展现了中华民族勇敢、正义、担当的精神风貌。

当今社会，我们仍要大力弘扬“见义勇为”的精神，鼓励人们在面对邪恶与不公时敢于站出来，用实际行动践行社会主义核心价值观，共同营造一种和谐、公正、美好的社会环境。

---

①（宋）朱熹. 四书章句集注. 北京：中华书局，1983：60.

7. 君子不器

子曰："君子不器。"[①]

这句话深刻地揭示了君子应有的品格与追求。在这里，"器"通常被理解为具有特定用途或功能的器具，它局限于某一方面的功能或用途。然而，君子作为道德高尚、追求全面发展的人，不应仅仅满足于成为某一方面的专家或局限于某一特定的角色。

"形而上者为之道，形而下者为之器"[②]，这句话进一步阐释了"道"与"器"的区别。其中，"道"代表着抽象、普遍的原理、规律或精神追求，是超越具体形态和物质层面的；"器"则是指具体的、有形的、具有特定功能的物品或工具。君子谋道不谋器，意味着君子应追求更高层次的智慧和精神境界，而不仅仅是满足于对具体事物的掌握和运用。

"君子不器"不仅是对君子个人品格的要求，更是对君子社会责任的期望。它激励着每一位君子不断追求全面发展，不断提升自己的境界和能力，以更好地履行自己的社会责任和使命。

8. 君子重"行"

子贡问君子。子曰："先行其言而后从之。"[③]

对于君子之"言"和"行"，孔子在这里强调了"做"的重要性，认为实际行动比言辞更具有力量和说服力。通过实际行动展现出自己的能力和品德，往往比仅仅停留在口头上的承诺和宣言更能赢得他人的信任与尊重。

孔子之所以这样强调，是因为言易行难。很多时候，人们说起来容易，但真正做起来却困难重重。因此，孔子提倡"谨言慎行"，即说话要谨慎，不要轻率地发表意见或承诺；行动也要慎重，不要盲目地采取行动或冒险。这种谨慎的态度不仅有助于避免错误和麻烦，还能提升个人的信誉和威望。

子张学干禄。子曰："多闻阙疑，慎言其余，则寡尤；多见阙殆，慎行其

---

① （宋）朱熹. 四书章句集注. 北京：中华书局，1983：57.

② 周振甫. 周易译注. 北京：中华书局，2013：265.

③ （宋）朱熹. 四书章句集注. 北京：中华书局，1983：57.

余，则寡悔。言寡尤，行寡悔，禄在其中矣。”①

这里，孔子再次强调了“谨言慎行”的重要性。他认为，一个人要想在仕途上取得成功，就需要广泛地学习并积累经验，对不确定或不清楚的事情要保持谨慎和谦逊的态度，不要轻易发表意见或采取行动。同时，在言语和行动上要尽量做到无可挑剔和无可后悔，这样才能在官场中立足，并获得他人的信任和尊重。

通过这两段对话，我们可以看出孔子对“言”与“行”的深刻理解和独到见解。他认为，真正的君子应该言行一致、以身作则，通过实际行动来展示自己的能力和品德。同时，他也提醒我们要时刻保持谨慎和谦逊的态度。这种智慧既适用于个人修养和职业发展，也对社会和谐与稳定具有重要意义。

9. 君子周而不比

子曰：“君子周而不比，小人比而不周。”②

这句话深刻揭示了君子与小人在人际交往中的本质区别。孔子通过对比君子与小人的行为模式，为我们描绘了两幅截然不同的社交图景。

孔子通过这句话，不仅指出了君子与小人在人际交往中的本质区别，还为我们提供了判断一个人品德高下的重要标准。一个真正的君子，应该具备宽广的胸怀、公正的原则和真诚的态度，能够广泛地团结众人，与人为善，共同创造和谐美好的社会。对于小人，则应警惕，因为他们的狭隘和自私往往会破坏社会的和谐与稳定。

此外，这句话还提醒我们，在人际交往中要保持清醒的头脑和独立的判断力，不能被小人的伪装迷惑，更不能为了个人的私利而与他们同流合污。我们应秉持公正、公平的原则，以诚待人，以信立世，共同营造和谐、美好的社会环境。

10. 君子为政以德，任人唯贤

在儒家思想中，治理国家的核心理念在于“以德治国”，强调道德的力量在维持社会秩序和促进国家繁荣中的核心作用。这一思想在孔子的言论中得到了深

① （宋）朱熹. 四书章句集注. 北京：中华书局，1983：58.
② （宋）朱熹. 四书章句集注. 北京：中华书局，1983：57.

刻的体现。

子曰："为政以德，譬如北辰，居其所而众星共之。"[①]

子曰："道之以政，齐之以刑，民免而无耻；道之以德，齐之以礼，有耻且格。"[②]

哀公问曰："何为则民服？"孔子对曰："举直错诸枉，则民服；举枉错诸直，则民不服。"[③]

通过提高统治者的道德修养、选拔正直贤能的人才，以及用道德和礼仪来规范民众的行为，儒家思想为实现君子之治提供了一套完整的理论框架和实践路径。

11. 论孝

孔子提倡孝，该篇多处论述了"孝"，包括"无违""唯其疾之忧""敬为孝之本""以孝为政"等。

（1）"无违"为孝。孟懿子问孝，子曰："无违。"樊迟御，子告之曰："孟孙问孝于我，我对曰'无违'。"樊迟曰："何谓也？"子曰："生，事之以礼；死，葬之以礼，祭之以礼。"[④]"无违"是指不违背"礼"，行孝要依礼而行。同时，"不违"也是尊师之表现，如孔子对颜回的评价之语。子曰："吾与回言终日，不违，如愚。退而省其私，亦足以发，回也不愚。"[⑤]

可以看出，"无违"作为儒家孝道的核心理念之一，不仅强调了以礼行孝的重要性，也体现了尊师重道的传统美德。它要求我们在日常生活中遵守道德规范、尊重长辈和老师，以实际行动践行儒家的伦理思想。同时，"无违"也启示我们，在尊重传统和权威的同时，也要保持独立思考和创新能力，以实现个人和社会的共同进步。

（2）唯其疾之忧。孟武伯问孝，子曰："'父母唯其疾之忧。'"[⑥]这句话深刻

① （宋）朱熹. 四书章句集注. 北京：中华书局，1983：53.
② （宋）朱熹. 四书章句集注. 北京：中华书局，1983：54.
③ （宋）朱熹. 四书章句集注. 北京：中华书局，1983：58.
④ （宋）朱熹. 四书章句集注. 北京：中华书局，1983：55.
⑤ （宋）朱熹. 四书章句集注. 北京：中华书局，1983：56.
⑥ （宋）朱熹. 四书章句集注. 北京：中华书局，1983：55.

揭示了儒家孝道中的一个重要方面：子女应通过端正言行，使父母除疾病外无需为自己的其他事情担忧。

（3）敬为孝之本。子游问孝，子曰：“‘今之孝者，是谓能养。至于犬马，皆能有养；不敬，何以别乎？’”[①]孔子强调，“敬”应当源自内心，是子女对父母深厚情感的体现。它不仅仅是一种外在的行为表现，更是一种内在的精神状态。真正的孝，不仅仅是物质上的供养，更重要的是心灵上的关怀与尊重。子女应当从内心深处尊敬父母，以和颜悦色的态度对待他们，让父母感受到子女的爱与关怀。

子曰：“色难。有事弟子服其劳，有酒食先生馔，曾是以为孝乎？”[②]许多时候，子女虽然能够承担家务、提供美食等物质上的供养，但在面对父母时却难以保持耐心和恭敬，甚至可能因为琐事而心生不满或顶撞父母。这种行为实际上是对父母的不敬，违背了孝道的本质。通过保持和颜悦色的态度、发自内心的尊敬与敬爱，子女才能真正践行孝道，让父母在晚年享受到幸福与安宁。

（4）以孝为政。季康子问：“使民敬、忠以劝，如之何？”子曰：“临之以庄则敬，孝慈则忠，举善而教不能则劝。”或谓孔子曰：“子奚不为政？”子曰：“《书》云：‘孝乎惟孝、友于兄弟，施于有政。’是亦为政，奚其为为政？”[③]

孔子的这一思想，深刻揭示了孝悌之道与国家政治的内在联系。在他看来，孝悌不仅是个人品德修养的体现，更是治理国家、稳定社会的重要原则。通过践行孝悌之道，统治者能够赢得百姓的尊敬，进而实现国家的长治久安。同时，孝悌之道也鼓励人们相互关爱、共同进步，为社会的和谐与发展奠定坚实的基础。

12. 君子判断三标准

子曰：“视其所以，观其所由，察其所安。人焉廋哉？人焉廋哉？”[④]

---

① （宋）朱熹. 四书章句集注. 北京：中华书局，1983：56.
② （宋）朱熹. 四书章句集注. 北京：中华书局，1983：56.
③ （宋）朱熹. 四书章句集注. 北京：中华书局，1983：58-59.
④ （宋）朱熹. 四书章句集注. 北京：中华书局，1983：56.

这句话深刻地揭示了识人的智慧与艺术。这句话的核心在于教导我们如何全面而深入地了解一个人，通过观察其言行举止、考察其行为路径及洞悉其内心所安，来透视其真实品格与境界。

朱熹对此进行了较为详尽的解释：

以，为也。为善者为君子，为恶者为小人……观，比视为详矣。由，从也。事虽为善，而意之所从来者有未善焉，则亦不得为君子矣。或曰："由，行也。谓所以行其所为者也。"①

朱熹视此章所说的"所以""所由""所安"为判别人（包括他人与自己）是否为"君子"的三个标准。②"所以"指"所为"，行为的善与不善可以作为初步的判别标准；"所由"指"意之所从来"，行为背后的意念或动机是否纯善，可以作为进一步的判别标准；"所安"指"所乐"，以行善为乐、以善念为乐，这是更进一步的判别标准。"所以"至"所由"再至"所安"为递进关系，由表及里，直至人心隐微处。"所安"（"所乐"）这一标准更为重要，其关乎行善的连续性与持久性。从"所以"到"所由"，再到"所安"，这三个标准构成了一个由表及里、由浅入深的递进关系。它们不仅帮助我们更全面地了解一个人，还引导我们反思自己的内心世界，提升个人的道德修养。在这个过程中，我们学会了如何以更加细腻和敏锐的眼光去观察他人，同时更加深入地认识自己。

当今社会，这种识人的智慧依然具有重要意义。它提醒我们在人际交往中保持警觉，学会辨别真伪，同时也激励我们不断提升自己的道德修养，以成为真正的君子。

（三）《八佾》

春秋时期，周王室衰微，诸侯、卿大夫等违反周礼，犯上作乱，导致社会陷入礼崩乐坏的境地。孔子对此提出了严厉的批评，并竭力主张克己复礼。实施礼乐教育，成就守礼之君子，再造礼治天下，成为当时孔门的重要追求。《八佾》

---

① （宋）朱熹. 四书章句集注. 北京：中华书局，1983：56.

② 徐国明. 朱熹论"君子"之判别——围绕《论语》"视其所以"章展开的分析. 湖北大学学报（哲学社会科学版），2017（5）：17-22.

包括26章，主要谈论的是礼乐之事，涉及君子与君子教育的内容如下。

1. 君子守礼

君子守礼，在《论语》和孔子的话语中讲的是守《周礼》，孔子也明确表达了自己的观点：“周监于二代，郁郁乎文哉！吾从周。”[①]他认为《周礼》是集夏、商两代礼乐制度之大成，且更加完备、丰富，因此他明确表达了自己“从周”的立场。

孔子还从礼乐典章的存在与否，说明了自己主张遵守《周礼》的理由。

子曰：“夏礼吾能言之，杞不足征也；殷礼吾能言之，宋不足征也。文献不足故也，足则吾能征之矣。”[②]

“八佾舞于庭”鲜明地表达了这一观点。据《周礼》的规定，只有周天子才可以使用八佾，诸侯为六佾，卿大夫为四佾，士用二佾。季氏是正卿，只能用四佾，而季氏用八佾则违反了《周礼》的规定。孔子对此表示了强烈的愤慨，认为这种行为预示着社会秩序的混乱。该篇以“八佾”作为篇名，把“八佾舞于庭，是可忍也，孰不可忍也？”作为首章，告诫世人要守礼，一个不守礼的人最多是地位上的君子，而不能成为真正的道义上的君子。第二章同样表达了孔子对僭越《周礼》者的愤慨，三家者以《雍》彻，子曰：“‘相维辟公，天子穆穆’，奚取于三家之堂？”[③]此三家为鲁国的孟孙氏、叔孙氏、季孙氏，他们均为鲁桓公的后代，也是当时鲁国的执政者，又称“三桓”。他们在祭祀时用了天子之乐《雍》而僭越礼法，这也就是孔子眼中的“礼崩乐坏”。以下数端均是对“礼”的论述。

子贡欲去告朔之饩羊。子曰：“赐也，尔爱其羊，我爱其礼。”[④]

子曰：“事君尽礼，人以为谄也。”[⑤]

定公问：“君使臣，臣事君，如之何？”孔子对曰：“君使臣以礼，臣事君以忠。”[⑥]

---

① （宋）朱熹. 四书章句集注. 北京：中华书局，1983：65.
② （宋）朱熹. 四书章句集注. 北京：中华书局，1983：63.
③ （宋）朱熹. 四书章句集注. 北京：中华书局，1983：61.
④ （宋）朱熹. 四书章句集注. 北京：中华书局，1983：66.
⑤ （宋）朱熹. 四书章句集注. 北京：中华书局，1983：66.
⑥ （宋）朱熹. 四书章句集注. 北京：中华书局，1983：66.

子曰："管仲之器小哉！"或曰："管仲俭乎？"曰："管氏有三归，官事不摄，焉得俭？""然则管仲知礼乎？"曰："邦君树塞门，管氏亦树塞门；邦君为两君之好，有反坫，管氏亦有反坫。管氏而知礼，孰不知礼？"①

子曰："居上不宽，为礼不敬，临丧不哀，吾何以观之哉？"②

子曰："禘自既灌而往者，吾不欲观之矣。"或问禘之说。子曰："不知也。知其说者之于天下也，其如示诸斯乎！"指其掌。

祭如在，祭神如神在。子曰："吾不与祭，如不祭。"

王孙贾问曰："与其媚于奥，宁媚于灶，何谓也？"子曰："不然，获罪于天，无所祷也。"

子入大庙，每事问。或曰："孰谓鄹人之子知礼乎？入大庙，每事问。"子闻之曰："是礼也。"

哀公问社于宰我。宰我对曰："夏后氏以松，殷人以柏，周人以栗，曰使民战栗。"子闻之曰："成事不说，遂事不谏，既往不咎。"③

综上所述，孔子对君子守礼的强调，不仅体现在他个人的言行举止中，更贯穿于他对社会、政治、文化等各个方面的思考与批判中。他希望通过自己的努力与倡导，能够恢复周礼的权威与秩序，从而构建一个稳定、和谐、有序的社会。

2. 仁为礼之本

孔子认为只有做到仁，才能更好地守礼，仁是礼的根本。子曰："人而不仁，如礼何？人而不仁，如乐何？"④礼仪是表达礼的形式，礼不在于形式，在于内心。这就是孔子所说的"礼，与其奢也，宁俭；丧，与其易也，宁戚"⑤。

子夏问曰："'巧笑倩兮，美目盼兮，素以为绚兮。'何谓也？"子曰："绘事后素。"曰："礼后乎？"子曰："起予者商也！始可与言《诗》已矣。"⑥

孔子认为仁与礼是相辅相成的。仁是礼的根本与灵魂，只有做到仁，才能更

---

① （宋）朱熹. 四书章句集注. 北京：中华书局，1983：67.
② （宋）朱熹. 四书章句集注. 北京：中华书局，1983：69.
③ （宋）朱熹. 四书章句集注. 北京：中华书局，1983：64-67.
④ （宋）朱熹. 四书章句集注. 北京：中华书局，1983：61.
⑤ （宋）朱熹. 四书章句集注. 北京：中华书局，1983：62.
⑥ （宋）朱熹. 四书章句集注. 北京：中华书局，1983：63.

好地理解和实践礼；礼则是仁的外在表现与规范，它有助于人们更好地实现仁爱之心。

在孔子的思想体系中，仁与礼共同构成了维护社会秩序与提升个人修养的重要基石。

3. 君子不争

子曰：“君子无所争，必也射乎！揖让而升，下而饮，其争也君子。”①

孔子倡导的“君子之争”，实际上是对无礼和不公正竞争的反对与批判。他认为，真正的君子应该注重内在修养与道德品质的提升，而不是过分追求外在的荣誉与利益。在竞争中，他们应该遵循公平、公正的原则，尊重对手、尊重规则，以礼让与尊重为基石，构建健康、和谐的竞争环境。

“孔融让梨”作为中华优秀传统美德中的经典礼让案例，也体现了孔子倡导的礼让精神。孔融在年幼时便懂得将大的梨子让给兄长，这种谦让与尊重的品质不仅赢得了家人的赞誉，也成为后世传颂的佳话。

在现代社会中，“友谊第一，比赛第二”的理念也体现了孔子倡导的君子之争的精神。在各类比赛与竞争中，我们应该注重友谊与团结，尊重对手、尊重规则，以公正、公平的态度参与竞争。

4. 论乐

《乐》是君子学习的重要内容，而《乐》经失传，故论乐的内容相对难得。在该篇以下部分，孔子论述了《关雎》《韶》等有关乐的话题。

子曰：“《关雎》，乐而不淫，哀而不伤。”②

子语鲁大师乐。曰：“乐其可知也：始作，翕如也；从之，纯如也，皦如也，绎如也，以成。”③

子谓《韶》，“尽美矣，又尽善也”。谓《武》，“尽美矣，未尽善也”。④

尽管《乐》经已经失传，但孔子对音乐艺术的深刻见解与独到评价，仍然对

---

① （宋）朱熹. 四书章句集注. 北京：中华书局，1983：63.

② （宋）朱熹. 四书章句集注. 北京：中华书局，1983：66.

③ （宋）朱熹. 四书章句集注. 北京：中华书局，1983：68.

④ （宋）朱熹. 四书章句集注. 北京：中华书局，1983：68.

我们理解音乐、欣赏音乐、创作音乐具有重要的启示意义。他强调音乐应该注重情感表达的节制与平衡，追求旋律与和声的和谐统一，同时注重音乐与道德伦理的关联，将艺术修养与君子的品德塑造紧密结合在一起。这种思想不仅对古代音乐艺术的发展产生了深远影响，还为我们今天理解和欣赏音乐提供了宝贵的借鉴与启示。

5. 君子（孔子）之至于斯也

仪封人请见。曰："君子之至于斯也，吾未尝不得见也。"从者见之。出曰："二三子，何患于丧乎？天下之无道也久矣，天将以夫子为木铎。"①

仪封人对孔子的评价，不仅是对孔子个人品德与学问的肯定，更是对孔子思想价值的深刻认识。他们认识到孔子倡导的道德与政治理念，对于改变当时社会的无道状态、推动社会的和谐与进步具有重要意义。孔子接见了他，自比为上天派遣的木铎，寓意着孔子将承担起教化天下、引领社会走向光明的重任。仪封人请见孔子的事件，不仅展示了孔子在当时社会的广泛影响力与崇高地位，也进一步凸显了孔子作为君子与圣人的双重身份及其深远意义。

（四）《里仁》

《里仁》是《论语》中很重要的一篇，因为该篇主要讨论的是儒家思想的核心"仁"。《里仁》包括 26 章，主要内容涉及义与利的关系、个人的道德修养、孝敬父母及君子与小人的区别等方面。

1. 仁为君子之本

子曰："富与贵是人之所欲也，不以其道得之，不处也；贫与贱是人之所恶也，不以其道得之，不去也。君子去仁，恶乎成名？君子无终食之间违仁，造次必于是，颠沛必于是。"②

这里孔子强调"仁"是君子的本质属性，没有仁，就没有君子。君子每时每刻都不要背离仁德，不能用不正确的方法获取富贵，也不能用非仁道的方式摆脱

① （宋）朱熹. 四书章句集注. 北京：中华书局，1983：68.

② （宋）朱熹. 四书章句集注. 北京：中华书局，1983：70.

贫困。这也表明了君子应有的义利观，爱财没有问题，关键是获取方式要仁道，即我们熟知的“君子爱财，取之有道”。孔子在这段话中深刻阐述了君子对富贵、贫贱及仁德的态度，进一步明确了君子的本质属性与行为准则。他强调“仁”是君子的根本，没有仁，就不足以称为君子。在任何时候、任何情况下，君子都不能背离仁德，这是他们立身处世的基石。他不仅强调了仁德对君子的重要性，还阐述了君子应有的义利观与对待生活条件的正确态度。这些思想对我们今天的社会依然具有重要的指导意义，提醒我们在追求物质财富的同时，也要注重内心的修养与道德的提升，做到“取之有道”，坚守自己的道义底线。正如孔子所言：“士志于道，而耻恶衣恶食者，未足与议也。”①

2. 君子义之与比

子曰：“君子之于天下也，无适也，无莫也，义之与比。”②

孔子在这段话中进一步强调了“义”在君子行为准则中的核心地位，以及君子在处理人际关系和社会事务时应持有的公正无私态度，深刻揭示了君子处世的原则与智慧。这段话表明了孔子对“义”的看法：重义是君子的重要素养，君子待人处事要公正，要把“义”作为衡量是非之标准，不能有远近厚薄。这种态度不仅有助于维护社会的公正与和谐，也是君子赢得他人尊重与信任的关键。这些思想对我们今天的社会依然具有重要的指导意义，提醒我们在处理问题时要坚守道义原则，保持公正无私的态度，努力成为有道德、有担当的人。

3. 君子怀德

子曰：“君子怀德，小人怀土；君子怀刑，小人怀惠。”③

通过君子与小人的对比，孔子强调了君子的社会担当与高尚品质。他认为，真正的君子应该具备宽广的胸怀与高尚的道德追求，勇于承担社会责任，积极维护社会的公正与和谐。小人则往往局限于个人的小圈子与利益诉求，缺乏更广阔的社会视野与担当精神。

---

① （宋）朱熹. 四书章句集注. 北京：中华书局，1983：71.

② （宋）朱熹. 四书章句集注. 北京：中华书局，1983：71.

③ （宋）朱熹. 四书章句集注. 北京：中华书局，1983：71.

4. 君子喻于义

子曰："君子喻于义，小人喻于利。"①

"君子喻于义"，意味着君子在行事时总是以道义为准则。他们深知大义的重要性，能够明辨是非，坚守道德底线。在追求个人利益的同时，君子会认真考虑其行为是否符合道义，是否能够为社会带来正面的影响。他们能够以义衡量和约束自己的行为，确保自己的言行举止符合道德标准。

相比之下，"小人喻于利"，则反映了小人在处理问题时往往只关注眼前的利益，忽视了道义的重要性。他们容易被眼前的利益迷惑，为了个人利益而不惜损害他人的权益或违背道德原则。小人在行事时缺乏长远的眼光和道德判断力，往往只看重眼前的得失与荣辱。

孔子进一步强调了道义在追求富贵过程中的重要性。他说："富与贵是人之所欲也，不以其道得之，不处也。"②这里的"道"指的就是道义。孔子认为，虽然富贵是每个人都渴望的，如果不通过正当的途径去获取，那么即使得到了，也不会长久或心安。这再次体现了君子以义为上的利义观。

接下来，孔子从"多怨"的维度说明了君子在追求利益时应该保持的谨慎态度。他说："放于利而行，多怨。"③这句话意味着如果一个人在追求利益时过于偏袒自己，不考虑他人的感受与权益，那么最终会招致众人的怨恨与不满。这再次凸显了君子在行事时应该兼顾道义与利益的重要性。

5. 君子重行

子曰："君子欲讷于言而敏于行。"④

孔子之所以强调"讷于言而敏于行"，是因为他深刻认识到了言多必失的弊端。在现实生活中，我们往往因为一时的冲动或口无遮拦而说出一些不当的言语，这些言语可能成为日后纷争的根源，所以我们应保持谨慎的言行态度，做到言必信、行必果。

---

① （宋）朱熹. 四书章句集注. 北京：中华书局，1983：73.
② （宋）朱熹. 四书章句集注. 北京：中华书局，1983：70.
③ （宋）朱熹. 四书章句集注. 北京：中华书局，1983：72.
④ （宋）朱熹. 四书章句集注. 北京：中华书局，1983：74.

同时，孔子也希望通过这种方式培养弟子们勤于做事的习惯。在他看来，一个人的价值不仅在于他的言语和承诺，更在于他的实际行动和成果。只有那些能够脚踏实地、勤奋努力的人，才能够在社会中被认可和尊重。

综上所述，孔子在这句话中向我们传达了一种重要的处世哲学：在言语上要谨慎、得体，避免言多必失的问题；在行动上要敏捷、高效，以最短的时间达到最好的效果。这种言行态度不仅体现了君子的修养和素质，还有助于我们在社会中取得更好的发展和成就。

6. 重视环境的影响

子曰：“里仁为美。择不处仁，焉得知？”①

“里仁为美”是一种美好的追求。孔子认为，仁德是人性中最光辉的部分，它代表着善良、正直、宽容、博爱等美好品质。与有仁德的人相处，能够让人在潜移默化中受到熏陶和感染，从而不断提升自己的道德修养和人格魅力。“择不处仁，焉得知”这句话则进一步强调了选择生活环境的重要性。孔子认为，如果一个人故意选择与没有仁德的人相处，那么他的智慧和见识就会受到局限。

孔子之所以强调与有仁德的人相处的重要性，是因为他深知环境对人的影响是深远的。一个人所处的环境，往往决定了他的思想、行为和价值观。因此，选择一个充满仁爱的生活环境，对个人的成长和进步至关重要。同时，孔子也希望通过这种方式引导弟子们树立正确的交友观。他认为，真正的朋友应该是那些能够相互扶持、共同成长的人。与有仁德的人交朋友，能够让我们在人生的道路上少走弯路，更快地实现自己的梦想和目标。

7. 仁者安仁

子曰：“不仁者不可以久处约，不可以长处乐。仁者安仁，知者利仁。”②

在这段话中，孔子通过对比“不仁者”与“仁者”“知者”的行为表现，深入阐述了仁德在个人生活中的重要性，以及在不同环境下保持道德操守的必要性。孔子希望人们能够注意个人的道德操守，在任何环境下都要做到矢志不渝，

① （宋）朱熹. 四书章句集注. 北京：中华书局，1983：69.

② （宋）朱熹. 四书章句集注. 北京：中华书局，1983：69.

保持气节。他认为，仁德不仅是个人修养的体现，更是社会和谐的基石。只有每个人都坚守道德底线，才能共同营造一个和谐、稳定的社会环境。

此外，孔子还通过这段话提醒我们，在面对贫困或安乐时，要保持清醒的头脑和坚定的信念，不要因为一时的困境或享受而迷失方向，要时刻铭记道德的重要性，努力成为一个有道德、有担当的人。

8. 好人恶人

子曰："唯仁者能好人，能恶人。"①

首先，"唯仁者能好人"，这里的"好人"并非简单地指喜欢或偏爱某个人，而是指能够基于仁德的原则，公正、客观地评价他人，给予他人应有的尊重与关爱。仁者之心宽广而包容，他们不会因为个人的喜好或偏见而歪曲对他人的认知，而是能够站在更高的道德层面上，以公正的态度去看待每一个人。

其次，"能恶人"则是指仁者在面对不义、不公时，能够勇敢地站出来，表达不满与反对。这里的"恶人"并非指恶意地仇恨或攻击他人，而是指能够明确地辨别是非，对错误的行为或人持批评与反对的态度。这种"恨"是基于道德的判断，是对不义行为的谴责，而非个人情感的发泄。

儒家讲"仁"，强调的是一种内在的道德自觉与责任感。仁者不仅要有"爱人"之心，更要有"恨人"之勇。这种"恨"不是狭隘的、负面的，而是积极的、建设性的。它促使仁者关注社会的不公与不义，努力改变这些现象，从而推动社会的进步与发展。

同时，这句话也提醒我们，只有具备仁德的人，才能够正确地去爱、去恨。他们不会因为个人的情感或利益而偏离道德的轨道，而是能够始终坚守道德的原则，以公正、客观的态度去面对生活中的每一个人和每一件事。

9. 求仁无恶

子曰："苟志于仁矣，无恶也。"②

首先，"苟志于仁矣"，孔子认为，仁德是人性中最美好的部分，它代表着善

① （宋）朱熹. 四书章句集注. 北京：中华书局，1983：69.

② （宋）朱熹. 四书章句集注. 北京：中华书局，1983：70.

良、正直、宽容、无私等品质。一个人如果立志于仁，就会在日常生活中不断追求和实践这些品质，从而使自己的行为更加符合道德规范。

其次，“无恶也”则是“苟志于仁矣”这一假设的必然结果。孔子认为，如果一个人真正立志于仁，他就会在内心深处树立起一种道德自觉和责任感，这种道德自觉和责任感会促使他在面对各种诱惑和挑战时，坚守道德底线，不做任何违背良心和道德规范的事情。

这句话不仅揭示了仁德对个人行为规范的积极影响，还强调了立志的重要性。在孔子的思想体系中，立志是道德修养的起点和基础。同时，这句话也提醒我们，要时刻保持对道德的敬畏之心。在现实生活中，我们面临着各种各样的诱惑和挑战，很容易迷失方向，偏离道德轨道，但只要我们始终坚守仁德的志向，就能够在面对诱惑时保持清醒，在面对挑战时勇往直前。

10. 君子志于道

“君子志于道”是孔子的一贯主张，其中的“道”是孔子始终不渝地秉持的仁道，其核心精神在于忠恕之道，君子应当坚守这一道德准则。以下数语均为对此主张的相关论述。

子曰：“朝闻道，夕死可矣。”①

这里指志于仁道，对于道，要不懈追求，持之以恒，终生不渝。下句亦同义。

子曰：“士志于道，而耻恶衣恶食者，未足与议也。”②

子曰：“参乎！吾道一以贯之。”曾子曰：“唯。”子出。门人问曰：“何谓也？”曾子曰：“夫子之道，忠恕而已矣。”③

孔子的“君子志于道”不仅是对个人道德修养的高标准要求，更是对社会和谐、人际和谐的深切期盼，其核心精神——忠恕之道，至今仍具有深远的指导意义。

---

① （宋）朱熹. 四书章句集注. 北京：中华书局，1983：71.

② （宋）朱熹. 四书章句集注. 北京：中华书局，1983：71.

③ （宋）朱熹. 四书章句集注. 北京：中华书局，1983：72.

11. 见贤思齐

子曰："见贤思齐焉，见不贤而内自省也。"①

这是孔子告诉弟子们的重要修养方法，见到贤德之人要向他学习，见到不贤者要反思自己有没有类似的缺点与错误。这样通过取长补短，才能更好地提高自身的修养，达到君子应有之德行。

同样地，"三人行，必有我师焉"这一观点，也是孔子关于虚心向学、不断自我提升的又一重要论述。它强调无论与何人同行，总能从对方身上发现值得学习的地方，哪怕是看似平凡或不如自己的人，也可能在某一方面拥有独特的见解或才能。因此，保持一颗谦逊的心，时刻准备从他人身上汲取知识与智慧，是提升自我修养、实现个人成长的重要途径。

综上所述，孔子的这两句话共同传达了一个核心信息：在个人修养与成长的道路上，应始终保持开放的心态，勇于向他人学习，无论是从贤德之人身上汲取正能量，还是从不如自己的人身上发现可学之处，都是提升自我、完善人格的关键所在。

12. 孝为仁之基

孝为仁德之基础，不仅承载着中华民族深厚的文化底蕴，更是君子修身齐家、治国平天下的起点。在儒家的伦理体系中，孝被赋予了至高无上的地位，被视为一切善行之始。以下所列举的孔子关于尽孝的言论，无不彰显了孝道的深刻内涵与实践要求。

子曰："事父母几谏。见志不从，又敬不违，劳而不怨。"

子曰："父母在，不远游。游必有方。"

子曰："三年无改于父之道，可谓孝矣。"

子曰："父母之年，不可不知也。一则以喜，一则以惧。"②

儒家倡导的"孝"，不仅是一种传统美德，更是一种具有时代价值的伦理理念。在新时代背景下，孝之理念应得到传承与弘扬，孝之行为应与时俱进，进行

① （宋）朱熹. 四书章句集注. 北京：中华书局，1983：73.
② （宋）朱熹. 四书章句集注. 北京：中华书局，1983：73-74.

现代转化。这意味着在尊重与传承孝道精神的同时，我们也应积极探索符合现代社会特点的尽孝方式，让孝道在新时代焕发出新的生机与活力。

13. 学以成仁

子曰：“我未见好仁者，恶不仁者。好仁者，无以尚之；恶不仁者，其为仁矣，不使不仁者加乎其身。有能一日用其力于仁矣乎？我未见力不足者。有之矣，我未之见也。”①

在这段话中，孔子深刻地阐述了仁德的重要性，并强调了只有通过不懈的努力学习和持续的自我修养，才能真正成为具有仁德的人。他指出，那些真正热爱仁德的人，他们的心灵就像明镜一样清澈明亮，能够接纳一切善行；而那些厌恶不仁行为的人，他们会像躲避水火一样远离不仁，绝不会让不仁的行为沾染到自己身上。

孔子进一步提出，如果有人能够每天致力于培养仁德，那么他的力量是足够的。他从未见过因为力量不足而无法实践仁德的人。当然，也许有人会说自己的力量不足，但孔子认为这只是借口，他实际上从未见过真正因为力量不足而无法做到仁德的人。

这段话不仅强调了仁德的重要性，还鼓励我们要通过不断学习和修养来提升自己的仁德水平。只有真正具备仁德的人，才能在社会中发挥积极的作用，为人类的进步和发展做出贡献。

14. 识仁

子曰：“人之过也，各于其党。观过，斯知仁矣。”②

这句话深刻揭示了人性与错误之间的内在联系。在生活和工作中，每个人都难免出现失误或过错，但这些失误或过错往往反映出了人的内心品质、道德修养及价值观。孔子认为，通过观察一个人所犯的错误，我们可以对其是否具备仁德之心有一个初步的判断。

“各于其党”意味着人们的错误往往与其所属的群体或类型有关。比如，一

① （宋）朱熹. 四书章句集注. 北京：中华书局，1983：70.
② （宋）朱熹. 四书章句集注. 北京：中华书局，1983：71.

个贪婪的人可能因为追求私利而犯错；一个急躁的人可能因为冲动而做出错误的决定。这些错误不仅仅是表面上的行为失当，更是其内心性格和价值观的体现。“观过，斯知仁矣”，则强调了通过观察错误来了解人的仁德之心的重要性。仁德之心是儒家思想中的核心概念，包括善良、宽容、正直、诚信等品质。一个人如果具备仁德之心，那么在面对错误时，往往会表现出自我反省、勇于承担、积极改正的态度。相反，如果一个人缺乏仁德之心，他可能会推卸责任、逃避现实甚至继续犯错。

因此，孔子这句话不仅提醒我们要善于从错误中汲取教训，更教导我们要通过观察和分析错误，来深入了解一个人的内心品质和道德修养。这对我们的人际交往、团队建设及个人成长都具有重要的指导意义。

15. 论学习与修身

子曰：“不患无位，患所以立；不患莫己知，求为可知也。”①

孔子这句话的核心思想在于，个人的成长与自我实现不应受制于外在因素，而应以内在的修养与能力为基石。通过不断地学习与修身，我们不仅能够提升自己的综合素质，还能在竞争激烈的社会中立于不败之地，实现个人价值与社会贡献的双赢。

16. 信

子曰：“古者言之不出，耻躬之不逮也。”②

一个人要守信用，君子一言，驷马难追，君子更应该做“信”的倡导者和力行者。这句话深刻揭示了古代君子对言语谨慎与信守承诺的高度重视。在孔子的思想体系中，守信用被视为君子必备的美德之一，它不仅是个人品德的体现，更是社会和谐与秩序的重要保障。同时，这句话也意味着古代的君子在发言之前会深思熟虑，不会轻易许下承诺，因为他们深知一旦言语出口，就要以实际行动去兑现，否则将感到羞耻。这种对言语的谨慎态度，体现了君子对自我要求的严格与对承诺的尊重。

---

① （宋）朱熹. 四书章句集注. 北京：中华书局，1983：72.

② （宋）朱熹. 四书章句集注. 北京：中华书局，1983：74.

在现代社会，我们同样需要倡导并践行“信”的美德。君子一言，驷马难追，这不仅是对个人诚信的坚守，更是对社会信任的维护。作为君子，我们应以身作则，成为“信”的倡导者和力行者，通过实际行动来诠释和弘扬这一美德。

（五）《公冶长》

《公冶长》共27章，此篇以谈论仁德为主线，孔子和他的弟子们从各个侧面探讨了仁德的特征，是《论语》中的重要篇章，对于理解孔子的仁德思想和君子的品德具有重要价值。

1. 鲁无君子者，斯焉取斯

子谓子贱，“君子哉若人！鲁无君子者，斯焉取斯？”①

孔子通过这句话不仅高度赞扬了子贱的君子品质，同时也隐含了对师承关系的深刻洞察。孔子认为，子贱之所以能够成为君子，离不开他所处的环境及所受的教育，尤其是来自他自身的修养与老师的教导。孔子的这句话不仅是对子贱的赞扬，更是对师承关系、社会风气及君子人格的深刻洞察和期待。

2. 君子不器，才如瑚琏的子贡

子贡问曰：“赐也何如？”子曰：“女器也。”曰：“何器也？”曰：“瑚琏也。”②

“君子不器”是孔子的人才观。孔子把子贡比作一种华贵的祭器，指出子贡某一方面的才能比较凸显，但还没有达到孔子心目中的君子之才的水平。子贡，作为孔子门下众多杰出弟子之一，曾谦逊地向老师询问自己的才德如何。孔子听后，以“器”喻之，并谓之“瑚琏”。孔子的这一比喻，既是对子贡才能的高度认可，也隐含着更深层的期望与鞭策。在孔子的人才观中，“君子不器”是一个核心理念，意指真正的君子不应局限于某一方面的才能或用途，而应追求全面发展，具备多种才能与品德，能够适应并服务于社会的各种需要。因此，尽管子贡被比作珍贵的瑚琏，但孔子的话语间也透露出子贡目前的才能虽已凸显，但还未

① （宋）朱熹. 四书章句集注. 北京：中华书局，1983：75.

② （宋）朱熹. 四书章句集注. 北京：中华书局，1983：76.

达到他心中理想的“君子之才”的标准。

这一对话不仅体现了孔子对子贡才能的赞赏，更蕴含了对弟子的殷切期望与教诲。它告诉我们，无论个人才能多么出众，都应有更高的追求，不断突破自我，向着“君子不器”的境界迈进，以实现个人价值与社会贡献的最大化。

3. 子产为政的君子之道

子谓子产，“有君子之道四焉：其行己也恭，其事上也敬，其养民也惠，其使民也义”。①

孔子对春秋时期郑国的贤能政治家子产给予了高度评价，他称赞子产“有君子之道四焉”。这四种君子之道，不仅是对子产个人品德与行政能力的肯定，更是对理想治国者应具备素质的高度概括。

孔子认为，治理国家就应该具备这四种美德。这四种美德不仅是对子产个人品质的赞誉，更是对理想治国者应具备的素质的深刻揭示。它们相互关联、相辅相成，共同构成了治国理政的核心理念与实践指南。在现代社会，这四种美德仍然具有重要的指导意义。它们提醒我们，在治理国家、服务人民的过程中，应始终保持谦逊、忠诚、仁爱与公正，以实现国家的长治久安与人民的幸福安康。

（六）《雍也》

《雍也》共30章（《四书章句集注》共28章），内容涵盖了孔子及其弟子的言行与思想。该篇的特点包括：以人物为中心，通过冉雍、颜回等人物的故事和言行，展示了孔子的思想和教育理念；内容丰富，涵盖了中庸之道、恕的学说、文质思想及仁德培养等多个方面；言简意赅，每句话都蕴含着深刻的道理和智慧，给人以启迪和思考。

1. 君子周急不继富

子华使于齐，冉子为其母请粟。子曰：“与之釜。”请益。曰：“与之庾。”冉

① （宋）朱熹. 四书章句集注. 北京：中华书局，1983：79.

子与之粟五秉。子曰：“赤之适齐也，乘肥马，衣轻裘。吾闻之也，君子周急不继富。”①

孔子的“君子周急不继富”思想，深刻体现了儒家仁爱之道中的公平与正义，意在表明一种态度：真正的君子应当在他人急需时伸出援手，而非在他人已经富足时继续锦上添花。这种思想是对社会资源合理分配的呼吁，也是对人性中善良与同情心的倡导。这种思想同样表现在下文中：

原思为之宰，与之粟九百，辞。子曰：“毋！以与尔邻里乡党乎！”②

原思作为孔子的管家，得到了孔子给予的九百斗粮食的报酬，但他却推辞不受。孔子劝他接受，并建议他将多余的粮食分给邻里乡党中的贫困者。这一行为，不仅是对原思个人品德的肯定，更是对“君子周急不继富”思想的进一步阐释。孔子认为，个人的财富应当用于帮助那些生活困难的人，以此实现社会的和谐与稳定。

这种思想在当今社会同样具有重要意义。随着经济的发展和社会的进步，一些地方贫富差距扩大，如何合理分配社会资源、实现社会公平，成为一个亟待解决的问题。孔子的“君子周急不继富”思想，为我们提供了一种解决这一问题的思路：通过慈善捐赠、社会救助等方式，将财富和资源向贫困者和弱势群体倾斜，帮助他们改善生活条件，实现社会的共同繁荣和进步。

同时，这种思想也提醒我们，在追求个人财富和成功的同时，不应忘记对社会的责任和贡献。真正的成功和幸福，不仅在于个人的成就和地位，更在于我们能够给他人和社会带来多少帮助及改变。因此，让我们铭记孔子的教诲，将“君子周急不继富”的思想内化于心、外化于行，为实现社会的和谐与进步贡献自己的力量。

2. 君子儒

子谓子夏曰：“女为君子儒，无为小人儒。”③

孔子对子夏的这番教导，深刻揭示了儒家教育中“君子儒”与“小人儒”的

① （宋）朱熹. 四书章句集注. 北京：中华书局，1983：85.
② （宋）朱熹. 四书章句集注. 北京：中华书局，1983：85.
③ （宋）朱熹. 四书章句集注. 北京：中华书局，1983：88.

本质区别，不仅是对子夏个人的期望，还是对所有儒家学者的警醒与鞭策。孔子要求子夏做“君子儒”，实际上是在强调儒家教育的根本目的：不仅要传授知识，更要培养品德；不仅要造就专业人才，更要造就具有高尚人格和社会责任感的人。这一思想对当今的教育事业同样具有深远的启示意义。我们应该注重学生的全面发展，既重视知识的传授，又重视品德的培养；既关注学生的个人成长，又关注学生的社会责任。只有这样，才能培养出更多具有高尚品德和社会责任感的人才，为社会的进步和发展贡献更多的智慧与力量。

3. 文质彬彬然后君子

子曰：“质胜文则野，文胜质则史。文质彬彬，然后君子。”①

孔子认为，真正的君子应该做到“文质彬彬”，即内在品质与外在表现达到一种恰到好处的平衡。这样的君子既不会因过于质朴而显得粗俗，也不会因过于文饰而显得虚伪。他们能够以真诚和谦逊的态度对待他人，以智慧和礼仪来指导自己的行为，展现出一种既优雅又实在的人格魅力。

经过两千多年的传承与发展，孔子的文质思想已经成为中国传统文化的重要组成部分。它不仅影响了古代士人的修养方式，也对现代人的自我提升和人格塑造产生了深远的影响。在当今社会，我们依然可以借鉴孔子的这一思想，努力在内在品质与外在表现之间找到平衡，追求一种更加全面、和谐的人格发展。

4. 君子可逝也

宰我问曰：“仁者，虽告之曰：‘井有仁焉。’其从之也？”子曰：“何为其然也？君子可逝也，不可陷也；可欺也，不可罔也。”②

实际上，孔子的回答并非为君子不诚心救人找借口，而是对人性的深刻理解和道德实践智慧的体现。孔子指出，君子在面对“井有仁焉”的情境时，不会盲目地跳下去，这并不是因为缺乏勇气或同情心，而是基于理性的考量。他强调，君子应当具备救人的意愿和能力，但同时也要保持清醒的判断，避免自身陷入危险，从而无法真正实施救援。这种态度并非逃避责任，而是对生命的尊重和对救

① （宋）朱熹. 四书章句集注. 北京：中华书局，1983：89.

② （宋）朱熹. 四书章句集注. 北京：中华书局，1983：90-91.

援效率的考量。

此外，孔子所说的“可欺也，不可罔也”，意味着君子虽然可能在某些情况下被表面的信息误导（即“可欺”），但他们不会因此而被彻底迷惑，失去对事物本质的判断力。在面对“井有仁焉”的虚假信息时，君子能够迅速识别并做出正确的反应，而不是盲目地跟随错误信息行动。这种思想体现了孔子对人性复杂性的深刻理解，以及在道德实践中对理性与情感的巧妙平衡。

5. 君子博文约礼

子曰：“君子博学于文，约之以礼，亦可以弗畔矣夫！”①

孔子的这句话不仅揭示了他的教育目的，还深刻地体现了其对君子人格培养的全面理解。在孔子看来，成为君子不仅仅意味着知识的积累，更重要的是如何将所学知识内化于心、外化于行，而“礼”就是连接内在修养与外在行为的桥梁。

“博学于文”，意味着君子要广泛涉猎古代典籍，以此为基础构建自己的知识体系。这一过程不仅是知识的获取，更是对前人智慧的学习与传承，有助于培养深厚的文化底蕴和广阔的视野。然而，仅有知识是不够的，孔子强调“约之以礼”，意味着要用“礼”来规范自己的行为。这里的“礼”不仅指外在的礼仪规范，更是一种内在的道德自觉，是君子在待人接物、处理事务时应当遵循的原则和准则。通过“礼”的约束，君子能够在复杂多变的社会环境中保持清醒的头脑，坚守道德底线，做到言行一致，不偏离正道。

因此，孔子所说的“亦可以弗畔矣夫”，既是对君子个人修养的要求，也是对社会和谐稳定的期望。通过培养懂得“礼”的君子，孔子希望能够在社会上形成一种良好的道德风尚，引导人们向善向上，共同维护社会的和谐与进步。

（七）《述而》

《述而》共38章（《四书章句集注》为37章，其中第9章分为两部分），“多记圣人谦己诲人之辞及其容貌行事之实”②。孔子的言行是学生的榜样，其教诲

---

① （宋）朱熹. 四书章句集注. 北京：中华书局，1983：91.

② （宋）朱熹. 四书章句集注. 北京：中华书局，1983：93.

是学生修德进业之要，有利于学生成为真正的君子。

1. 得见君子

子曰："圣人，吾不得而见之矣；得见君子者，斯可矣。"子曰："善人，吾不得而见之矣；得见有恒者，斯可矣。亡而为有，虚而为盈，约而为泰，难乎有恒矣。"①

孔子认为，在其所处的时代，能够见到君子就可以了。可以说，君子是现实中人，是通过学习、修身、做事等方式可以成就的。别人也称孔子为君子。孔子说："圣人我是不可能看到了，能看到君子，这就可以了。"孔子又说："善人我不可能看到了，能见到始终如一（保持好的品德）的人，也就可以了。没有却装作有，空虚却装作充实，穷困却装作富足，这样的人是难以有恒心（保持好的品德）的。"对于春秋末期社会"礼崩乐坏"的状况，孔子难免感到失望，因为他认为在那样的社会背景下，难以找到其观念中的"圣人""善人"，而那些"虚而为盈，约而为泰"的人却比比皆是。在这样的情况下，能看到"君子""有恒者"，也就心满意足了。至于"有恒者"，则是指那些能够持之以恒地保持良好品德，不因外界环境变迁而动摇的人。在孔子看来，即使社会风气败坏，人心不古，只要能遇到这样坚持正道、不为浮华所动的人，也是对社会道德底线的一种坚守，是对未来希望的一种寄托。

综上所述，孔子的这些言论不仅体现了他对个人道德修养的严格要求，还反映了他对理想社会状态的向往与现实社会状况的无奈。在理想与现实之间，孔子选择了务实与希望，鼓励人们追求成为"君子"与"有恒者"，以此作为改善社会风气、提升个人境界的可行之路。

2. 君子不党

陈司败问昭公知礼乎？孔子曰："知礼。"孔子退，揖巫马期而进之，曰："吾闻君子不党，君子亦党乎？君取于吴为同姓，谓之吴孟子。君而知礼，孰不知礼？"巫马期以告。子曰："丘也幸，苟有过，人必知之。"②

---

① （宋）朱熹. 四书章句集注. 北京：中华书局，1983：99.

② （宋）朱熹. 四书章句集注. 北京：中华书局，1983：100.

这一事件揭示了孔子在面对理想与现实冲突时的无奈。尽管他深知鲁昭公的行为违背了礼制，但作为一位致力于维护社会和谐的智者，他不得不在原则与现实之间寻找平衡，这种平衡往往伴随着内心的挣扎和妥协。它不仅是对孔子个人品德的一次展现，更是对如何在复杂社会环境中坚持原则与灵活应对之间寻求平衡的一次深刻探讨。孔子的态度和行为，为我们提供了一个在处理人际关系、维护社会秩序时如何兼顾原则与现实的宝贵范例。

3. 躬行君子

子曰：“文，莫吾犹人也。躬行君子，则吾未之有得。”①

君子重实践。孔子说：“就书本知识来说，我和别人差不多，做一个身体力行的君子，那我还没有做到。”对于“文，莫吾犹人也”一句，学术界有不同的解释。有的说此句意为“讲到书本知识，我不如别人”，有的说此句意为“对于勤勉，我是能和别人相比的”。我们这里采用了“我和别人差不多”这样的解释。他从事教育，既要给学生传授书本知识，也注重培养学生的实际能力。他说自己在身体力行方面还没有取得君子的成就，希望自己和学生尽可能地从这个方面再做努力。

4. 君子坦荡荡

子曰：“君子坦荡荡，小人长戚戚。”②

孔子是说君子心胸宽广，小人经常忧愁。“君子坦荡荡，小人长戚戚”是人们所熟知的。许多人常常将此写成条幅，悬于室中，以激励自己。孔子认为，作为君子，应当有宽广的胸怀，可以容忍别人，容纳各种事件，不计个人利害得失。心胸狭窄，与人为难、与己为难，时常忧愁，局促不安，就不可能成为君子。孔子的这句“君子坦荡荡，小人长戚戚”，不仅是对君子与小人心性差异的深刻揭示，也是对个人修养与品德提升的一种指引。君子之所以被称为君子，不仅在于他们拥有高尚的道德情操和卓越的才能，更在于他们那宽广无垠、包容万物的心胸。

---

① （宋）朱熹. 四书章句集注. 北京：中华书局，1983：101.

② （宋）朱熹. 四书章句集注. 北京：中华书局，1983：102.

（八）《泰伯》

《泰伯》共21章，主要记录了孔子和曾子的言论及其对古人的评论，君子教育的相关分析如下。

1. 君子笃于亲

子曰：“恭而无礼则劳，慎而无礼则葸，勇而无礼则乱，直而无礼则绞。君子笃于亲，则民兴于仁；故旧不遗，则民不偷。”①

在这里，孔子首先强调了礼的重要性，如果没有礼的约束，恭敬、谨慎、勇敢、直率这些品行会带来不好的结果。同时，再次指出了“君子笃于亲”的重要性。在位之君子如果诚信对待亲族，老百姓就会形成仁德之风，君子不忘记故交，老百姓就会厚道起来。

孔子的话不仅是对个人品德修养的提醒，也是对君子在社会治理中应承担的责任的阐述。一个真正的君子，应当依礼行事，以仁爱之心待人，通过自己的言行举止影响和带动周围的人，共同营造和谐、有序、充满爱的社会环境。

2. 君子谨慎

曾子有疾，召门弟子曰：“启予足！启予手！《诗》云：‘战战兢兢，如临深渊，如履薄冰。’而今而后，吾知免夫！小子！”②

曾子引用《诗经》之语，告诉弟子要谨守孝道，小心谨慎，避免身体损伤的道理，即《孝经》所言：“身体发肤，受之父母，不敢毁伤，孝之始也。”曾子的这番话，不仅是对自己一生谨慎行事的总结，更是对弟子们的殷切期望。

曾子的这番遗训，也深刻体现了儒家文化中关于“孝”的核心价值。在儒家看来，孝不仅仅是对父母的物质供养和精神慰藉，更是一个自我修养和道德完善的过程。通过谨慎行事、珍惜生命，一个人不仅能够实现个人的价值，还能够为社会树立正面的榜样，促进社会的和谐与进步。

---

① （宋）朱熹．四书章句集注．北京：中华书局，1983：103.

② （宋）朱熹．四书章句集注．北京：中华书局，1983：103.

3. 君子所贵乎道者三

曾子有疾，孟敬子问之。曾子言曰：“鸟之将死，其鸣也哀；人之将死，其言也善。君子所贵乎道者三：动容貌，斯远暴慢矣；正颜色，斯近信矣；出辞气，斯远鄙倍矣。笾豆之事，则有司存。”①

曾子有病，孟敬子去看望他。曾子告诉孟敬子作为一个君子应该重视的道有三个方面：一是使自己的容貌庄重严肃，这样可以避免粗暴、放肆；二是使自己的脸色一本正经，这样就接近于诚信；三是使自己说话的言辞和语气谨慎小心，这样就可以避免粗野和背理。这是曾子对孟敬子的善意之言，是有利于修养和处事的君子之道。

曾子对孟敬子说的这番话，既是对个人修养的深刻指导，也是对君子如何更好地履行社会责任的启示。它告诉我们，作为君子，应当注重内外兼修，以庄重严肃的态度、真诚可信的神情、谨慎小心的言辞去影响他人，引领社会向善。

4. 君子人也

曾子曰：“可以托六尺之孤，可以寄百里之命，临大节而不可夺也。君子人与？君子人也。”②

曾子说可以把年幼的君主托付给他，可以把国家的政权托付给他，面临生死存亡的紧急关头而不动摇屈服，这样的人就是君子。孔子培养的就是有道德、有知识、有才干的人，他可以受命辅佐幼君，可以执掌国家政权，这样的人在生死关头决不动摇、决不屈服，这就是具有君子品格的人。

曾子的这番话，不仅是对君子品格的深刻阐述，更是对孔子教育思想的传承和发扬。它告诉我们，真正的君子，不仅要有才学和智慧，更要有坚定的信念和勇气，能够在国家和民族需要的时候挺身而出，承担起领导者和保护者的责任，为国家和民族的繁荣富强贡献自己的力量。

---

① （宋）朱熹. 四书章句集注. 北京：中华书局，1983：103.

② （宋）朱熹. 四书章句集注. 北京：中华书局，1983：104.

（九）《子罕》

《子罕》共30章，记录了孔子的言论，重点为孔子的行事风格，以及提倡和不提倡做的事，君子教育相关分析如下。

1. 君子多乎哉

大宰问于子贡曰："夫子圣者与？何其多能也？"子贡曰："固天纵之将圣，又多能也。"子闻之，曰："大宰知我乎！吾少也贱，故多能鄙事。君子多乎哉？不多也。"①

这里，孔子不仅展现了他一贯的谦逊态度，还深刻阐述了"君子谋道不谋食"的儒家思想。他认为，君子应当以追求道德和智慧的提升为己任，而非仅仅满足于物质生活的富足或技艺的精湛。孔子年少时的经历，虽然让他掌握了多种技艺，但他更看重的是通过不断学习与实践，提升自己的道德境界和哲学思考能力。他提醒人们，真正的君子应当超越物质层面的追求，专注于道德、智慧和哲理的探寻，以实现个人与社会的和谐与进步。

2. 君子之居

子欲居九夷。或曰："陋，如之何！"子曰："君子居之，何陋之有？"②

古代君子要么做官，要么为师，无论做官还是为师，君子均承担着传播文化和进行社会教育的使命。因此，孔子认为只要有君子居住的地方，无论原本多么简陋、破旧，都能够因为君子的教化而焕发出生机与活力。这一思想至今仍然具有深远的启示意义。在现代社会，虽然物质条件得到了极大改善，但道德风气和文明素养的提升仍然是一项长期而艰巨的任务。人们常常用"孔圣人没到过的地方"来形容那些道德风气欠佳之地，这既是对孔子教化思想的怀念，也是对君子精神的呼唤。

3. 君子三达德

子曰："知者不惑，仁者不忧，勇者不惧。"③

---

① （宋）朱熹. 四书章句集注. 北京：中华书局，1983：110.

② （宋）朱熹. 四书章句集注. 北京：中华书局，1983：113.

③ （宋）朱熹. 四书章句集注. 北京：中华书局，1983：116.

孔子认为一个君子应该具有三种品德：智、仁、勇。这三种品德不仅对个人修养至关重要，也是社会和谐与进步的重要基石。一个具备智、仁、勇的君子，能够在复杂多变的社会环境中保持清醒的头脑、宽广的胸怀和勇敢的精神，为社会的和谐与发展贡献自己的力量。孔子的这一思想不仅是对个人品德的高度概括，也是对理想人格的一种追求。它激励着人们不断追求智慧、仁爱和勇敢，以成为更好的自己，为社会的繁荣与进步贡献力量。

（十）《乡党》

《乡党》共 27 章，主要记录了孔子的言谈举止、衣食住行和生活习惯等，有些做法至今被人们认同和沿用。

1. 君子不以绀緅饰

君子不以绀緅饰。红紫不以为亵服。当暑，袗絺绤，必表而出之。缁衣羔裘，素衣麑裘，黄衣狐裘。亵裘长，短右袂。必有寝衣，长一身有半。狐貉之厚以居。去丧，无所不佩。非帷裳，必杀之。羔裘玄冠不以吊。吉月，必朝服而朝。①

君子的行为规范，不仅体现在言行举止上，还细致入微地体现在其衣着服饰上。孔子提出“君子不以绀緅饰”，明确指出了君子在选择衣物装饰时应避免的颜色搭配，即不使用深青透红或黑中透红的布来镶边。孔子进一步详细阐述了君子在不同场合、不同季节应如何着装，服饰的颜色、质地、款式等方面的具体要求，以及在日常生活中及特殊场合的着装要求。孔子对君子服饰之规范，不仅体现了其对个人形象的注重与讲究，更蕴含了深厚的文化意义与道德观念。这些规定，不仅有助于塑造君子端庄、儒雅的形象，更有助于引导人们形成正确的价值观与审美观。

2. 食不厌精，脍不厌细

食不厌精，脍不厌细。食饐而餲，鱼馁而肉败，不食。色恶，不食。臭恶，不食。失饪，不食。不时，不食。割不正，不食。不得其酱，不食。肉虽多，不

① （宋）朱熹. 四书章句集注. 北京：中华书局，1983：118-119.

使胜食气。惟酒无量，不及乱。沽酒市脯不食。不撤姜食，不多食。[①]

“食不厌精，脍不厌细”，大家基本是耳熟能详的，是指饮食应注意的细节。另外，还有“食不语，寝不言”等，这些原则至今仍然被广泛认同和遵循。孔子的饮食观不仅注重食物的口感和味道，更强调饮食的健康、时节性和适量原则。这些观念在当时具有重要意义，对现代社会的饮食文化同样具有深远的影响。

（十一）《先进》

《先进》共26章（《四书章句集注》为25章），“此篇多评弟子贤否”[②]，记录了孔子的教育言论和对弟子的评论，如德行优异者颜渊、闵子骞、冉伯牛、仲弓，言语优异者宰我、子贡，政事优异者冉有、季路，文学优异者子游、子夏。同时，还有对闵子骞之孝的赞扬，对颜回好学的评价等。评价本身就是教育的一种重要形式，通过评价，可以使弟子树立榜样，找到自身的不足，进而更加努力向学，修身做事，成为名副其实的君子。该篇君子教育的相关评析如下。

1. 后进君子

子曰：“先进于礼乐，野人也；后进于礼乐，君子也。如用之，则吾从先进。”[③]

“先进”指先学习礼乐，再做官，“后进”指先做官，后学习礼乐。孔子主张用先进者，即先学习礼乐再做官。这里的“君子”指有“位”之人，即有官位的人。孔子主张通过学习，平民成为熟知礼乐的有德君子，再从政。也就是说，要通过教育培养和选拔优秀的人才从政，因为这种优秀的人才是德才兼备的君子。

孔子在这段话中通过对比“先进”与“后进”两种不同的学习和从政路径，表达了他对人才培养和选拔的深刻见解，强调了教育在塑造人才品格和提升人才素质方面的重要作用，同时也为后世的教育实践提供了宝贵的经验和启示。

---

① （宋）朱熹. 四书章句集注. 北京：中华书局，1983：119-120.

② （宋）朱熹. 四书章句集注. 北京：中华书局，1983：123.

③ （宋）朱熹. 四书章句集注. 北京：中华书局，1983：123.

2. 重事人轻事鬼

季路问事鬼神。子曰：“未能事人，焉能事鬼？”敢问死。曰：“未知生，焉知死？”①

“事人”是指侍君侍父，如果君父活着的时候不能很好地尽忠尽孝，就谈不上君父过世后孝敬鬼神了。这两段话体现了孔子“敬鬼神而远之”的鬼神观。他并不否认鬼神的存在，但认为人们应该更加关注现实生活，履行自己的责任和义务，而不是过分追求和依赖超自然力量。孔子强调，一个人只有在现实生活中做到了尽忠尽孝，才有资格和能力去关注和处理与鬼神相关的事务。

同时，这段对话也反映了孔子对教育的重视。他通过引导季路思考生命和现实生活的问题，帮助他认识到自己的责任和使命，从而培养他的品德和修养。这种教育方式既有助于个人成长，也有助于社会的和谐与进步。

3. 过犹不及

子贡问：“师与商也孰贤？”子曰：“师也过，商也不及。”曰：“然则师愈与？”子曰：“过犹不及。”②

子贡询问孔子，关于他的两个同学子张（师）和子夏（商）谁更优秀。孔子回答说，子张做事常常过头，而子夏往往做得不够。这里，孔子强调的就是他的中庸之道。中庸之道并非简单的折中或者妥协，而是一种追求恰到好处的智慧。它要求人们在处理问题时，既避免过于激进，又防止过于保守，要找到那个最合适、最恰当的平衡点。

4. 君子者乎

子曰：“论笃是与，君子者乎？色庄者乎？”③

在这里，孔子强调判断一个人是不是君子，不仅要看其说话是否笃诚，还要看是不是出自内心，伪装笃诚不是君子，言行一致才是真正的君子。孔子强调，真正的君子不仅言辞恳切，更重要的是他们的言行是一致的，他们的诚恳是发自

---

① （宋）朱熹. 四书章句集注. 北京：中华书局，1983：125.

② （宋）朱熹. 四书章句集注. 北京：中华书局，1983：126.

③ （宋）朱熹. 四书章句集注. 北京：中华书局，1983：128.

内心的，而不是为了某种目的而刻意伪装的。相反，那些只是表面上庄重诚恳，但内心并不真正具备这些品质的人，被称为“色庄者”，他们并不是真正的君子。这一观点对我们今天的人际交往和人才识别仍然具有重要的指导意义。

5. 因材施教

孔子在教学中注重因人而异、言传身教，下面就是孔子授徒的一段论述，体现了其因材施教的教育原则与教育方法。

子路问：“闻斯行诸？”子曰：“有父兄在，如之何其闻斯行之？”冉有问：“闻斯行诸？”子曰：“闻斯行之。”公西华曰：“由也问闻斯行诸，子曰‘有父兄在’；求也问闻斯行诸，子曰‘闻斯行之’。赤也惑，敢问。”子曰：“求也退，故进之；由也兼人，故退之。”①

这就是孔子因材施教的教育智慧，他能够准确地把握每个学生的性格特点，给予他们最适合的教育和指导。孔子的这种教育原则和方法，不仅在当时受到了学生的尊敬和爱戴，还为后世的教育事业提供了宝贵的借鉴和启示。它告诉我们，教育应该因材施教，根据学生的不同特点和需求，给予他们最适合的教育和指导，帮助他们成为更优秀的人才。

6. 如其礼乐，以俟君子

“如其礼乐，以俟君子”为冉有之语。一次，子路、曾皙、冉有、公西华陪孔子坐着，孔子问：“如果有人请你们出去做官，各位打算怎么做。”冉有的回答是：“方六七十，如五六十，求也为之，比及三年，可使足民。如其礼乐，以俟君子。”②意思是如果让他治理一个小国家，三年的时间能让老百姓得到温饱，可是国家之礼乐教化，就需要等君子来实现了。可见，实现礼治比解决温饱问题要难得多，这就需要君子来做了。“如其礼乐，以俟君子”这句话，深刻体现了冉有在面对治国理政这一宏大议题时的谦逊与自知。当然，这里的君子是指有修养的人，也是指国君，推行礼乐需要有仁德的国君，这样才能实现礼乐社会。

---

① （宋）朱熹. 四书章句集注. 北京：中华书局，1983：128.

② （宋）朱熹. 四书章句集注. 北京：中华书局，1983：130.

冉有的回答不仅展示了他对治国理政的务实态度，也体现了儒家文化中对君子人格的崇尚与追求，以及对实现理想社会——礼乐之邦——的深切向往。这一对话，不仅是一次治国方略的交流，更是对儒家治国理念的深刻阐述与实践思考。

（十二）《颜渊》

《颜渊》共 24 章，主要讲述了孔子教育弟子如何实行仁德，如何为政和处世，并对颜回等进行了评价。

1. 克己复礼，其目四勿

颜渊问仁。子曰：“克己复礼为仁。一日克己复礼，天下归仁焉。为仁由己，而由人乎哉？”颜渊曰：“请问其目。”子曰：“非礼勿视，非礼勿听，非礼勿言，非礼勿动。”颜渊曰：“回虽不敏，请事斯语矣。”①

“克己复礼为仁”是从实现途径的维度解读了什么是“仁”，“克己”就是以礼约束自己，不做违背礼法的事。其后的“四勿”就是讲如何克己，从而达到复礼。这一对话，不仅展现了孔子对“仁”的深刻理解，还体现了颜渊对师长的尊敬和对道德实践的坚定决心。它告诉我们，“仁”并非遥不可及的理想状态，而是可以通过日常生活中的点滴实践，通过不断克制自己、遵循礼法，逐步达到的一种高尚境界。同时，它也强调了个人修养的重要性，即通过自我约束和自我管理，不断提升自己的道德水平，为社会和谐与进步贡献力量。

2. 己所不欲，勿施于人

仲弓问仁。子曰：“出门如见大宾，使民如承大祭。己所不欲，勿施于人。在邦无怨，在家无怨。”仲弓曰：“雍虽不敏，请事斯语矣。”②

这里也是谈如何做到仁，一要做事严肃认真，二要宽以待人，即“己所不欲，勿施于人”。孔子的这番话，不仅为仲弓指明了实践“仁”的路径，而且为

① （宋）朱熹. 四书章句集注. 北京：中华书局，1983：131-132.

② （宋）朱熹. 四书章句集注. 北京：中华书局，1983：132-133.

后世提供了宝贵的道德指南。它提醒我们在追求自身利益的同时，也要尊重他人的权益，以平等、公正、包容的心态构建和谐社会，实现共同发展。其中，“己所不欲，勿施于人”不但是一个君子应有之修养，而且发展成为后世和当今世界公认的道德定律，为人与人、国与国之间的交往提供了宝贵的思想财富。

3. 君子不忧不惧

司马牛问君子。子曰：“君子不忧不惧。”曰：“不忧不惧，斯谓之君子已乎？”子曰：“内省不疚，夫何忧何惧？”①

仁者无忧，不做亏心事不怕鬼敲门，如孔子所言“内省不疚”，问心无愧，就不会有恐惧。也就是说，一个人要不断提高自身的修养，勤于做事，才能达到“君子不忧不惧”。在这里，孔子强调的“内省不疚”是达到“君子不忧不惧”境界的关键。它告诉我们，真正的君子之所以能够保持内心的平和与坚定，是因为他们行事光明磊落，无愧于心。这种无愧并非一蹴而就，而是需要个人在日常生活中不断提高自身的道德修养，勤勉做事，正直为人。

4. 君子何患乎无兄弟也

司马牛忧曰：“人皆有兄弟，我独亡。”子夏曰：“商闻之矣：死生有命，富贵在天。君子敬而无失，与人恭而有礼。四海之内，皆兄弟也。君子何患乎无兄弟也？”②

这段是司马牛和子夏的对话，主要是子夏对司马牛的劝慰之语。对于司马牛所言“人皆有兄弟，我独亡”之伤叹，子夏在说了“死生有命，富贵在天”之后，进一步说一个君子只要认真对待所做的事情，就不会出差错；以恭敬而合乎于礼的规定与人相处，这样一来，自己的兄弟就遍天下了。

这段对话不仅是对司马牛个人忧伤的劝慰，更是对儒家君子之道的一次深刻阐述。它告诉我们，无论面对何种困境和挑战，只要我们能够保持内心的平和与坚定，认真做事、以礼待人，就一定能够赢得他人的尊重和信任，从而拥有和谐、宽广的人生。

---

① （宋）朱熹. 四书章句集注. 北京：中华书局，1983：133.

② （宋）朱熹. 四书章句集注. 北京：中华书局，1983：134.

5. 君子文质一体

棘子成曰：“君子质而已矣，何以文为？”子贡曰：“惜乎！夫子之说，君子也。驷不及舌。文犹质也，质犹文也。虎豹之鞟犹犬羊之鞟。”①

这段对话，深入探讨了君子的内在品质与外在表现之间的关系，即孔子的“文质观”。它强调君子不但要有高尚的品德，还要有合乎礼仪的行为，即内仁外礼，文质一体；既要注重内在品德的修炼，也要注重外在行为的规范和礼仪的遵循。只有这样，才能真正做到“内仁外礼”，实现文质一体，成为真正意义上的君子。

6. 君子成人之美

子曰：“君子成人之美，不成人之恶。小人反是。”②

孔子的这句话深刻地揭示了君子与小人在处理人际关系上的根本区别。“成人之美，不成人之恶”是儒者一以贯之的思想主张，与“己欲立而立人，己欲达而达人”“己所不欲，勿施于人”有着相同的意旨，共同构成了儒家道德体系的核心内容。这些原则都强调了人与人之间的互助、尊重和包容，体现了儒家思想中的人文关怀和社会责任感。

7. 君子之德风

季康子问政于孔子曰：“如杀无道，以就有道，何如？”孔子对曰：“子为政，焉用杀？子欲善，而民善矣。君子之德风，小人之德草。草上之风，必偃。”③

季康子向孔子询问治理政事的方法时，提出了一个较为极端的假设，即是否应该通过杀戮无道之人来维护社会的秩序和道德？然而，孔子的回答却展现了他一贯倡导的“德政”思想。在上位的君子只要善理政事，百姓就不会犯上作乱。这里讲的人治，是有仁德者的所为。那些暴虐的统治者滥行无道，必然引起百姓的反对。孔子的回答不仅是对季康子提问的直接回应，更是他对治理政事、领导民众等问题的深刻思考和总结。他主张以德治国，强调领导者的道德榜样作用，

---

① （宋）朱熹. 四书章句集注. 北京：中华书局，1983：135.

② （宋）朱熹. 四书章句集注. 北京：中华书局，1983：137.

③ （宋）朱熹. 四书章句集注. 北京：中华书局，1983：138.

这对我们今天的社会治理仍然具有重要的启示意义。

8. 君子以文会友

曾子曰："君子以文会友，以友辅仁。"①

曾子说："君子以文章学问来结交朋友，依靠朋友帮助自己培养仁德。"曾子继承了孔子的思想，主张以文章学问作为结交朋友的手段，以互相帮助、培养仁德作为结交朋友的目的，这是君子之所为。以上谈的都是交友的问题，事实上在"五伦"中，儒家对朋友这一伦还是比较重视的。以事交友，共同做事，同事即朋友。以工作、学问、事业交友，通过朋友的影响提高自身的修养。曾子的这句话不仅揭示了君子之交的真谛，也强调了文化与道德在人际交往中的重要作用。它提醒我们，在结交朋友时，应该注重对方的内在修养和道德品质，通过共同的追求和事业来建立起深厚的友谊，共同追求更高的精神境界和道德水平。

（十三）《子路》

《子路》共30章，主要记录了孔子谈论为人、为政的道理，君子教育的相关分析如下。

1. 君子正名

子路曰："卫君待子而为政，子将奚先？"子曰："必也正名乎！"子路曰："有是哉，子之迂也！奚其正？"子曰："野哉由也！君子于其所不知，盖阙如也。名不正，则言不顺；言不顺，则事不成；事不成，则礼乐不兴；礼乐不兴，则刑罚不中；刑罚不中，则民无所措手足。故君子名之必可言也，言之必可行也。君子于其言，无所苟而已矣。"②

孔子强调君子一定要定下名分，才有发言和做事的合理性。同时，君子应认真对待自己的言行，这样就容易做好事情了，所谓"名不正言不顺，言不顺事难成"就是这个道理。君子为政要正名是孔子的一贯主张，"正名"是其"礼"的

---

① （宋）朱熹. 四书章句集注. 北京：中华书局，1983：140.

② （宋）朱熹. 四书章句集注. 北京：中华书局，1983：141-142.

重要组成。不能正名就是有违于礼，违礼事难成，且非君子作为。子路与孔子的这段对话，深入探讨了“正名”的重要性，以及它在为政中的基础性作用。

2. 君子和而不同

子曰：“君子和而不同，小人同而不和。”①

孔子的这句话深刻地揭示了君子与小人在人际交往中的不同态度和原则。孔子认为，君子能与人和谐相处但又有自己的主张，不会盲目地追求与他人的一致性，也不会轻易地放弃自己的立场和原则。这种和谐且不失独立的态度，体现了君子的高尚品格和宽广胸怀。小人则恰恰相反，小人追求的表面的“同”并不能带来真正的和谐，因为小人之间往往因缺乏真正的理解和尊重而产生矛盾与冲突。

3. 君子易事难说

子曰：“君子易事而难说也：说之不以道，不说也；及其使人也，器之。小人难事而易说也：说之虽不以道，说也；及其使人也，求备焉。”②

孔子在这段话中通过对比君子与小人的行事风格和用人之道，向我们展示了君子高尚的品德和处世哲学。为君子办事很容易，但要获得他们的认可和喜欢却非易事。若不按正道行事，他们是不会喜欢的。但是，当他们使用人的时候，总是量才用人。为小人办事很难，但要取得他们的欢喜则是很容易的，不按正道去，也会得到他们的喜欢。但等到他们使用人的时候，却是求全责备。作为君子，他们不会对人百般挑剔，也不会轻易表明自己的喜好，但在选用人才的时候，往往能够量才而用，不会求全责备，小人就不同了。

在现实社会中，我们确实可以看到这种君子与小人的鲜明对比。君子的存在为我们树立了榜样和标杆。他们用自己的言行告诉我们，为人处世应该秉持公正无私的态度，尊重他人的差异和多样性，量才而用，不求全责备。

4. 君子泰而不骄

子曰：“君子泰而不骄，小人骄而不泰。”③

---

① （宋）朱熹. 四书章句集注. 北京：中华书局，1983：147.

② （宋）朱熹. 四书章句集注. 北京：中华书局，1983：148.

③ （宋）朱熹. 四书章句集注. 北京：中华书局，1983：148.

孔子在这句话中，通过对比“泰”与“骄”两种截然不同的心态与行为表现，深刻揭示了君子与小人的重要区别。君子之所以被称为君子，不仅在于他们拥有高尚的品德和卓越的才能，更在于他们内心展现的那份平静、坦然与谦逊。即便面对成功与荣耀时，君子也能保持一颗平常心，不会因此傲慢无礼，更不会因此失去内心的平和与安宁。这种“泰然处之”的态度，正是君子追求的一种境界，也是他们能够在复杂多变的社会环境中保持清醒与理智的关键所在。

（十四）《宪问》

《宪问》共44章（《四书章句集注》为47章），主要记录了孔子及其与弟子原宪之间的对话，以及孔子对当时社会现象的评论和道德观念的阐述，君子教育相关分析如下。

1. 君子哉若人

南宫适问于孔子曰：“羿善射，奡荡舟，俱不得其死然；禹稷躬稼，而有天下。”夫子不答，南宫适出。子曰：“君子哉若人！尚德哉若人！”[①]

南宫适认为，禹、稷以德而有天下，羿、奡以力而不得其终，他通过这样的对比，向孔子表达了自己对以德治国理念的认同。孔子对南宫适的观点给予了高度评价。他称赞南宫适为“君子”，并强调南宫适倡导的“尚德”精神是非常宝贵的。南宫适与孔子的这段对话，不仅是一次思想的碰撞，更是一次对以德治国理念的深刻阐述。它告诉我们，真正的领袖应该以身作则，用自身的德行、智慧来影响和带领人民，共同创造一个和谐稳定的社会。

2. 君子多仁

子曰：“君子而不仁者有矣夫，未有小人而仁者也。”[②]

孔子认为，是否具有仁德，是区分君子和小人的重要依据。仁德是君子应具备的核心品质，它体现在对人的关爱、对义的坚守及对道的追求等多个方面。一个真正的君子，会不断修养自身，努力践行仁德，以成为社会的楷模和道德的引

---

① （宋）朱熹. 四书章句集注. 北京：中华书局，1983：149.

② （宋）朱熹. 四书章句集注. 北京：中华书局，1983：150.

领者。小人则往往被私欲和私利驱使，缺乏对他人的关爱和对社会的责任感，因此难以具备仁德。在当今社会，我们同样需要重视仁德的价值。面对复杂多变的社会环境和各种诱惑，我们应该坚守内心的信念，不断提升自己的道德修养，以成为具备仁德品质的人。

3. 君子上达

子曰：“君子上达，小人下达。”①

在这句话中，孔子以“上达”与“下达”为喻，形象地描绘了君子与小人在精神境界和人生追求上的差异。从君子不器和君子谋道不谋食的观点出发，我们可以对这句话进行更深入的解读。君子追求的是通达于道，注重精神层面的提升与成长；小人则追求的是达于器，满足于物质层面的享受与追求。这种差异不仅体现在个人的品德修养上，还深刻影响着他们的人生轨迹和社会贡献。

4. 君子思不出其位

子曰：“不在其位，不谋其政。”曾子曰：“君子思不出其位。”②

这是孔子对学生今后为官从政的忠告。他要求为官者各负其责，各司其职，脚踏实地做好分内的事情。“君子思不出位”同样是这个意思。这是孔子的一贯思想，与“正名分”的主张是完全一致的。在儒家看来，一个社会的稳定与和谐，离不开每个人对自己角色的清晰认识和正确履行。通过明确每个人的职责和地位，可以避免社会关系的混乱和冲突，从而实现社会的有序发展。

5. 君子耻言过其行

子曰：“君子耻其言而过其行。”③

这句话的核心思想是，君子应该以言行一致为荣，以言过其实、行不及言为耻。在孔子看来，真正的君子不仅要有高尚的品德和卓越的才能，更要在实践中展现出这些品质，通过实际行动来践行自己的信念和承诺。孔子认为，君子要少说多做，少做多说是可耻的。同时，这句话告诫君子要多做事，少说话，要具有

---

① （宋）朱熹. 四书章句集注. 北京：中华书局，1983：155.

② （宋）朱熹. 四书章句集注. 北京：中华书局，1983：156.

③ （宋）朱熹. 四书章句集注. 北京：中华书局，1983：156.

重视实践的务实精神。这种务实精神不仅体现了君子的谦逊和低调，更体现了他们对自身责任的担当和对社会的贡献。

6. 君子三达德

子曰："君子道者三，我无能焉：仁者不忧，知者不惑，勇者不惧。"子贡曰："夫子自道也。"①

孔子通过自谦的方式，阐述了君子应具备仁、智、勇三种重要品德，在《子罕》篇也讲到君子要具备仁、智、勇三种品德，此处进一步强调了这三种品德在君子修身处事中的重要作用。仁是君子的道德基础，智是君子的思维能力，勇则是君子的行动能力。只有同时具备了这三种品德，一个人才能真正成为君子，具备高尚的道德情操和卓越的领导能力。子贡对孔子的这番话表示赞同，并认为这是孔子在自我描述。实际上，这是对孔子高尚品德和卓越才能的高度赞誉与认同。

7. 君子修己安人

子路问君子。子曰："修己以敬。"曰："如斯而已乎？"曰："修己以安人。"曰："如斯而已乎？"曰："修己以安百姓。修己以安百姓，尧舜其犹病诸！"②

判断君子的标准是什么？孔子认为，提高自身的修养是君子立身处世之本，只有这样才能使老百姓都得到安乐。君子重视修身，修身不是为己，而是为了百姓，为了天下。从这段对话中，我们可以看出孔子对君子标准的深刻理解和高度期望。判断君子的标准，不仅在于其个人的品德修养和学识才能，更在于其能否将自身的修养转化为对社会的贡献，能否以天下为己任，为百姓谋福利。这种超越个人利益的胸怀和担当，正是孔子倡导的君子之道的核心所在。

（十五）《卫灵公》

《卫灵公》共 41 章（有的把第一章分为两章，共 42 章），记录了孔子及其弟

① （宋）朱熹. 四书章句集注. 北京：中华书局，1983：156.

② （宋）朱熹. 四书章句集注. 北京：中华书局，1983：159.

子周游列国时有关以德治国的言论，君子教育相关分析如下。

1. 君子固穷

在陈绝粮，从者病，莫能兴。子路愠见曰：“君子亦有穷乎？”子曰：“君子固穷，小人穷斯滥矣。”①

君子致力于仁德和道义，在贫困时也能安守节操，小人在贫困时则会胡作非为。孔子告诉弟子，无论是身处顺境还是身处逆境，富足还是贫困，都要坚守仁德和道义，以礼行事，固守节操，这样才能成为真正的君子。这种在困境中依然能够保持高尚品德和坚定信念的精神，正是君子与小人的重要区别。

2. 君子哉蘧伯玉

子曰：“直哉史鱼！邦有道，如矢；邦无道，如矢。君子哉蘧伯玉！邦有道，则仕；邦无道，则可卷而怀之。”②

卫灵公时，史鱼任祝史，吴国的延陵季子赞史鱼为卫国君子、柱石之臣。孔子在此称史鱼正直、蘧伯玉为君子，都是对他们的赞扬。君子要知进退，这是孔子的一贯主张，如“邦有道，则仕；邦无道，则可卷而怀之”，蘧伯玉知进退，所以孔子称其为君子，而称史鱼为正直之人。通过对比史鱼和蘧伯玉的不同表现，孔子进一步强调了君子知进退的重要性。他认为，真正的君子不仅要具备坚定的原则和立场，还要具备审时度势、灵活应变的智慧，只有这样，才能在复杂多变的社会环境中保持自己的品德和节操，为国家和人民做出更大的贡献。

3. 杀身以成仁

子曰：“志士仁人，无求生以害仁，有杀身以成仁。”③

“仁”为君子之本，孔子认为真正的志士仁人，不会因为贪生怕死而背弃仁德，相反，他们到关键时刻有牺牲生命成就仁德的勇气和作为。数千年来，这种精神激励着仁人君子为了国家和民族的利益不惜牺牲自己的生命，谱写了儒家君子可歌可泣的壮丽诗篇，如文天祥为国捐躯、戊戌六君子为变法图强献身等。现代君子

---

① （宋）朱熹. 四书章句集注. 北京：中华书局，1983：161.

② （宋）朱熹. 四书章句集注. 北京：中华书局，1983：162-163.

③ （宋）朱熹. 四书章句集注. 北京：中华书局，1983：163.

应该传承孔子的教诲，在关键时刻敢于献身，坚守爱国之仁德。这并不意味着我们要盲目地去冒险或牺牲自己的生命，而是要在自己的能力和范围内，尽自己最大的努力为国家、民族、社会做出贡献。无论是在科研领域攻克技术难关，还是在教育领域培养优秀人才，无论是在经济建设中推动创新发展，还是在文化传承中弘扬中华文明，我们都可以用自己的行动来践行这种精神。

4. 践行义、礼、孙、信为君子

子曰："君子义以为质，礼以行之，孙以出之，信以成之。君子哉！"①

孔子认为，具备道义、礼节、谦逊、真诚四种美德者就是君子，其中道义是质地，依礼行事，用谦虚的语言和真诚的态度待人处事。这些美德相互关联、相互促进，共同构成了君子的完整形象。在现代社会，我们仍然需要这些美德来指引自己的行为，提升修养，从而成为更好的人。

5. 君子病无能焉

子曰："君子病无能焉，不病人之不己知也。"②

孔子认为，君子不应过分在意别人是否了解自己，即"不病人之不己知也"，因为真正的价值并不在于外界的评价和认可，而在于自身的能力和品德。换句话说，君子应当关注自己是否具备足够的才能和德行，去履行自己的社会责任和使命，即"君子病无能焉"。孔子又进一步谈道："君子疾没世而名不称焉。"③这实际上是对上述观点的深化和补充。他并不是说君子应该追求名声和荣誉，而是强调君子应该珍视自己的声誉，但这种声誉不是靠外界的吹捧和奉承得来的，而是通过自己的实际行动和卓越成就赢得的。

6. 君子求诸己，小人求诸人

子曰："君子求诸己，小人求诸人。"④

这句话深刻体现了孔子对君子与小人在自我要求与责任归属上的区别。在这

---

① （宋）朱熹. 四书章句集注. 北京：中华书局，1983：165.
② （宋）朱熹. 四书章句集注. 北京：中华书局，1983：165.
③ （宋）朱熹. 四书章句集注. 北京：中华书局，1983：165.
④ （宋）朱熹. 四书章句集注. 北京：中华书局，1983：165.

里，孔子告诫弟子，作为一个君子要严格要求自己，严格要求别人则是小人的做法。孔子的这一教导，鼓励我们在日常生活中，无论遇到何种挑战，都应保持一颗自省的心，勇于承担相应的责任，通过不懈努力来提升自我。同时，它也提醒我们，在评价他人或处理人际关系时，应保持客观与宽容，避免过度苛责他人，而忽略了对自身行为的审视与修正。通过这样的方式，我们不仅能够促进个人的全面发展，还能在和谐的人际环境中共同进步。

7. 君子矜而不争，群而不党

子曰：“君子矜而不争，群而不党。”①

在这里，孔子不仅教育弟子，君子要做到庄重矜持而不与人争，而且在社交场合中，君子应当能够融入群体，与人和睦相处，不会为了私利而结党营私。孔子的这一教导，不仅是对君子个人修养的要求，更是对社会和谐与公正的期待。它鼓励我们在日常生活中，保持谦逊与内敛的态度，尊重他人，团结合作，为共同创造一个更加美好的社会而努力。

8. 君子不以言举人，不以人废言

子曰：“君子不以言举人，不以人废言。”②

这句话深刻揭示了君子在评价人和事时应持有的公正态度。孔子在这里强调，君子要有正确的是非曲直观，在选拔人才或评判言论时，应当秉持客观公正的原则，不应仅凭言辞的动听与否来做出决定。孔子的这一教导，不仅是对君子个人修养的要求，更是对社会公正与理性的呼唤。它提醒我们，在评价人和事时，应保持清醒的头脑，不被表面的言辞迷惑，而是深入探究事物的本质和真相。只有这样，我们才能做出正确的判断，推动社会的进步与发展。

9. 己所不欲，勿施于人

子贡问曰：“有一言而可以终身行之者乎？”子曰：“其恕乎！己所不欲，勿施于人。”③

---

① （宋）朱熹. 四书章句集注. 北京：中华书局，1983：166.

② （宋）朱熹. 四书章句集注. 北京：中华书局，1983：166.

③ （宋）朱熹. 四书章句集注. 北京：中华书局，1983：166.

孔子认为，“恕”是可以终身奉行的，并把“恕”进一步解释为“己所不欲，勿施于人”，这是一个君子应该做到的。忠恕之道作为君子之道的重要内涵，也成为世人公认的价值观念，不仅强调了对他人的宽容与理解，也强调了内心的真诚与正直。“己所不欲，勿施于人”就是正确的做法。它要求我们在追求个人目标的同时，也要考虑到他人的感受和利益，实现个人与社会的和谐共生。

10. 人能弘道

子曰：“人能弘道，非道弘人。”①

这句话深刻地揭示了人与道之间的相互作用关系，强调了人的主观能动性在弘扬道义中的关键作用。人通过学习和提升修养可以把道发扬光大，道不能自动扩充人的才能。孔子的这句话也说明知识和道理是通过后天的学习获得的，不是生而知之的，也不是外力自动赋予的。君子只有不断地学习，才能提高自身的修养，弘扬道义。

11. 君子忧道不忧贫

子曰：“君子谋道不谋食。耕也，馁在其中矣；学也，禄在其中矣。君子忧道不忧贫。”②

这句话深刻体现了孔子对君子应有追求与态度的教导。他强调，君子应将精力集中在追求道义与真理上，而非仅仅为了生计而奔波。学习优异，自然会获得职位，获得俸禄，则无忧衣食。孔子的这一教导，不仅是对君子个人修养的要求，更是对社会风气与价值观的引导。它鼓励我们超越物质的束缚，追求更高层次的精神与道德境界，以更加宽广的胸怀与深远的眼光去面对生活中的挑战与机遇。

12. 君子大受

子曰：“君子不可小知，而可大受也；小人不可大受，而可小知也。”③

孔子认为，不可以让君子做小事，可以让他们担重任。相反，不可以让小人

① （宋）朱熹. 四书章句集注. 北京：中华书局，1983：167.
② （宋）朱熹. 四书章句集注. 北京：中华书局，1983：167.
③ （宋）朱熹. 四书章句集注. 北京：中华书局，1983：168.

担重任，可以让他们做小事。因为君子谋求的是“道”之大事，小人谋求的是“衣食”之小事。孔子在这里的教导，并非对小人的贬低与歧视，而是对不同类型人才的客观分析与合理安排。他提醒我们，在选拔与使用人才时，应该根据他们的能力与志向来合理分配任务与责任，以确保人尽其才、物尽其用。

13. 当仁不让于师

子曰：“当仁不让于师。”①

这句话深刻体现了孔子在教育领域中的平等观念，以及对仁德和真理的执着追求，与亚里士多德的名言“吾爱吾师，吾更爱真理”相呼应。“当仁不让于师”与其有同样的意涵，即要坚守仁德，面对仁德，不必谦让老师。师德尊严不是不让弟子坚持正确的意见，而是要坚守仁德，坚守真理。这种精神，不仅是对个人独立思考与判断能力的肯定，更是对社会进步与文明发展的推动。这一点，往往被一些人忽视，认为古代就是师道尊严，不准反驳老师的观点，这样的理解是不全面的。

14. 君子贞而不谅

子曰：“君子贞而不谅。”②

君子义以为上，君子谋道，所以孔子告诉弟子，君子要固守正道，不要拘泥于小信。这是君子的价值选择问题，在大是大非的道义面前，君子要以固守正道为要，不要因为“小信”违反道义，违反大原则。孔子的这句话不仅是对君子品德的一种要求，更是一种智慧的生活哲学和治国理念。它鼓励我们在复杂多变的世界中保持清醒的头脑和坚定的原则，同时又不失灵活与变通，以实现个人及社会的和谐与进步。这对今天的修身处事、治国理政，亦有借鉴意义。

（十六）《季氏》

《季氏》共 14 章，记录了孔子论君子修身和以礼治国等问题，君子教育相关分析如下。

---

① （宋）朱熹. 四书章句集注. 北京：中华书局，1983：168.

② （宋）朱熹. 四书章句集注. 北京：中华书局，1983：168.

1. 君子疾夫舍曰欲之，而必为之辞

季氏将伐颛臾。冉有、季路见于孔子曰："季氏将有事于颛臾。"

孔子曰："求！无乃尔是过与？颛臾，昔者先王以为东蒙主，且在邦域之中矣，是社稷之臣也。何以伐为？"

冉有曰："夫子欲之，吾二臣者皆不欲也。"

孔子曰："求！周任有言曰：'陈力就列，不能者止。'危而不持，颠而不扶，则将焉用彼相矣？且尔言过矣。虎兕出于柙，龟玉毁于椟中，是谁之过与？"

冉有曰："今夫颛臾，固而近于费。今不取，后世必为子孙忧。"

孔子曰："求！君子疾夫舍曰欲之，而必为之辞。丘也闻有国有家者，不患寡而患不均，不患贫而患不安。盖均无贫，和无寡，安无倾。夫如是，故远人不服，则修文德以来之。既来之，则安之。今由与求也，相夫子，远人不服而不能来也；邦分崩离析而不能守也。而谋动干戈于邦内。吾恐季孙之忧，不在颛臾，而在萧墙之内也。"①

上文中，孔子批评了季氏将伐颛臾一事，君子痛恨那种不说自己的贪得无厌而是另找理由为自己辩护的行为。这段话不仅反映了孔子反对战争、倡导和平的立场，更体现了他以仁和礼为核心解决问题的一贯思想。他强调，真正的君子应勇于承担责任，坚守道义，以公平、和谐与稳定为目标，而非为了私利而发动战争或寻找借口。这些思想对今天的国际关系与国内治理仍具有重要的启示意义。

2. 侍君子三愆

孔子曰："侍于君子有三愆：言未及之而言谓之躁，言及之而不言谓之隐，未见颜色而言谓之瞽。"②

在这里，孔子指出了侍奉君子的三种过失，强调在说话时要做到把握时机，不要急于发表自己的见解，不故意隐瞒或回避自己的观点，不在不了解对方情绪

① （宋）朱熹. 四书章句集注. 北京：中华书局，1983：169-170.

② （宋）朱熹. 四书章句集注. 北京：中华书局，1983：172.

或态度的情况下贸然发言。这是君子通用的处世之道，具有为人处世的普遍意义，但用之过甚，也可能使人变得圆滑世故，这是不足取的。因此，在实践中，我们需要找到一个平衡点，既要学会察言观色、把握时机，又要保持真诚和原则性，不随波逐流、不失自我。只有这样，我们才能在复杂多变的人际关系中保持清醒和独立，赢得他人的尊重和信任。

3. 君子三戒

孔子曰：“君子有三戒：少之时，血气未定，戒之在色；及其壮也，血气方刚，戒之在斗；及其老也，血气既衰，戒之在得。”①

君子“三戒”揭示了在不同的年龄阶段，君子应该警惕并尽力避免的三个主要陷阱，以此作为修身养性的重要指导原则。年少时，人的生理和心理都处于成长发育阶段，情感和欲望容易冲动。这一阶段，培养正确的价值观、道德观和自制力至关重要，以为未来的成长奠定坚实的基础。进入壮年时期，个体力量达到顶峰，精力旺盛，往往雄心勃勃，易于卷入争斗与竞争之中。这一阶段，培养宽容、谦逊和合作的精神，对个人和社会的和谐都至关重要。至于老年，随着体力的逐渐衰退，人的心态也易发生变化，可以通过精神的富足来弥补身体的衰老，达到内心的平和与满足。君子三戒不仅是个人修养的指南，还是贯穿人生全程的智慧结晶，它教导我们在不同的生命阶段，都应保持警醒，克服人性的弱点，追求更高层次的自我完善与成长。

4. 君子三畏

孔子曰：“君子有三畏：畏天命，畏大人，畏圣人之言。小人不知天命而不畏也，狎大人，侮圣人之言。”②

这句话深刻阐述了君子与小人在对待天命、权威与智慧时的不同态度，以及这些态度是如何影响个人的品德与成就的。君子“三畏”不仅是君子应有的敬畏之心，还是他们成事成德的重要因素。如果君子不能保持这种敬畏之心，就有可能滑向小人的境地，失去原有的品德与成就。反之，通过不断践行“三畏”，君

① （宋）朱熹. 四书章句集注. 北京：中华书局，1983：172.

② （宋）朱熹. 四书章句集注. 北京：中华书局，1983：172.

子能够不断提升自己的修养与智慧，成为社会的楷模与引领者。

5. 君子九思

孔子曰："君子有九思：视思明，听思聪，色思温，貌思恭，言思忠，事思敬，疑思问，忿思难，见得思义。"①

孔子所言君子"九思"，旨在教育君子每时每刻、所做所思都要注意修养，注意君子言行之标准，这样才能成为品德高尚的君子。也就是说，看的时候，要思考看清与否；听的时候，要思考是否听清楚；对于自己的脸色，要思考是否温和；对于容貌，要思考是否谦恭；对于言谈，要思考是否忠诚；办事，要思考是否谨慎严肃；遇到疑问，要思考是否应该向别人询问；愤怒时，要思考是否有后患；获取财利时，要思考是否合乎义的准则。

6. 君子之远其子也

陈亢问于伯鱼曰："子亦有异闻乎？"对曰："未也。尝独立，鲤趋而过庭。曰：'学诗乎？'对曰：'未也。''不学诗，无以言。'鲤退而学诗。他日又独立，鲤趋而过庭。曰：'学礼乎？'对曰：'未也。''不学礼，无以立。'鲤退而学礼。闻斯二者。"陈亢退而喜曰："问一得三，闻诗，闻礼，又闻君子之远其子也。"②

"远"，这里是指相对孔子的弟子而言，孔子对其子鲤也没有特别之处或偏爱之处。这里也强调了学习《诗经》和礼的重要性：不学《诗经》，无以言；不学礼，无以立。这是君子必修之功课，孔子对其弟子和儿子有着同样的要求。这一故事不仅强调了《诗经》和礼在孔子教育体系中的核心地位，也展示了孔子作为教育家的崇高风范，即对所有学生一视同仁，不因血缘关系而有所偏袒。对于今天的教育者来说，这依然具有重要的启示意义，提醒我们在教育过程中应坚持公平、公正的原则，让每个学生都能得到平等的教育机会和成长空间。

（十七）《阳货》

《阳货》共26章，主要记录了孔子的仁德观、为政观等，君子教育相关分析

① （宋）朱熹. 四书章句集注. 北京：中华书局，1983：173.
② （宋）朱熹. 四书章句集注. 北京：中华书局，1983：173-174.

如下。

1. 君子学道则爱人

子之武城，闻弦歌之声。夫子莞尔而笑，曰：“割鸡焉用牛刀？”子游对曰：“昔者偃也闻诸夫子曰：‘君子学道则爱人，小人学道则易使也。’”子曰：“二三子！偃之言是也。前言戏之耳。”①

这里通过孔子和子游的对话，说明了教育的作用。孔子以“割鸡焉用牛刀”来说治理武城这样的小地方无须教育。子游以孔子曾经之言回应：为政君子受到了教育，就会有仁爱之心，老百姓受到教育，则更容易听从指挥，服从政令。最后，孔子指出子游说的是正确的，“割鸡焉用牛刀”之言只是玩笑。君子学道则爱民，指出了君子学习的重要性，仁政需要由受过教育的人来推行。

2. 亲于其身为不善者，君子不入也

佛肸召，子欲往。子路曰：“昔者由也闻诸夫子曰：‘亲于其身为不善者，君子不入也。’佛肸以中牟畔，子之往也，如之何！”子曰：“然。有是言也。不曰坚乎，磨而不磷；不曰白乎，涅而不缁。吾岂匏瓜也哉？焉能系而不食？”②

在这段对话中，子路认为应该拒绝佛肸的邀请，因为佛肸在中牟反叛，君子是不会亲自到做坏事的人那里的。孔子认为只要坚持操守是可以去的。这里主要说明了“亲于其身为不善者，君子不入也”这一观点，强调君子不要与坏人为伍，也说明了君子保持自我的重要性。

3. 君子之居丧

宰我问：“三年之丧，期已久矣。君子三年不为礼，礼必坏；三年不为乐，乐必崩。旧谷既没，新谷既升，钻燧改火，期可已矣。”子曰：“食夫稻，衣夫锦，于女安乎？”曰：“安。”“女安则为之！夫君子之居丧，食旨不甘，闻乐不乐，居处不安，故不为也。今女安，则为之！”宰我出。子曰：“予之不仁也！子生三年，然后免于父母之怀。夫三年之丧，天下之通丧也。予也有三年之爱于其

---

① （宋）朱熹. 四书章句集注. 北京：中华书局，1983：176.

② （宋）朱熹. 四书章句集注. 北京：中华书局，1983：177.

父母乎？”[①]

孔子通过和宰我的对话，讨论了“三年之丧”的问题。宰我认为，“三年之丧”时间太长，君子守丧三年不为礼乐，礼乐必遭毁坏，陈谷吃完了，开始用新谷了；打火的燧木经过了四季的轮回，守丧一年就可以了。孔子认为，像宰我那样安心于吃白米饭、穿花缎衣是不对的。君子守孝，是食不知味美，乐不知其乐。一个人生下来三年才能完全脱离父母的怀抱，“三年之丧”是对父母的尊重与回报，为天下之通丧，是不能改的。一言以蔽之，君子要守孝道、尊孝制。

4. 君子义以为上

子路曰：“君子尚勇乎？”子曰：“君子义以为上。君子有勇而无义为乱，小人有勇而无义为盗。”[②]

“仁智勇”是君子之三达德，勇是君子应有的品德。在这里，子路和孔子的对话强调了君子要把“义”放在首位。君子如果有勇无义，会犯上作乱。孔子强调了“勇”的行为要合乎“义”。从因材施教的角度而言，子路是孔子最勇猛的弟子，对其强调以“义”为重，是对其勇猛的约束。在这一意义上，孔子之言既具有普遍性，也具有针对性。

5. 君子之恶

子贡曰：“君子亦有恶乎？”子曰：“有恶：恶称人之恶者，恶居下流而讪上者，恶勇而无礼者，恶果敢而窒者。”曰：“赐也亦有恶乎？”“恶徼以为知者，恶不孙以为勇者，恶讦以为直者。”[③]

这里谈到的君子之恶，包括宣扬别人坏处的人、身居下位而诽谤在上者的人、勇敢而不懂礼节的人、固执而又不通事理的人、偷袭别人的成绩而作为自己的知识的人、把不谦虚当作勇敢的人、揭发别人的隐私而自以为直率的人。君子应避免这些厌恶之人的行为，应坦坦荡荡、品德高尚。

---

① （宋）朱熹. 四书章句集注. 北京：中华书局，1983：180-181.

② （宋）朱熹. 四书章句集注. 北京：中华书局，1983：182.

③ （宋）朱熹. 四书章句集注. 北京：中华书局，1983：182.

（十八）《微子》

《微子》篇共 11 章，多记载圣贤之处，君子教育相关分析如下。

1. 君子之仕也，行其义也

子路从而后，遇丈人，以杖荷蓧。子路问曰：“子见夫子乎？”丈人曰：“四体不勤，五谷不分。孰为夫子？”植其杖而芸。子路拱而立。止子路宿，杀鸡为黍而食之，见其二子焉。明日，子路行以告。子曰：“隐者也。”使子路反见之。至则行矣。子路曰：“不仕无义。长幼之节，不可废也；君臣之义，如之何其废之？欲洁其身，而乱大伦。君子之仕也，行其义也。道之不行，已知之矣。”①

这里凸显了君子的为“仕”情结与社会担当，与所遇隐者的观点不同。隐者隐居山林，不为官，指责孔子等“四体不勤，五谷不分”。儒家认为，君子要实行君臣之义，要从政为民，学而优则仕才是君子学习之目的，相反，则“不仕无义”。

2. 君子不施其亲

周公谓鲁公曰：“君子不施其亲，不使大臣怨乎不以。故旧无大故，则不弃也。无求备于一人！”②

“施”同“驰”，是疏远、怠慢之意。“君子不施其亲”，是指君子不怠慢他的亲族，大臣们不会抱怨自己没有得到任用，老臣们没有大的过错就不要抛弃，不要求全责备某一个人。这是儒家以德为政的体现，也是仁德君子的施政行为。

（十九）《子张》

《子张》共 25 章，内容均为孔门弟子之言，其观点是儒学思想的重要组成部分，君子教育相关分析如下。

1. 君子尊贤而容众

“君子尊贤而容众”为子张之语，意思是君子尊重贤者，同时又能包容众

---

① （宋）朱熹. 四书章句集注. 北京：中华书局，1983：184-185.

② （宋）朱熹. 四书章句集注. 北京：中华书局，1983：187.

人，这是君子的平等交友思想，原文如下：

子夏之门人问交于子张。子张曰："子夏云何？"对曰："子夏曰：'可者与之，其不可者拒之。'"子张曰："异乎吾所闻：君子尊贤而容众，嘉善而矜不能。我之大贤与，于人何所不容？我之不贤与，人将拒我，如之何其拒人也？"①

这段对话不仅展示了子张与子夏在交友之道上的不同看法，更深刻地揭示了君子之道的核心精神——尊重、包容、欣赏和帮助他人。这种平等交友的思想，对我们今天的人际交往和社交活动仍然具有重要的指导意义。它提醒我们，在与人交往时，应该保持宽广的心胸，尊重他人的差异和独特性，以包容和欣赏的态度对待每一个人。

2. 小道恐泥，君子不为

子夏曰："虽小道，必有可观者焉；致远恐泥，是以君子不为也。"②这一句是指君子志于道，非技能之"小道"，君子要树立远大的理想，致力于礼治社会的构建，而不是掌握一些谋生技能。君子"致其道"，非"成其事"。

子夏曰："虽小道，必有可观者焉；致远恐泥，是以君子不为也。"③

子夏曰："百工居肆以成其事，君子学以致其道。"④

在子夏看来，学习新知的同时不忘已学，才是真正的好学。他提出的"日知其所亡，月无忘其所能，可谓好学也已矣"⑤，强调了系统学习和持续复习的重要性。这一观点不仅适用于古代学者的修身、齐家、治国、平天下之道，而且对现代教育体系中学生的学习策略具有指导意义。在知识爆炸的时代，保持持续学习的态度，不断拓宽自己的知识边界，同时巩固已掌握的知识，是每个人都应该追求的目标。

此外，子夏还强调了知识学习与道德修养的一致性。他认为，"博学而笃

① （宋）朱熹. 四书章句集注. 北京：中华书局，1983：188.
② （宋）朱熹. 四书章句集注. 北京：中华书局，1983：188.
③ （宋）朱熹. 四书章句集注. 北京：中华书局，1983：188.
④ （宋）朱熹. 四书章句集注. 北京：中华书局，1983：189.
⑤ （宋）朱熹. 四书章句集注. 北京：中华书局，1983：189.

志，切问而近思，仁在其中矣”[①]。这意味着广泛地学习并坚定自己的志向，深入探究并思考现实问题，是达到仁德境界的必由之路。这种将知识学习与道德修养紧密结合的观点，对培养具有高尚品德和卓越才能的现代人才具有启示意义。

3. 君子三变

子夏曰：“君子有三变：望之俨然，即之也温，听其言也厉。”[②]

“君子三变”不仅是对君子性格特征的生动描绘，更是对君子修养和品德的高度赞扬。它告诉我们真正的君子不仅在外表上庄重严肃，在与人交往中温和可亲，更在言辞上严厉认真，始终保持着一种高尚的道德情操和人格魅力。这种君子形象不仅值得我们学习和效仿，更是我们追求自我完善、提升个人修养的榜样。

4. 君子信而后劳其民

子夏曰：“君子信而后劳其民，未信则以为厉己也；信而后谏，未信则以为谤己也。”[③]

“君子信而后劳其民”，是指君子必须在取得老百姓的信任后才能让他们从事各种劳役，百姓不信任就会认为自己在遭受虐待。同样，只有先取得君主的信任才能去规劝，否则君主就会认为你是在诽谤他。由此可见，信任在人际交往中扮演着至关重要的角色。它不仅是人际关系和谐稳定的基石，更是推动合作与发展的重要动力。在领导与民众、臣子与君主之间，信任的建立需要时间和努力，一旦形成，就能极大地促进双方的沟通与协作，推动社会朝着更加和谐、繁荣的方向发展。

5. 传君子之道

子游曰：“子夏之门人小子，当洒扫、应对、进退，则可矣。抑末也，本之则无。如之何？”子夏闻之曰：“噫！言游过矣！君子之道，孰先传焉？孰后倦焉？譬诸草木，区以别矣。君子之道，焉可诬也？有始有卒者，其惟圣人乎！”[④]

---

① （宋）朱熹. 四书章句集注. 北京：中华书局，1983：189.

② （宋）朱熹. 四书章句集注. 北京：中华书局，1983：189.

③ （宋）朱熹. 四书章句集注. 北京：中华书局，1983：189.

④ （宋）朱熹. 四书章句集注. 北京：中华书局，1983：190.

这里是子游与子夏在传授君子之道的方法上的争论，相当于现在学校的教研会，他们围绕如何传授“君子之道”展开了深入的讨论。这场争论不仅体现了子游和子夏在教育理念上的不同，还反映了孔子“因材施教”思想的深刻内涵。在现代教育中，我们同样应该借鉴这种思想，关注学生的个体差异，采取个性化的教学策略，激发学生的学习兴趣和潜能，帮助他们全面发展。同时，我们也应该认识到，学习和成长是一个长期的过程，需要耐心和坚持，不能急于求成。

6. 学而优则仕

子夏曰：“仕而优则学，学而优则仕。”①

做官有余力者就学习，学习有余力者就做官，说明了仕与学的关系。实际上，在传统中国，仕与学往往被视为文人雅士追求的理想人生路径。“仕而优则学”，意味着当一个人在仕途上有所成就，拥有足够的闲暇和精力时，他应该继续深入学习，不断提升自己的文化素养和治理能力。“学而优则仕”则强调了学习对仕途的重要性。一个学识渊博、品德高尚的人，通过科举等选拔制度进入官场，能够以其深厚的文化底蕴和卓越的治理能力，为国家和社会做出贡献。因此，“学而优则仕”成为君子之学的重要目标，成为国人耳熟能详之语。

7. 君子恶居下流

子贡曰：“纣之不善，不如是之甚也。是以君子恶居下流，天下之恶皆归焉。”②

子贡的这番话，不仅是对历史人物的一种理性评价，更是对君子修养和处世哲学的深刻洞察。他提到纣王不像传说的那样极端恶劣，这实际上是在提醒人们，在评价历史人物或他人时，应保持客观公正的态度，避免盲目跟风或夸大其词。更重要的是，子贡通过纣王的例子，进一步阐述了君子应如何自处，告诫君子应时刻注意自己的修养和立场。

---

① （宋）朱熹. 四书章句集注. 北京：中华书局，1983：190.

② （宋）朱熹. 四书章句集注. 北京：中华书局，1983：191.

8. 君子之过

子贡曰：“君子之过也，如日月之食焉：过也，人皆见之；更也，人皆仰之。”①

子贡的这句话，以日食、月食为喻，生动形象地描绘了君子面对过错时的态度与境界。这句话蕴含一个深刻的道理：过错并不可怕，可怕的是对待过错的态度。一个人能否成为真正的君子，不在于他是否犯错，而在于他如何面对和改正自己的错误。真正的君子，敢于直面自己的不足，勇于改正自己的错误，这种勇气和担当，正是他们赢得他人尊重和敬仰的关键所在。

9. 君子之慎言

陈子禽谓子贡曰：“子为恭也，仲尼岂贤于子乎？”子贡曰：“君子一言以为知，一言以为不知，言不可不慎也。夫子之不可及也，犹天之不可阶而升也。夫子之得邦家者，所谓立之斯立，道之斯行，绥之斯来，动之斯和。其生也荣，其死也哀，如之何其可及也。”②

陈子禽对子贡的提问，实际上触及了一个关于如何正确评价他人，特别是如何看待孔子这位伟大思想家的深刻议题。子贡的回答不仅体现了对孔子无与伦比地位的崇敬，还深刻揭示了君子言行的分量与责任。这段话强调了君子，尤其是有地位的君子说话一定要谨慎，君子的一句话既可以表现他的智识，也可以表现他的不智，所以说话不可以不慎重。结合俗语“饭可以多吃，话不能多讲”，我们不难理解，无论是古代的君子还是现代的普通人，言语的谨慎都是衡量一个人修养与智慧的重要标志。在社交媒体高度发达的今天，言论的自由更应伴随着责任的自觉，每一句话都可能成为影响他人、塑造社会的力量。因此，学习并践行子贡倡导的言语谨慎之道，对于我们每个人来说，都具有重要的现实意义。

（二十）《尧曰》

《尧曰》为《论语》的最后一篇，仅 3 章，记录了尧言孔语，君子教育的相

① （宋）朱熹. 四书章句集注. 北京：中华书局，1983：192.
② （宋）朱熹. 四书章句集注. 北京：中华书局，1983：192-193.

关分析如下。

1. 允执其中

中庸之道作为儒家哲学的核心理念之一，强调的是在事物两个极端之间寻求一个恰当、适度的平衡点，以达到和谐与完美的状态。“允执其中”就是要求做人做事要坚持中庸之道，尧以此告诫舜：“咨！尔舜！天之历数在尔躬。允执其中。四海困穷，天禄永终。”①

2. 君子尊五美、屏四恶

孔子认为君子要以民为本，以德施政，做到“尊五美”“屏四恶”。

子张问于孔子曰：“何如斯可以从政矣？”子曰：“尊五美，屏四恶，斯可以从政矣。”子张曰：“何谓五美？”子曰：“君子惠而不费，劳而不怨，欲而不贪，泰而不骄，威而不猛。”子张曰：“何谓惠而不费？”子曰：“因民之所利而利之，斯不亦惠而不费乎？择可劳而劳之，又谁怨？欲仁而得仁，又焉贪？君子无众寡，无小大，无敢慢，斯不亦泰而不骄乎？君子正其衣冠，尊其瞻视，俨然人望而畏之，斯不亦威而不猛乎？”子张曰：“何谓四恶？”子曰：“不教而杀谓之虐；不戒视成谓之暴；慢令致期谓之贼；犹之与人也，出纳之吝，谓之有司。”②

孔子的这些思想，不仅是对古代领导者从政智慧的总结，还为现代社会的治理提供了宝贵的启示。在当今社会，我们同样需要倡导以民为本的治理理念，注重道德建设和社会公正，以实现社会的和谐与可持续发展。

3. 君子知命

君子知命是儒学的重要命题之一，《论语》最后一篇再次指出，似有总结之意。

子曰：“不知命，无以为君子也。不知礼，无以立也。不知言，无以知人也。”③

① （宋）朱熹. 四书章句集注. 北京：中华书局，1983：193.
② （宋）朱熹. 四书章句集注. 北京：中华书局，1983：194.
③ （宋）朱熹. 四书章句集注. 北京：中华书局，1983：195.

在这里，孔子告诉弟子，作为君子应该“知命”“知礼”“知言”。知道天命，是君子的根本所在；懂得礼仪，君子才能立身处世；拥有知识和智慧，君子才能知人识人。其中，“知命”，一是指君子对个人生命历程的觉察与认知；二是指君子对“治国平天下”使命的体认与担当。君子之教，就是要培养具有高尚道德情操、治国安邦的有志之士。

二、《论语》之君子教育思想分析

以下主要从君子教育目的、君子的核心素养、君子教育方法等方面分析《论语》中的君子教育思想。

（一）君子教育目的

君子教育，顾名思义就是培养君子。君子是儒家倡导的治国化俗人才，更是儒家致力于塑造的人格典范。培养有道德、有学问、有能力、有智慧和有官位的君子，是君子教育的目的之所在，简言之，“德、才、位”三位一体是儒家致力于培养的完美君子的必备品质。《论语》中的“学而优则仕”是其宣言，这一教育目的是中国选贤任能的传统文化与儒家政治理想的有机结合。

孔子被称为“圣人”，可是他个人却认为圣人可望而不可即，君子是现实中的德能楷模。因此，孔子自言力求做一个君子：“圣人，吾不得而见之矣；得见君子者，斯可矣。”①可见，孔子认为培养君子是通过教育可以实现的目标。

在孔子那里，“学而优则仕”虽然是君子教育的目的所在，但是在实践中儒家倡导的君子人才通常以两种身份、两种路径参与国家管理或社会教化。在位，作为官员直接参与国家治理；在野，作为学者则致力于社会文化建设。然而，无论是哪种身份，君子都必须具有良好的德行和处事能力。孔子的弟子们就为后世君子树立了榜样：“德行：颜渊，闵子骞，冉伯牛，仲弓。言语：宰我，子贡。政事：冉有，季路。文学：子游。子夏。”②根据当时社会的需要和个人追求，擅

① （宋）朱熹. 四书章句集注. 北京：中华书局，1983：99.

② （宋）朱熹. 四书章句集注. 北京：中华书局，1983：123.

长言语、政事者多积极从政，冉求、子路为季氏宰，宰我为临淄大夫，子贡则常相鲁卫。他们直接参与政务、治理国家。善于德行与文学者多不直接参与政治，子游、子夏则是从事授徒讲学、著述立说等社会文化建设，实现社会教化之功用。可见，君子教育在孔子时代已确立了其服务社会建设的指向，所培养的君子是社会建设中的积极参与者，肩负国家治理与社会教化之使命，既体现了人格教育，也体现了精英教育。

在传统中国的历史发展中，君子多以两种身份——参政为官或潜心治学，实现自己的人生抱负。当然，有时是两种身份兼而有之，或交替存在，如汉代的循吏一般是集为政与讲学于一身。宋代名儒程颢终其一生，在任则勤于政务、发展教育、视民如伤；在野则授徒讲学、教化乡里、著书立说。但整体看来，君子还是以为官理政为主要追求，这与君子教育的导向是密切相关的。子曰："诵《诗》三百，授之以政，不达；使于四方，不能专对；虽多，亦奚以为？"[①]"不仕无义……欲洁其身，而乱大伦。君子之仕也，行其义也。"[②]"学而优则仕"更是有力的召唤，引领着君子朝向至道参政的学习目标奋进。

（二）君子的核心素养

君子教育以德为要，知识、能力等素养的形成往往统摄于德教之中。仁、道、义、礼、知、信等是君子不可或缺的核心素养要求。

1. 立于仁

"仁"是孔子儒学思想的核心与根基，也是儒家道德的根本与总括。大而言之，"仁"可涵盖君子的所有德行；小而言之，"仁"是五常之一，是君子的核心素养之一。"仁者爱人"是孔子对"仁"的界定，仁就是真心爱人。仁爱是人与人、人与社会相处的基本原则，是君子的道德修养的根基。孔子云："君子去仁，恶乎成名？君子无终食之间违仁，造次必于是，颠沛必于是。"[③]仁是君子立身之本，是君子三达德之首。孔子对此有明确的论述："君子道者三，我无能

① （宋）朱熹. 四书章句集注. 北京：中华书局，1983：143.

② （宋）朱熹. 四书章句集注. 北京：中华书局，1983：185.

③ （宋）朱熹. 四书章句集注. 北京：中华书局，1983：70.

焉：仁者不忧，知者不惑，勇者不惧。”[1]捍卫“仁”，是君子的应有信念：“志士仁人，无求生以害仁，有杀身以成仁。”[2]

“孝悌”是“仁”的重要内涵之一。夫孝，德之本也，教之所由生也。“君子务本，本立而道生。孝悌也者，其为仁之本与！”[3]君子孝亲，不但具有亲情的意义，推而广之，则具有更大的社会意义。“仁者，爱人”是从最基本的伦理亲情“孝”出发，扩大至宗亲乡党，“宗族称孝焉，乡党称弟焉”[4]。之后，再扩大到社会，“弟子入则孝，出则弟，谨而信，泛爱众，而亲仁”[5]，从而实现博爱的人类情怀。在儒家的场道中，逐渐形成了“百善孝为先”的伦理观。同时，“孝”也成为君子修身的首要素养。

“忠”“恕”也是“仁”的重要内涵，忠恕之道是君子为人处世的重要原则。“夫子之道，忠恕而已矣。”[6]立于仁的关键，就是要坚守忠恕之道。忠是孝的延伸，孝于亲、忠于事、忠于君、忠于国，“孝慈、则忠”（《论语·为政》）。“其为人也孝弟，而好犯上者，鲜矣；不好犯上而好作乱者，未之有也。”[7]在中国传统文化中，“忠”是褒扬，“不忠”是否定与不齿。因此，无论是识时务的“俊杰”，还是“弃暗投明”者，都难以成为“君子”被代代颂扬；而那些与故主共患难、与故国共存亡之人，哪怕被嘲讽为“愚忠”或“不识时务”，历史却承认他们是真君子，为后人所钦佩与颂扬。“恕”为处理人际关系的准则，孔子对“恕”的解释是：“己所不欲，勿施于人。”[8]朱熹说：“推己之为恕。”[9]君子待人行事时，时刻都要做到“己所不欲，忽施于人”，“己欲立而立人，己欲达而达人”。“恕”也通常表现为宽容与谅解，睚眦必报绝不是君子的做派，“以直报怨，以德报德”[10]才是君子的仁德。

---

① （宋）朱熹. 四书章句集注. 北京：中华书局，1983：156.
② （宋）朱熹. 四书章句集注. 北京：中华书局，1983：163.
③ （宋）朱熹. 四书章句集注. 北京：中华书局，1983：48.
④ （宋）朱熹. 四书章句集注. 北京：中华书局，1983：146.
⑤ （宋）朱熹. 四书章句集注. 北京：中华书局，1983：49.
⑥ （宋）朱熹. 四书章句集注. 北京：中华书局，1983：72.
⑦ 金良年. 论语译注. 上海：上海古籍出版社，2004：1-2.
⑧ （宋）朱熹. 四书章句集注. 北京：中华书局，1983：166.
⑨ （宋）朱熹. 四书章句集注. 北京：中华书局，1983：72.
⑩ （宋）朱熹. 四书章句集注. 北京：中华书局，1983：157.

另外，仁还包含恭、宽、信、敏、惠等内涵，这也是君子的必备素养。孔子对“仁”的这几方面的含义也有所提及，如“恭、宽、信、敏、惠。恭则不侮，宽则得众，信则人任焉，敏则有功，惠则足以使人”①。

2. 志于道

“道”是君子的最高境界与终极追求。孜孜求道是君子应有的志向和素养，君子以求道为本。子夏曰：“百工居肆以成其事，君子学以致其道。”②也就是说，君子要有“朝闻道，夕死可矣”③的求道信念。

在孔子的话语中，“道”是指良好的社会秩序与社会正义。一个社会有了“道”，或者遵循“道”而行事，才能实现良好的社会秩序与社会的公平和正义。如“齐一变，至于鲁；鲁一变，至于道”④，“邦有道则知，邦无道则愚”⑤，“君子之仕也，行其义也。道之不行，已知之矣”⑥，等等。孔子认为，以周天子为尊而形成良好的社会秩序为“有道”，否则为“无道”，“天下有道，则礼乐征伐自天子出；天下无道，则礼乐征伐自诸侯出”⑦。天子的政令畅通才是社会治理之道，这是君子应有的追求与担当。

“道”也指各种道德的义理，如仁道、孝道、善道等。《论语》云：“笃信好学，守死善道。”⑧“道”亦是君子之德的外在表现。曾子说：“君子所贵乎道者三：动容貌，斯远暴慢矣；正颜色，斯近信矣；出辞气，斯远鄙倍矣。”⑨

至于道，要不倦于学，不苦于困，不陷于诱。安贫乐道是君子的重要品性，以道制欲是君子的操守原则，以身殉道（或杀身成仁、舍生取义）成为君子的至高境界。君子要禁得住各种欲望的诱惑，提高自身的修养，臻达道的境界。这当然也是君子与小人的重要区别。朱熹说：“言君子所以为君子也，以其仁也。若

---

① 金良年. 论语译注. 上海：上海古籍出版社，2004：208.
② （宋）朱熹. 四书章句集注. 北京：中华书局，1983：189.
③ （宋）朱熹. 四书章句集注. 北京：中华书局，1983：71.
④ （宋）朱熹. 四书章句集注. 北京：中华书局，1983：90.
⑤ （宋）朱熹. 四书章句集注. 北京：中华书局，1983：81.
⑥ （宋）朱熹. 四书章句集注. 北京：中华书局，1983：185.
⑦ （宋）朱熹. 四书章句集注. 北京：中华书局，1983：171.
⑧ （宋）朱熹. 四书章句集注. 北京：中华书局，1983：106.
⑨ （宋）朱熹. 四书章句集注. 北京：中华书局，1983：103.

贪富贵而厌贫贱，则是自离其仁，而无君子之实矣，何所成其名乎？”[①]可见，只有执着于道、安守于道之人，才能成为真正的君子。

3. 守于义

“义”是君子道德本质与价值判定的标准，孔子曰：“君子义以为质，礼以行之，孙以出之，信以成之”[②]，“君子之于天下也，无适也，无莫也，义之与比”[③]。“守义”是君子的必备素养。“义”即道义，具有公正、严谨、行为的合理性、助人为乐、舍生取义等丰富内涵。君子“守义”，主要体现为重义轻利与坚守正义。

与“义”相对应的是“利”。重义轻利者为君子，反之为小人。“君子喻于义，小人喻于利。”[④]“不义而富且贵，于我如浮云。”[⑤]可见，面对利的取舍，对于君子来说，其判定标准就是“义”。当然，这里也不是剥夺君子对利的追求权利，关键是其与“义”是否相符，其中存在着辩证统一的关系。孔子认为，“富与贵是人之所欲也，不以其道得之，不处也；贫与贱是人之所恶也，不以其道得之，不去也”[⑥]。这就是妇孺皆知的“君子爱财，取之有道”。

“义”也指社会公平正义，君子要坚持人格独立，坚守正义。君子不能像器物那样专于一事，君子也不能像器物那样丧失人格，故有“君子不器”之说。“君子之所谓贤者，非能遍能人之所能之谓也；君子之所谓知者，非能遍知人之所知之谓也”[⑦]，君子要有自己的独立人格，自觉维护社会秩序，对于社会正义，更要勇于维护。孔子所说的君子三达德之“勇”，就是一种无惧。孔子说“见义不为，无勇也”[⑧]，指明君子为了社会正义，应该勇敢面对恶行为、恶势力，无论这种恶势力是外来侵略还是当道权贵。孔子还指出，“勇”要服从于

---

① （宋）朱熹. 四书章句集注. 北京：中华书局，1983：70.

② （宋）朱熹. 四书章句集注. 北京：中华书局，1983：165.

③ （宋）朱熹. 四书章句集注. 北京：中华书局，1983：71.

④ （宋）朱熹. 四书章句集注. 北京：中华书局，1983：73.

⑤ （宋）朱熹. 四书章句集注. 北京：中华书局，1983：97.

⑥ （宋）朱熹. 四书章句集注. 北京：中华书局，1983：70.

⑦ （清）王先谦. 荀子集解. 沈啸寰，王星贤，整理. 北京：中华书局，2012：122.

⑧ 金良年. 论语译注. 上海：上海古籍出版社，2004：18.

“义”，如果君子无义就会犯上作乱，危及国家社稷。[①]

冯友兰认为，中国君子是古代治国、平天下的中坚力量，是社会秩序稳定的基石，是“治”的根本所在，他说：“一社会之分子，有君子小人之分。君子即是依照一社会所依照之理所规定之基本规律以行动者，其行动是道德底。小人即不依照此基本规律以行动者，其行动是不道德底。若一社会内所有之人，均不依照其社会所依照之理所规定之基本规律以行动，则此社会即不能存在。所以照旧说，对于一社会说，君子为其阳，为建设底成分；小人为其阴，为破坏底成分。如一社会之内，君子道长，小人道消，则此社会之依照其理，可达于最大底限度。如此，此社会即安定；此即所谓治。如一社会之内，小人道长，君子道消，则此社会即不能依照其理。如此，则此社会即不安定，或竟不能存在；此即所谓乱。”[②]

4. 行于礼

礼，是指礼仪、礼法。君子的行为要符合礼仪、礼法，也就是言语得当、举止威仪、谦卑自律、遵纪守法。

君子待人接物要以礼行事，礼对君子的培养非常重要。一个君子一定要知礼、行礼。“恭而无礼则劳，慎而无礼则葸，勇而无礼则乱，直而无礼则绞。君子笃于亲，则民兴于仁；故旧不遗，则民不偷。”[③]要想成为君子，就要做到“兴于《诗》，立于礼，成于乐”[④]。孔子认为，无礼的人是君子“四恶”之一，“四恶”即“恶称人之恶者，恶居下流而讪上者，恶勇而无礼者，恶果敢而窒者”[⑤]。

君子要用礼节约束自己的言行。孔子说：“君子博学于文，约之以礼，亦可以弗畔矣夫。”[⑥]孔子还要求君子在视、听、言、动等方面都要注意礼节，要做到“非礼勿视，非礼勿听，非礼勿言，非礼勿动”[⑦]。后来，程颐对此进一步阐释为

---

① 金良年. 论语译注. 上海：上海古籍出版社，2004：217.
② 冯友兰. 贞元六书. 上海：华东师范大学出版社，1996：122.
③ 金良年. 论语译注. 上海：上海古籍出版社，2004：82.
④ 金良年. 论语译注. 上海：上海古籍出版社，2004：85.
⑤ 金良年. 论语译注. 上海：上海古籍出版社，2004：218.
⑥ 金良年. 论语译注. 上海：上海古籍出版社，2004：64.
⑦ 金良年. 论语译注. 上海：上海古籍出版社，2004：131.

《四箴有序》，成为我国古代书院教育的学规经典，用以规劝、指导君子进德修业、学至圣人。

君子之礼还表现为威仪。这种威仪不是上对下的权势，而是由内在修养散发出来的令人敬重的气质，是文质彬彬之谦谦君子的自然外显。孔子曰：“质胜文则野，文胜质则史。文质彬彬，然后君子。”[①]“质”是指人之本性，先天素养；“文”是指后天学习的结果。文雅与质朴的有机结合，是文雅君子的最佳体现。“谦谦君子”“文质彬彬，然后君子”等均指君子修养和礼仪的完美结合，是君子的心仪状态，也是威仪形成的根本。程颐关于君子文质相辅的论述进一步将其引向“重德”“重实”的君子修养之途，即“君子不欲才过德，不欲名过实，不欲文过质。才过德者不祥，名过实者有殃，文过质者莫之与长”[②]。

5. 明于知

“知”既指知识，也指能力与智慧。君子是人格典范，更是促进和引领社会发展的人才，拥有知识、能力和智慧，是君子服务社会的根本所在。真正的君子是德才兼备、贤能并举之人，《易传》中的“天行健，君子以自强不息；地势坤，君子以厚德载物”就展示了德才兼备、积极进取的中国君子形象。“德性”与“学问”是中国君子的特征和成长的两翼。知识、能力为后天积累所成，知识的学习是提升能力的基础，君子之学旨在服务社会。与此同时，君子之学也是促进个体发展、成就个人事业的重要路径，是改变个体命运的重要选择。无论何种阶层之人，通过学习，都可以成才、成君子。

孔子教育其弟子要“游于艺”。“艺”即“礼乐射御书数”之“六艺”。“六艺”作为始于西周的官学课程，涵盖了当时社会发展所需要的基本知识体系，由此培养出来的人才符合社会对人才知识结构与能力的要求。因此，春秋战国时期的君子如此有影响力，一方面，是他们的德行赢得了各诸侯国之国君广纳贤人之美名；另一方面，则是他们的才能给各国发展带来了实际效用。博学多识是君子成长的重要条件，对于知识才艺，应该是“君子多乎哉？不多也”[③]。君子要成

---

① 金良年. 论语译注. 上海：上海古籍出版社，2004：61.

② （宋）程颢，（宋）程颐. 二程集. 王孝鱼，点校. 北京：中华书局，1981：320.

③ （宋）朱熹. 四书章句集注. 北京：中华书局，1983：110.

为好学之人，提高自己的综合素养。所谓“好学之人”，孔子是这样论述的：“食无求饱，居无求安，敏于事而慎于言，就有道而正焉，可谓好学也已。”①

“知”也是君子的三达德之一。“知者不惑”，即君子要有知识和能力。孔子曰：“君子病无能焉，不病人之不己知也。”②可见，无能是君子的大缺陷，无能之人是无法得到别人的赏识和重用的，也是对社会无益的。能力是君子从政的本领，君子至少要有知、言、辩、察的基本能力。此处的“知”，即指智。孟子认为，“知”是判断是非的能力，“是非之心，智之端也”③，孔子把“知”作为“知人”④的能力。言，是指语言表达能力，子贡就是这方面的人才。荀子曰“故君子之于言也，志好之，行安之，乐言之”⑤。辩，是指思维辩论的能力。“君子必辩”“先虑之，早谋之，斯须之言而足听，文而致实，博而党正，是士君子之辩也”⑥。察，即观察、分析能力。孔子主张观察要全面，“始吾于人也，听其言而信其行；今吾于人也，听其言而观其行。于予与改是”⑦。由此可见，早期对君子的素养要求是注重德才兼备的。后来，由司马光的“德胜才谓之君子，才胜德谓之小人”⑧演绎出不顾能力的纯道德君子的极端发展倾向，出现了“百无一用是书生”的说法，如是“书生君子”只能是墙上的画了。

智慧是君子知识和能力的凝结，也是君子修身从政的重要素养。中庸之道是君子智慧的最高体现。孔子曰：“君子中庸，小人反中庸。君子之中庸也，君子而时中；小人之反中庸也，小人而无忌惮也。”⑨中庸之道的坚守，不但有益于君子恰当地处理各种事务，还有利于君子在与他人的融洽相处与交往中做到和而不同，即孔子所言：“君子和而不同，小人同而不和。”⑩

---

① 金良年. 论语译注. 上海：上海古籍出版社，2004：7.
② 金良年. 论语译注. 上海：上海古籍出版社，2004：189.
③ （宋）朱熹. 四书章句集注. 北京：中华书局，1983：238.
④ 樊迟问知，“子曰：‘知人’”（《论语·颜渊》）。
⑤ （清）王先谦. 荀子集解. 沈啸寰，王星贤，整理. 北京：中华书局，2012：83.
⑥ （清）王先谦. 荀子集解. 沈啸寰，王星贤，整理. 北京：中华书局，2012：87.
⑦ （宋）朱熹. 四书章句集注. 北京：中华书局，1983：78.
⑧ （宋）司马光. 资治通鉴·卷第一. 四部丛刊景宋刻本，4.
⑨ （宋）朱熹. 四书章句集注. 北京：中华书局，1983：18-19.
⑩ 金良年. 论语译注. 上海：上海古籍出版社，2004：157.

6. 持于信

“信”是君子的重要素养和基本特征。“人而无信，不知其可也。大车无輗，小车无軏，其何以行之哉？”[①]这里就把“信”纳入了人之基本属性的范畴，而“信”更是君子的基本特征。《论语》中对此有所论述：“君子义以为质，礼以行之，孙以出之，信以成之。君子哉！”[②]相应地，“言而无信”“出尔反尔”则是小人的特征。

“信”本是仁的内涵之一，孔子曾把“信”作为对学生进行教育的“四大科目”（文、行、忠、信）和“五大规范”（恭、宽、信、敏、惠）的重要内容之一。《春秋穀梁传》通过对“人”“言”“信”三者之关系的论述，说明了“信”作为人的本质属性之一的重要性，它指出“人之所以为人者，言也。人而不能言，何以为人，言之所以为言者，信也。言而不信，何以为言”[③]。后来，经过董仲舒的发展，“信”成为“五常”之一，由君子之德发展为全民之德。

诚实守信是信的根本内涵。“信”的构成是从“人”，从“言”，指说话算数、言行一致。诚信是君子的基本素养要求之一，“子曰：‘君子不重则不威，学则不固。主忠信，无友不如己者，过则勿惮改’”[④]。我们所熟知的“君子一言，驷马难追”“君子协定”等，都是基于君子的诚信而言的。但是，当“信”与“义”发生冲突时，君子要做到从义。

综上所述，君子以“道”为理想目标，以“仁”为内在精神，以“义”为基本原则，以“礼”为外在规范，以“知”形成服务社会的能力，以“信”为基本操守等，形成了君子的核心素养和为官理政之人才标准。[⑤]

（三）君子教育方法

君子之学是在儒家伦理道德统摄下的没有分化的人文教育，修业与进德融为一体，这也是中国古代教育的显著特征。围绕君子的进德修业，《论语》论及了

---

① （宋）朱熹. 四书章句集注. 北京：中华书局，1983：59.

② （宋）朱熹. 四书章句集注. 北京：中华书局，1983：165.

③ 承载. 春秋穀梁传译注. 上海：上海古籍出版社，2005：273.

④ 金良年. 论语译注. 上海：上海古籍出版社，2004：5.

⑤ 黄思记. 君子教育与绅士教育比较研究. 河南大学博士学位论文，2015.

以下几种教育方法。

1. 因材施教

因材施教成为君子教育的主要教学原则与教学方法。因材施教的前提是了解学生，“听其言而观其行”[①]是了解学生的重要方法。孔子对其弟子的优点与不足就有明确的把握，例如，“回之仁贤于丘也”“赐（子贡）之辩贤于丘也”“由（子路）之勇贤于丘也”“师（子张）之庄贤于丘也”。“回能仁而不能反，赐能辩不能讷，由能勇而不能怯，师能庄而不能同。”[②]因材施教要求教师能够发挥学生的特长，做到长善救失。孔子的弟子在特长方面得到较好发展的不乏其人，如德行出众的有颜渊、闵子骞、冉伯牛、仲弓，言语出众的有宰我、子贡，政事方面的有冉有、季路，文学方面出众的有子游、子夏等。

2. 启发诱导

“不愤不启，不悱不发，举一隅不以三隅反，则不复也”[③]，是孔子对启发式教学的经典定义。朱熹的解释是：“愤者，心求通而未得之意。悱者，口欲言而未能之貌。启，谓开其意。发，谓达其辞。”[④]“启发诱导”与古希腊教育家苏格拉底的“产婆术”一样，成为对世界教育发展影响深远的教育方法，一直被应用到教育研究与实践中。

3. 居敬持志

“居敬”语出《论语·雍也》，即“居简而行简”，是指对待道德修养要严肃认真，要从内心培养对道德理想的敬意。“持志”是指君子要树立追求道义的志向，“三军可夺帅也，匹夫不可夺志也”[⑤]。二程认为，“居敬集义”达至天理道义，是最主要的修养功夫。王守仁也强调了“居敬存养”的重要性。他认为，“居敬是存养的功夫”，“（存养）是存养此心之天理”。[⑥]“居敬”强调内外兼修，

---

① 金良年. 论语译注. 上海：上海古籍出版社，2004：43.

② 薛安勤，靳明春. 孔子家语今注今译. 大连：大连海运学院出版社，1993：100.

③ （宋）朱熹. 四书章句集注. 北京：中华书局，1983：95.

④ （宋）朱熹. 四书章句集注. 北京：中华书局，1983：95.

⑤ （宋）朱熹. 四书章句集注. 北京：中华书局，1983：115.

⑥ （明）王守仁. 王阳明全集. 上海：上海古籍出版社，2014：38.

君子不但要在内心存“敬”，还要在言谈举止中自然地体现“敬”，即通过内在修养使君子的容貌更加端庄、举止得体。此亦即朱熹所说的“持敬之说，不必多言。但熟味整齐严肃，严威俨恪，动容貌，整思虑，正衣冠，尊瞻视此等数语，而实加功焉，则所谓直内，所谓主一，自然不费安排，而身心肃然，表里如一矣”①。“居敬持志”也是朱子读书法的重要内容之一。他说：“收敛此心，这便是敬”，而“立志不定，如何读书？”②

4. 严以律己

作为君子，要时刻严格要求自己，只有做到严以律己，才能落实以身作则。君子在终身发展的过程中要力行三戒：少年戒色，壮年戒斗，老年戒得。③遇事，“君子求诸己，小人求诸人”④。“诸己”可谓君子的行事特征，“躬自厚而薄责于人，则远怨矣”⑤，是对“诸己”的进一步阐释。

严以律己使人少犯错误，但不能杜绝错误的产生，所以君子既要做到严以律己，还需要有对待错误的正确态度与改过的勇气。其正确的态度是：“过而不改，是谓过矣。”⑥对于改过的勇气，孔子说：“君子之过也，如日月之食焉：过也，人皆见之；更也，人皆仰之。”⑦在位君子更应该勇于改过，掩过饰非可愚弄他人一时一事，长期如此，则会招来人们的不满与唾弃。

5. 以身作则

身教胜于言教，以身作则成为君子教育的重要方法。孔子所说：“其身正，不令而行；其身不正，虽令不从”⑧，强调君王和官员要率先垂范，由“正己”达到“正人”的效用。如君子以身示范，则可实现民众孝悌，天下大治。

“严以自律，以身作则”，要求君子要做到“言必信，行必果”⑨。诚信是君

---

① （宋）黎靖德编. 朱子语类（一）. 杨绳其，周娴君，校点. 长沙：岳麓书社，1997：189.

② 北京师联教育科学研究所. 明代儒学教育思想与论著选读（上）. 北京：人民武警出版社，2010：65.

③ （宋）朱熹. 四书章句集注. 北京：中华书局，1983：172.

④ （宋）朱熹. 四书章句集注. 北京：中华书局，1983：165.

⑤ （宋）朱熹. 四书章句集注. 北京：中华书局，1983：165.

⑥ （宋）朱熹. 四书章句集注. 北京：中华书局，1983：167.

⑦ （宋）朱熹. 四书章句集注. 北京：中华书局，1983：192.

⑧ （宋）朱熹. 四书章句集注. 北京：中华书局，1983：143.

⑨ （宋）朱熹. 四书章句集注. 北京：中华书局，1983：146

子的重要特征。孔子曰“人而无信，不知其可也”①，说明了信守承诺对君子的重要性，善言而不守信者则是孔子批评的“巧言令色，鲜矣仁”②。正因为君子的严以律己、以身作则与忠于承诺，才使“夫子之说，君子也。驷不及舌”③之语演变为妇孺皆知的“君子一言，驷马难追”。

6. 学思并重

学思并重是君子学习和修养的重要方法。“学而不思则罔，思而不学则殆”④，说明了学与思的辩证关系，也说明了学思结合的重要性。学是君子成才成德的必由之路，思是君子提升思维能力、发展独立人格的重要方式。“三人行，必有我师焉”，说明学习无处不在。“视思明，听思聪，色思温，貌思恭，言思忠，事思敬，疑思问，忿思难，见得思义”⑤，则说明了思考的丰富性。学思并重与善学善问是一致的，孔子提出的“敏而好学，不耻下问”进一步丰富了学习路径。这不仅是鼓励快速学习、积极求知的态度，更是倡导了一种勇于提问、敢于质疑的精神。在这样的学习路径中，“学”是起点，“疑”是催化剂，“思”是深化，“问”则是连接新知与旧知的桥梁，四者相互依存，共同推动个体知识体系的建构与智慧的升华。学思并重不仅是对古代智慧的传承，更是现代社会中个人成长与社会发展的宝贵指南。它提醒我们，在快速变化的时代背景下，持续学习、深入思考、勇于提问、善于反思，是通往智慧与成功的必经之路。

7. 学以致用

学以致用是君子学习的又一重要方法，它不仅要求学者掌握丰富的知识，更强调将这些知识转化为实际行动，以解决实际问题，实现个人价值和社会贡献。知行结合是学以致用的前提，它倡导在学习新知识的同时，通过不断的实践来加深理解，促进知识的内化和能力的提升。“学而时习之”，正是孔子提出的实践学

---

① （宋）朱熹. 四书章句集注. 北京：中华书局，1983：59.
② （宋）朱熹. 四书章句集注. 北京：中华书局，1983：48.
③ （宋）朱熹. 四书章句集注. 北京：中华书局，1983：135.
④ （宋）朱熹. 四书章句集注. 北京：中华书局，1983：57.
⑤ （宋）朱熹. 四书章句集注. 北京：中华书局，1983：173.

习方法，意味着学习不应仅仅停留在书本上，而应通过反复练习、实际应用，使知识转化为能力，达到知行合一的境界。

“博学之，审问之，慎思之，明辨之，笃行之”，则是完整的学习过程。君子学习是为了更好地“行”。孔子更重视行，因为道德教育和道德修养必须见诸行动，才能达到学习的目的，产生应有的社会效应，“诵《诗》三百，授之以政，不达；使于四方，不能专对；虽多，亦奚以为？”①孔子还非常强调“躬行”，认为“力行近乎仁”②。在言与行的关系上，孔子更重视行。如他所言，“君子欲讷于言而敏于行”③，“君子耻其言而过其行”④，等等。然而，当子贡问孔子怎样才能做一个君子时，孔子的回答是：“先行其言而后从之。”⑤

综上所述，学以致用、知行合一不仅是君子学习的基本原则，也是实现个人价值、推动社会进步的重要途径。孔子及其思想强调了实践的重要性，鼓励人们在学习的道路上不断探索、实践，将知识转化为改变世界的力量。

8. 正反对比

将君子与小人相比较，以加深受教者对君子的追求和对小人的规避，是《论语》中论及君子教育方法的一大特点，这种“正反对比”的教育方法对后世影响很大。时至今日，人们往往也会通过君子与小人的不同来判断一个人的道德行为，或是以君子和小人来划分人的类别。

在中国传统文化中，君子与小人的比较，包含地位、职业与道德意义等方面。但是，在君子教育的语境中，主要是道德意义方面的比较。君子教育的经典之作《论语》就开启了君子与小人对比的教育方法，并且形成了判断君子与小人的经典之语。例如，凸显君子的“周”与小人的“比”之品性差异的“君子周而不比，小人比而不周”⑥，指出君子的交友处世原则应该以忠信为本，一旦因利而勾结就会坠入小人的行列；再如，教育君子应该具有博大的胸怀，保持坦荡心

① （宋）朱熹. 四书章句集注. 北京：中华书局，1983：143.
② （宋）朱熹. 四书章句集注. 北京：中华书局，1983：29.
③ （宋）朱熹. 四书章句集注. 北京：中华书局，1983：74.
④ （宋）朱熹. 四书章句集注. 北京：中华书局，1983：156.
⑤ （宋）朱熹. 四书章句集注. 北京：中华书局，1983：57.
⑥ 金良年. 论语译注. 上海：上海古籍出版社，2004：14.

境的“君子坦荡荡，小人长戚戚”①，教育君子注重团结的“君子和而不同，小人同而不和”②，等等。

这种采用以君子与小人鲜明对比的教育方法，不仅为古代中国的道德教育提供了有力的支撑，也为后世的人们提供了一个明确的道德导向。它鼓励人们不断追求君子之德，远离小人之行，从而在个人修养和社会风气上形成积极的推动作用。时至今日，人们依然可以通过君子与小人的对比，来判断一个人的道德行为，划分人的类别，这种对比方法已经成为中国传统文化中不可或缺的一部分，对现代社会的道德教育和人格塑造仍然具有重要的启示意义。

第三节　《孟子》中的君子教育思想③

《孟子》被南宋朱熹列为“四书”之一，全书共7篇，是战国时期孟子及其弟子（如万章等）共同编撰的言论汇编。此书记录了孟子与其他各家思想的争辩、对弟子的言传身教、游说诸侯等内容，是儒家思想的重要典籍。《孟子》不仅记录了孟子的治国思想、政治策略（仁政、王霸之辨、民本、格君心之非，以及民为贵，社稷次之，君为轻），还深刻阐述了理想人格、君子思想。在《孟子》中，“君子”一词共出现80多次，另有“圣人”“贤者”“大人”“大丈夫”等近义词。以下从各篇相关章句解读与归纳分析两方面，探讨《孟子》一书的君子教育思想。

一、《孟子》之君子教育相关语句解读

（一）《梁惠王上》

君子之于禽兽也，见其生不忍见其死，闻其声不忍食其肉，是以君子远庖

① 金良年. 论语译注. 上海：上海古籍出版社，2004：81.
② 金良年. 论语译注. 上海：上海古籍出版社，2004：157.
③ 本节由安阳师范学院教育学院教师张晓月撰写。

厨也。①

君子对于飞禽走兽，看见它们活着的可爱，便不忍心看到它们死去；听到它们的啼叫，便不再忍心吃它们的肉。君子总是远离厨房，就是这个道理。在孟子看来，君子之所以“远庖厨”，正在于当其“不忍之心”发现之际，此一颗充沛的“仁心”完全彰显，难以忍受眼前生命的损伤乃至死亡。②“君子远庖厨”是孟子劝说齐宣王行王道时所说的。全文是：“无伤也，是乃仁术也，见牛未见羊也。君子之于禽兽也，见其生不忍见其死，闻其声不忍食其肉，是以君子远庖厨也。”③孟子的这番话是在他指出齐宣王以羊易牛的矛盾行为后，对齐宣王疑惑自己的行为心理而发出“是诚何心哉？我非爱其财而易之以羊也”（《孟子・梁惠王上》）的疑问的解答。孟子的这番解答，说得很含蓄、婉转。

“君子远庖厨”不仅是对君子个人道德修养的要求，还体现了孟子在君子教育中的培养人心的方法——“仁术”。孟子认为，通过远离厨房、避免目睹生命的宰杀过程，可以保护并培养君子的“仁心”与“不忍之心”，使其在面对生命时能够保持敬畏与怜悯，从而成为具有高尚道德情操的君子。

这一观念对后世的影响深远，它不仅提醒人们在日常生活中要关注并尊重生命，更在君子教育中强调了对“仁心”的培养与呵护。在当今社会，这一思想依然具有重要的启示意义，它提醒我们在追求物质文明的同时，不应忽视对内心道德情操的修养与提升。

（二）《公孙丑上》

“敢问夫子恶乎长？”

曰：“我知言，我善养吾浩然之气。”

“敢问何谓浩然之气？”

曰：“难言也。其为气也，至大至刚，以直养而无害，则塞于天地之间。其为气也，配义与道，无是，馁也。是集义所生者，非义袭而取之也，行有不慊于

---

① 金良年. 孟子译注. 上海：上海古籍出版社，2004：14.

② 王新宇. 君子之仁——《孟子》“君子远庖厨”义辨析. 南昌大学学报（人文社会科学版），2020（3）：63-69.

③ 金良年. 孟子译注. 上海：上海古籍出版社，2004：14.

心，则馁矣。我故曰告子未尝知义，以其外之也。必有事焉而勿正，心勿忘，勿助长也，无若宋人然。”①

在孟子与弟子的这段对话中，孟子深入阐述了“浩然之气”的内涵及其重要性，这不仅是对个人道德修养的深刻洞察，也是对君子教育核心目标的精准定位。在孟子看来，对于浩然之气，应该用正直去培养它，使它不受伤害，就会充溢于天地之间。这种气必须与道和义相匹配，没有它们，它就没有了力量。这种气是由义在内心积累、汇聚而产生的，不是义由外入内而取得的。②孟子认为，大丈夫必须具有浩然正气。尽管他找不到具体言语来描绘浩然之气的模样，但他坚信这种浩然之气“至大则刚”，是最浩大、最广阔、最刚强的。然而，大丈夫更是善于修养自己的浩然之气，所以他才能够坚守气节、不屈不挠。这种刚正不阿的正气、无所畏惧的豪气和气势磅礴的壮气，最终可以充满整个天地之间。君子教育最重要的目标，即浩然之气的培养，这种培养并非一夜之间就能完成，必须经过长时间的内部修养。

采用正道养护这些“气”，并积累起来才可能达到。如果有轻微的松懈或者做了亏心的事情，这股浩然之气就会变弱。孟子认为，浩然之气的养护千万不能像揠苗助长那样，一定要坚持下去，如果急于求成，只会一无所获。

孟子曰：“人皆有不忍人之心。先王有不忍人之心，斯有不忍人之政矣。以不忍人之心，行不忍人之政，治天下可运之掌上。所以谓人皆有不忍人之心者，今人乍见孺子将入于井，皆有怵惕恻隐之心。非所以内交于孺子之父母也，非所以要誉于乡党朋友也，非恶其声而然也。由是观之，无恻隐之心非人也，无羞恶之心非人也，无辞让之心非人也，无是非之心非人也。恻隐之心，仁之端也；羞恶之心，义之端也；辞让之心，礼之端也；是非之心，智之端也。人之有是四端也，犹其有四体也。有是四端而自谓不能者，自贼者也；谓其君不能者，贼其君者也。凡有四端于我者，知皆扩而充之矣，若火之始然、泉之始达。苟能充之，足以保四海；苟不充之，不足以事父母。”③

① 金良年. 孟子译注. 上海：上海古籍出版社，2004：58.

② 金良年. 孟子译注. 上海：上海古籍出版社，2004：65.

③ 金良年. 孟子译注. 上海：上海古籍出版社，2004：72.

孟子在这段论述中深刻揭示了人性中的善良本质与仁政之间的内在联系，以及君子教育在培养人性善端中的重要作用。孟子认为，仁政可以由“不忍之心”推广而来，而这种“不忍之心”是人本身固有的。孟子在此提出了著名的“四端说”，即同情之心是仁的发端，羞耻之心是义的发端，谦让之心是礼的发端，是非之心是智的发端。在此基础上，确立了“性善论”，人们的后天学习其实就是保持和扩大充实这些发端。君子教育即在于“养人之四心”，“发人之四端”。通过教育和修养，人们可以不断培养和提升自己的道德品质，实现人性的完善和社会的和谐。因此，孟子认为，君子教育不仅是对个人品德的塑造，更是对社会和谐与稳定的贡献。通过培养人们的“四心”和“四端”，可以推动社会的道德进步和文明发展，实现真正的仁政和长治久安。

孟子曰：“子路，人告之以有过则喜；禹闻善言则拜；大舜有大焉，善与人同，舍己从人，乐取于人以为善。自耕稼、陶、渔以至为帝，无非取于人者。取诸人以为善，是与人为善者也。故君子莫大乎与人为善。”[①]

孟子在这段话中通过列举子路、禹和大舜的例子，深刻阐述了君子在面对善行和过错时的态度，以及君子教育的核心目标。孟子认为，在善的面前，没有严格的个人界限，当自己不善而他人有善时，君子应舍己从人，虚心向他人学习；当自己有善而他人还没有达到时，君子应公之于众，与他人共同实践，实现善的共享和传播。

这种与人为善是君子的最大特点，也是君子教育的最终目标。君子教育的核心在于培养人的善端，即激发和引导人们内心中的善良和美好品质。通过教育，人们可以学会如何识别善、追求善、实践善，并最终成为具有高尚品德和良好行为的君子。这种教育不仅有助于个人的成长和发展，也有助于社会的和谐与进步。

（三）《公孙丑下》

孟子曰：“天时不如地利，地利不如人和。三里之城，七里之郭，环而攻之而不胜。夫环而攻之，必有得天时者矣，然而不胜者，是天时不如地利也。城非

① 金良年. 孟子译注. 上海：上海古籍出版社，2004：75.

不高也，池非不深也，兵革非不坚利也，米粟非不多也，委而去之，是地利不如人和也。故曰域民不以封疆之界，固国不以山谿之险，威天下不以兵革之利，得道者多助，失道者寡助。寡助之至，亲戚畔之；多助之至，天下顺之。以天下之所顺，攻亲戚之所畔；故君子有不战，战必胜矣。”①

在这段话中，孟子通过军事上的比喻，深刻揭示了民心向背在决定胜负中的重大作用。他强调，即使拥有天时、地利等有利条件，如果失去了民心的支持，最终也难以取得胜利。相反，只有得到民心的广泛支持，才能立于不败之地。

“得道者多助，失道者寡助”这一名句，不仅适用于军事斗争，更广泛地适用于社会生活的各个领域。它告诉我们，只有坚守道义、秉持正义，才能得到他人的支持和帮助；而背离道义、为非作歹，则必将陷入孤立无援的境地。

对于君子教育而言，这一思想尤为重要。君子作为社会的楷模和引领者，必须坚守道义，为正义而战。他们不仅要以身作则，践行正义，还要通过教育和引导，使更多的人认识到正义的重要性，并加入到为正义而斗争的行列中来。

陈臻问曰：“前日于齐，王馈兼金一百而不受；于宋，馈七十镒而受；于薛，馈五十镒而受。前日之不受是，则今日之受非也；今日之受是，则前日之不受非也，夫子必居一于此矣。”

孟子曰：“皆是也。当在宋也，予将远行，行者必以赆，辞曰‘馈赆’，予何为不受？当在薛也，予有戒心，辞曰‘闻戒，故为兵馈之’，予何为不受？若于齐，则未有处也。无处而馈之，是货之也，焉有君子而可以货取乎？”②

孟子在面对陈臻关于接受礼物标准的怀疑时，展现了他对“义”与“礼”的深刻理解。他通过具体事例说明君子在接受礼物时，并非简单地依据礼物的价值大小做决定，而是要看这份礼物是否符合道义，是否出于正当的理由。不合乎理的，再多也不能接受；合乎理的，虽然菲薄，也应该接受。毫无说法地馈赠金钱，就是收买，君子哪能用钱收买呢？此外，孟子的这一思想也启示我们，在人际交往中，礼物的赠送与接受都应基于真诚的情感交流和相互尊重，而非单纯的物质交换。只有这样，才能建立起健康、和谐的人际关系，促进社会的文明与

① 金良年. 孟子译注. 上海：上海古籍出版社，2004：78.

② 金良年. 孟子译注. 上海：上海古籍出版社，2004：83-84.

进步。

孟子自齐葬于鲁，反于齐，止于嬴。

充虞请曰：“前日不知虞之不肖，使虞敦匠。事严，虞不敢请，今愿窃有请也，木若以美然。”

曰：“古者棺椁无度，中古棺七寸，椁称之。自天子达于庶人，非直为观美也，然后尽于人心。不得不可以为悦，无财不可以为悦。得之为有财，古之人皆用之，吾何为独不然？且比化者无使土亲肤，于人心独无恔乎？吾闻之也，君子不以天下俭其亲。”①

孟子在谈及自己的丧礼安排时，向充虞阐述了他对丧礼真谛的深刻理解。他强调，丧礼并非仅仅是为了外在的观瞻之美，更重要的是要体现出内心的真诚与孝心。孟子提到，古代对棺椁的尺寸并没有规定，但随着时间的推移，逐渐形成了一定的标准，这不是单纯为了美观，而是为了更好地表达人们对逝者的哀思与敬意。孟子认为，丧礼是否得当，主要取决于两条判断标准：其一，是否尽到了作为人子的孝心；其二，是否与自己的能力（主要是财力）相匹配。如果未能达到财力所能承担的程度，那么就不能算作尽心。君子不会在众人都能做到的事情上吝啬于对自己父母亲的丧葬用度。②君子教育强调，在不越礼的情况下，君子要尽心尽力。

且古之君子过则改之，今之君子过则顺之。古之君子，其过也如日月之食，民皆见之；及其更也，民皆仰之。今之君子岂徒顺之，又从为之辞。③

孟子认为，古时的君子有过失就改正，现在的君子有过失却只管错下去。古时的君子，他们的过失如同日食、月食一样，民众都看得到；当他们改正时，民众都仰望着他们，现在的君子非但只管错下去，还随着过失为之辩护。④因此，君子要勇于承认自己的错误，实事求是，知错能改。他们明白，错误是成长的阶梯，只有不断反思和修正，才能不断前行，达到更高的境界。在人生的道路上，

---

① 金良年. 孟子译注. 上海：上海古籍出版社，2004：88-89.

② 金良年. 孟子译注. 上海：上海古籍出版社，2004：90.

③ 金良年. 孟子译注. 上海：上海古籍出版社，2004：92.

④ 金良年. 孟子译注. 上海：上海古籍出版社，2004：93.

每个人都会犯错，但关键在于我们如何面对这些错误。勇于承认并改正错误，不仅是对他人的尊重，更是对自己负责。

（四）《滕文公上》

孟子道性善，言必称尧舜。①

孟子在此篇明确提出了人性善的观点。古往今来，无论圣贤还是普通人，本性都是善的，圣贤能做到的，普通人也能做到。孟子人性善的观点为君子教育提供了可能和理论前提。

设为庠、序、学、校以教之，庠者养也，校者教也，序者射也。夏曰校，殷曰序，周曰庠，学则三代共之，皆所以明人伦也。②

为了实践这一理念，孟子强调了在学校中进行道德教育的重要性，尤其是“明人伦”的教育。他主张设立“庠”“序”“学”“校”等教育机构来教化民众。“庠”寓意教养，“校”代表教导，“序”则涉及射箭等技艺教育。虽然夏、商、周三代的称呼有所不同，但“学”这一名称始终沿用，其共同目的都在于使人明了人与人之间的伦常关系。这种明人伦的道德教育，构成了君子教育的核心内容。

人之有道也，饱食、暖衣、逸居而无教，则近于禽兽。圣人有忧之，使契为司徒，教以人伦，父子有亲，君臣有义，夫妇有别，长幼有叙，朋友有信。③

孟子进一步指出，如果人们仅仅满足于物质生活的饱足，如吃饱、穿暖、住得安逸，却忽视了精神层面的教养和教育，那么他们与禽兽的差别就微乎其微。为此，圣人深感忧虑，并派遣契担任司徒一职，负责教导民众遵循人伦之道。这“五伦”包括父子之间的亲情、君臣之间的道义、夫妇之间的内外之别、长幼之间的尊卑秩序及朋友之间的信义。这不仅是君子的行事准则，也是君子教育不可或缺的重要组成部分。通过这些教育，人们能够明了自身的责任与义务，从而在社会中扮演好自己的角色，共同构建一个和谐有序的社会。

---

① 金良年. 孟子译注. 上海：上海古籍出版社，2004：101.

② 金良年. 孟子译注. 上海：上海古籍出版社，2004：106.

③ 金良年. 孟子译注. 上海：上海古籍出版社，2004：112-113.

（五）《滕文公下》

居天下之广居，立天下之正位，行天下之大道，得志与民由之，不得志独行其道，富贵不能淫，贫贱不能移，威武不能屈，此之谓大丈夫。①

此章谈论的是什么是“大丈夫”。可以说，大丈夫是孟子的理想人格。孟子认为，大丈夫应该居住在天下最广大的居所里，站立在天下最正大的位置上，行走在天下最广阔的大道上。他们不为富贵所诱惑，不因贫贱而动摇，更不会被威武所屈服，这样的坚韧与正直，方为大丈夫之本色。孟子强调，真正的君子应该像大丈夫一样行得正、站得直，更要在心灵深处坚守正义与理想。他们不为外界的诱惑、困境或压力所动，而是矢志不渝地追求心中的正义目标。在这个过程中，他们不仅实现了个人的价值，更为社会树立了道德的标杆，引领着人们向着更加光明、正义的未来前行。因此，大丈夫不仅是孟子心中的理想人格，更是每一个君子应当努力追求的人生境界。

周霄问曰：“古之君子仕乎？”

孟子曰：“仕。传曰‘孔子三月无君则皇皇如也，出疆必载质’，公明仪曰：‘古之人三月无君则吊。’”

……

古之人未尝不欲仕也，又恶不由其道。②

古代君子都要出仕，“孔子三月无君则皇皇如也”，并非担心没有官做，而是忧虑没有行道的机遇。君子出仕，是为了行道，实现自己的政治理想和社会抱负。他们深知，只有身居其位，才能更好地发挥自己的才能和智慧，为国家和人民做出贡献。与此同时，他们也明白，出仕并非目的，而是手段。他们不会因追求官职而迷失自我，更不会为了个人的私利而违背自己的道义和原则。因此，古代的君子在出仕的道路上始终坚守着自己的本心和原则，不为外物所动。他们用自己的行动诠释了什么是真正的君子之道，为后人树立了榜样。

曰：“梓匠轮舆其志将以求食也，君子之为道也，其志亦将以求食与？”

---

① 金良年. 孟子译注. 上海：上海古籍出版社，2004：126.

② 金良年. 孟子译注. 上海：上海古籍出版社，2004：128.

曰："子何以其志为哉？其有功于子，可食而食之矣。且子食志乎，食功乎？"①

在孟子看来，君子是以行道来服务社会的，然而君子固然"谋道不谋食"，但社会在给予报酬时，却不能因为君子"不谋食"而不给或者少给，而是应根据其所做出的实际贡献，即"功"来衡量。②因此，君子教育内容强调，君子要践行仁义，以行道服务社会，同时也要得到其应有的回报。这种回报不仅是对他们个人努力的认可，更是对社会正义与公平的一种体现。通过这样的教育，孟子希望培养出既有高尚道德情操又能在社会中发挥实际作用的君子，以推动社会的进步与发展。

（六）《离娄上》

上无道揆也，下无法守也，朝不信道，工不信度，君子犯义，小人犯刑，国之所存者幸也。故曰，城郭不完、兵甲不多非国之灾也，田野不辟、货财不聚非国之害也，上无礼、下无学、贼民兴，丧无日矣。③

孟子在此强调，如果在上者没有行为准则，在下者没有法规遵循，官员不相信原则，工匠不相信尺度，君子触犯义理，小人触犯刑律；在上者没有礼仪，在下者没有教育，作乱的小人兴起，国家的灭亡即在眼前。因此，要治理好一个国家，既要有良好的"治法"，也要有得力的"治人"。④君子应当时刻坚守家国大义，遵循仁义。一方面，君王要实行仁政；另一方面，也要通过教育使民众保有仁义，成为君子。这间接说明了君子教育的重要性。孟子关于君子教育的论述，实际上是对社会整体道德水平提升的一种呼唤。他认为，教育不仅是个人成长的阶梯，更是国家长治久安的基石。通过教育，可以培养出更多具有高尚品德、勇于担当的君子，他们将在各自的岗位上发光发热，共同维护社会的公平正义，推动国家的繁荣稳定。因此，孟子强调的君子教育，不仅关乎个人的修养与成就，

① 金良年. 孟子译注. 上海：上海古籍出版社，2004：130-131.

② 金良年. 孟子译注. 上海：上海古籍出版社，2004：132.

③ 金良年. 孟子译注. 上海：上海古籍出版社，2004：146.

④ 金良年. 孟子译注. 上海：上海古籍出版社，2004：148.

更关乎国家的命运与未来。

孟子曰：“爱人不亲，反其仁；治人不治，反其智；礼人不答，反其敬。行有不得者皆反求诸己，其身正而天下归之。”①

孟子指出，我爱别人，别人却不亲近我，便反问自己仁爱是否足够；我治理民众，却得不到治绩，便反问自己的知识和智慧是否足够；我礼貌待人，却得不到人家的回应，便反问自己是否恭敬。任何事情没有达到预期的效果，都要反躬自问。自己确实端正了，天下都会归附。这彰显了孟子关于君子修养或君子教育的一条重要原则，即“反求诸己”，遇到问题时，应当首先检讨自身的行为是否遵循了正道，自身端正了，做事才会有成效。

公孙丑曰：“君子之不教子，何也？”

孟子曰：“势不行也。教者必以正，以正不行继之以怒。继之以怒则反夷矣，‘夫子教我以正，夫子未出于正也’，则是父子相夷也。父子相夷则恶矣。古者易子而教之，父子之间不责善。责善则离，离则不祥莫大焉。”②

该篇讲述了孟子的一个重要教育思想，即“易子而教”。孟子不主张亲自教育自己的儿子，因为教育一定要讲正道，用正理没有成效，跟着就要发怒，一发怒，反而会伤害感情。父子间互伤感情，关系就会恶化。然而，交换孩子来教育，就会使父子之间不以善而互相责备。在某种程度上，“易子而教”体现了孟子提倡的一种教育方法，也可以说是君子教育方法。孟子的这一教育思想，不仅适用于古代的家庭教育，对现代的家庭教育同样具有指导意义。它提醒人们，在教育子女的过程中，需要保持冷静和耐心，遵循正确的原则和方法，同时也要注重家庭关系的和谐与稳定。

孟子曰：“不孝有三，无后为大。舜不告而娶，为无后也，君子以为犹告也。”③

对于孟子提出的三种不孝，东汉赵岐注解《孟子》时解释道：第一种不孝是“阿谀曲从，陷亲不义”，即子女用各种委屈顺从的方式来讨好父母，结果让父母

---

① 金良年. 孟子译注. 上海：上海古籍出版社，2004：150.

② 金良年. 孟子译注. 上海：上海古籍出版社，2004：161.

③ 金良年. 孟子译注. 上海：上海古籍出版社，2004：165-166.

陷于不义；第二种不孝是“家贫亲老，不为禄仕”，家里很穷，父母老了，孩子不出去做官、做事奉养父母；第三种不孝是“不娶无子，绝先祖祀”，孩子成年了，不结婚，没有孩子，以至于祖先的祭祀都停下来了。[①]在这里，孟子通过舜的故事想说明的是执行原则的灵活性问题。舜如果去禀告父母，可能娶不成妻子，这样就得不到儿子，从而陷于最大的不孝，所以他就采取变通的方式，不禀告父母而自行娶妻。由于符合道的规定，这与禀告了父母是一样的。[②]因此，君子在处理事情时，应当灵活应对，在符合道义的前提下审时度势地做出判断。孟子的孝道思想不仅强调了子女对父母的尊重、赡养和传承责任，还体现了在处理问题时应有的灵活性和原则性。

（七）《离娄下》

孟子曰：“大人者，言不必信，行不必果，惟义所在。”[③]

这句指出了君子（大人）与一般人的不同特点。作为君子，说话不拘泥于信守，行为不拘泥于果敢，只依据义的所在指导言行。孟子认为，君子的行为准则是义，大义所在，其他一切都应依从他。如果一味地以“言必信，行必果”来规范行为，则可能失去义的准则。也就是说，对于不义的言行，君子根本就是不言不行。信果是言行表现于外的好结果。道德高尚的大人，其言行全是由内心的理性流出，所以他认为该言行的，就言行之，自然有信果的成绩。如果是在一言一行的前面，他的目的在求信果的外在的报酬，私心一旦萌发，可能就违背了正义，为了达成追求的希望，这都是无价的。也就是说，做人应当像君子一样，所有言行的动机要配合义，没有必要先盘算如何得到好的结果。

孟子曰：“君子深造之以道，欲其自得之也。自得之则居之安，居之安则资之深，资之深则取之左右逢其原，故君子欲其自得之也。”[④]

君子用大道来加深造诣，是希望自己自然把握大道，自然把握了大道，才能

---

① 转引自傅佩荣. 孟子的智慧. 北京：中华书局，2009：38-39.

② 金良年. 孟子译注. 上海：上海古籍出版社，2004：166.

③ 金良年. 孟子译注. 上海：上海古籍出版社，2004：173.

④ 金良年. 孟子译注. 上海：上海古籍出版社，2004：174.

处之安然，继而才能深入地应用它，取用起来才能左右逢源，所以君子希望自己自然把握大道。这一章是说，君子在学问修养上要有一定的方法去深入把握最基本的东西，这样才能有独特的心得。①

孟子曰：“博学而详说之，将以反说约也。”②

这句话阐述了学习的方法。博与约是学习中两种不同的境界或阶段，博学是为了加深理解，约则是在理解的基础上抓住学问的要点，博是为了以后的约，只有达到约的境界，博才能发挥真正的作用，否则博只是无系统的大杂烩而已。③“博学反约”不仅能够培养出学识渊博、思维敏锐的人才，更能够引导他们形成独立思考、善于总结的良好习惯，为未来的学习和工作奠定坚实基础。“博学反约”不仅是学习的一种重要方法，更是君子教育追求的一种理想境界。它要求我们在学习过程中不断追求广博与深入，同时注重总结与提炼，以达到对知识的深刻理解和精准把握。

孟子曰：“原泉混混，不舍昼夜，盈科而后进，放乎四海。有本者如是，是之取尔。苟为无本，七八月之间雨集，沟、浍皆盈，其涸也可立而待也。故声闻过情，君子耻之。”④

孟子认为，有本源的东西与无本源的东西不同，以此比喻名声和实际，即实际是本源，脱离实际的区域是无本之水，没有生命力，君子以其为耻。君子应当立足实际，一切从实际出发，保持本心和本源。这一观点不仅体现了孟子对君子品德的严格要求，还为我们提供了宝贵的启示：在学习和工作中，我们应当注重实际，脚踏实地，不断积累知识和经验，提升自己的能力。同时，我们也应当保持谦逊和低调，不追求虚名，而是用实际行动来证明自己的价值。只有这样，才能像有源之水一样，源源不断、生生不息，最终成就一番事业。

孟子曰：“人之所以异于禽兽者几希，庶民去之，君子存之。舜明于庶物，察于人伦，由仁义行，非行仁义也。”⑤

---

① 金良年. 孟子译注. 上海：上海古籍出版社，2004：174-175.
② 金良年. 孟子译注. 上海：上海古籍出版社，2004：175.
③ 金良年. 孟子译注. 上海：上海古籍出版社，2004：175.
④ 金良年. 孟子译注. 上海：上海古籍出版社，2004：176.
⑤ 金良年. 孟子译注. 上海：上海古籍出版社，2004：177.

“人禽之辨”是孟子最重要的理论之一，深刻揭示了人性与动物本能之间的本质区别。孟子认为，人与禽兽的不同之处就在于人性，即仁义。仁义本是人人都具有的，但之所以人间会有圣贤、普通人、小人之分，就是因为圣贤保留了人性，其他人则或多或少丢弃了它。所谓“推行仁义”，是带有功利心的，即为了追求某种外在认可或利益而刻意表现仁义，这实际上已经偏离了仁义的真正内涵。孟子强调，真正的君子应当达到一种境界，即仁义不仅成为其行动的指南，更是其内心不可分割的一部分，要做到“从心所欲，不逾矩”。孟子的这一思想鼓励每个人反思自我，努力恢复和保持那份与生俱来的仁义之心，通过不断的自我修养和实践，逐步向圣贤的境界迈进，从而实现个人价值与社会和谐的双赢。

孟子曰：“君子之泽五世而斩，小人之泽五世而斩。予未得为孔子徒也，予私淑诸人也。”①

孟子的这句话不仅指出了无论是正面还是负面的影响，其深远程度都能跨越数代人之久，还强调了个人行为及品德对社会及后代产生的长期效应。孟子自谦地表示自己虽未直接成为孔子的门徒，但通过学习和追随孔子的弟子们（如子思等人），间接地接受了孔子的教诲。这一表述不仅体现了孟子对孔子及其学说的敬仰，还揭示了文化传承的连续性——即使不是直接的师徒关系，也能通过间接的方式将伟大的思想和精神传承下去。孟子强调了君子教育的重要性及其长远的社会价值，提倡通过教育来培养更多的君子，以他们的德行和影响力来引领社会向善，促进社会的和谐与进步。

孟子曰：“君子所以异于人者，以其存心也。君子以仁存心，以礼存心。仁者爱人，有礼者敬人。爱人者，人恒爱之；敬人者，人恒敬之。有人于此，其待我以横逆，则君子必自反也：我必不仁也，必无礼也，此物奚宜至哉？其自反而仁矣，自反而有礼矣，其横逆由是也，君子必自反也：我必不忠。自反而忠矣，其横逆由是也，君子曰：‘此亦妄人也已矣。如此，则与禽兽奚择哉？于禽兽又何难焉？’是故君子有终身之忧，无一朝之患也。乃若所忧则有之：舜人也，我亦人也，舜为法于天下，可传于后世，我由未免为乡人也。是则可忧也，忧之如

① 金良年. 孟子译注. 上海：上海古籍出版社，2004：179.

何？如舜而已矣。若夫君子所患则亡矣。非仁无为也，非礼无行也。如有一朝之患，则君子不患矣。”①

君子之所以不同于常人，是因为君子把仁存于心，把礼存于心，仁人爱护他人，有礼的人尊敬他人，反之亦如此。这包含两层意思：其一，遇到问题时，应该首先检讨自己的不足之处；其二，君子行得正、站得直，没有什么可以患得患失的，唯一值得担忧的是自己还没有达到圣贤那样的道德水准。赵岐注：“存，在也。”②正义曰：“赵氏以在释存，盖以在为察，在心即省察其心，下文自反皆察也。”③孟子认为，君子心性完满，是受到了自存自反的影响，存者，即表达了保持一份原有的本真心智；反者，表示君子在人生的道路中不断进行反思，求取做人的真谛。君子之所以表里如一，行得端、坐得正，是因为君子心存赤子之心，他们的表现是由内而外的，遵从了人道、天道之行。人的本性是天真的、至善的，人最初的形态应该是君子的表现，但是社会环境的变化使一些心存至善的人变异了。君子之所以能够保持初心不变，是因为君子践行了自己的良知、良心、爱心。在君子眼里，仁、义、礼、智、信就是一种生活行为，亲人、爱人是一个推己及人的过程。因此，君子教育应当旨在使君子“以仁存心”“以礼存心”，不合乎仁的事不做，不合乎礼的事不做，同时应时刻反躬自省。

由君子观之，则人之所以求富贵利达者，其妻妾不羞也而不相泣者，几希矣。④

在君子看来，人们用来求取富贵腾达的手段，能使他们的妻妾不感到羞耻、不相对哭泣的是很少的。这是一个有名的寓言故事，它在一定程度上反映了当时的社会状况。孟子讲这个故事的目的是抨击当时求取富贵者的丑陋行径，他们在光天化日之下衣冠楚楚，自我炫耀，而暗中却无所不为，令人感到羞耻。君子做事切忌不择手段，为人处世应采取正大光明的途径和合乎仁义的方式。

---

① 金良年. 孟子译注. 上海：上海古籍出版社，2004：184.

② （清）焦循. 孟子正义. 上海：上海书店，1986：350.

③ （清）焦循. 孟子正义. 上海：上海书店，1986：350.

④ 金良年. 孟子译注. 上海：上海古籍出版社，2004：190.

（八）《万章下》

曰："今之诸侯取之于民也，犹御也。苟善其礼际矣，斯君子受之，敢问何说也？"①

此句蕴含的道理，是对礼法与人际和谐的高度重视。人与人之间的交往，应以恭敬为本，对于不合乎准则的行为，不能简单地采取"不教而诛"的态度，而应先以教育引导为主，帮助对方认识到错误并改正，这样才能真正实现人际关系的和谐与稳定。君子在进行人际交往时，更应坚守道义，合乎准则而行。因为只有以道义为准则，才能赢得他人的尊重与信任。在复杂多变的人际环境中，君子能够保持清醒的头脑，坚守自己的原则与底线，不为外物所动。他们用自己的言行举止，诠释着何为真正的君子风范，为周围的人树立了榜样。

（九）《告子上》

恻隐之心人皆有之，羞恶之心人皆有之，恭敬之心人皆有之，是非之心人皆有之。恻隐之心仁也，羞恶之心义也，恭敬之心礼也，是非之心智也。仁、义、礼、智非由外铄我也，我固有之也，弗思耳矣。②

恻隐之心、羞恶之心、恭敬之心、是非之心，是人人都有的，且分别对应仁、义、礼、智。孟子认为，人的本性具备仁、义、礼、智的本质，后天的修养是对这些东西加以提高和发扬。此处孟子的"四心"与前文《公孙丑》中提到的"四端"是相辅相成的，都可以被看作君子教育的前提和基础。

心之所同然者何也？谓理也，义也。圣人先得我心之所同然耳，故理义之悦我心犹刍豢之悦我口。③

孟子认为，人们内心的相同之处是都有理、有义，圣人先得知了我们内心的相同之处，因此理义愉悦我们的内心犹如美味的猪肉、牛肉能满足我们的口腹之欲一样。孟子进一步强调，人心对仁义都有天生的本质追求，这一点是人人相同、毫无二致的，后来之所以有不同，除了受到环境逼迫外，还有先知先觉的原

---

① 金良年. 孟子译注. 上海：上海古籍出版社，2004：219.
② 金良年. 孟子译注. 上海：上海古籍出版社，2004：236.
③ 金良年. 孟子译注. 上海：上海古籍出版社，2004：238.

因，但这只是后天的养护问题，并非说本性有不同。这也从侧面说明了君子教育的必要性。①

孟子曰：“鱼，我所欲也，熊掌亦我所欲也，二者不可得兼，舍鱼而取熊掌者也。生亦我所欲也，义亦我所欲也，二者不可得兼，舍生而取义者也。生亦我所欲，所欲有甚于生者，故不为苟得也；死亦我所恶，所恶有甚于死者，故患有所不辟也。如使人之所欲莫甚于生，则凡可以得生者，何不用也？使人之所恶莫甚于死者，则凡可以辟患者，何不为也？由是则生而有不用也，由是则可以辟患而有不为也，是故所欲有甚于生者，所恶有甚于死者。非独贤者有是心也，人皆有之，贤者能勿丧耳。一箪食、一豆羹，得之则生，弗得则死。嘑尔而与之，行道之人弗受；蹴尔而与之，乞人不屑也。万钟则不辨礼义而受之，万钟于我何加焉？为宫室之美、妻妾之奉、所识穷乏者得我与？乡为身死而不受，今为宫室之美为之；乡为身死而不受，今为妻妾之奉为之；乡为身死而不受，今为所识穷乏者得我而为之，是亦不可以已乎？此之谓失其本心。”②

孟子在这一段中，通过生动的比喻和有力的论证，深刻阐述了人在面对欲望与道义时的抉择，以及坚守本心的重要性。他首先以鱼和熊掌不可兼得为例，引出生命与道义之间的选择。在孟子看来，虽然生命是宝贵的，但当生命与道义发生冲突时，真正的君子会选择舍生取义，因为道义的价值远远超越了生命本身。孟子进一步指出，这种对道义的坚守并非贤者专属，而是每个人内心潜在的一种品质，同时他也批判了那些为了追求物质享受而背弃道义的人。孟子强调，真正的君子应该坚守本心，不为外物所动。他们明白，生命的价值不仅仅在于物质的丰富，更在于精神的充实和道德的完善。只有坚守道义，才能保持内心的平静与安宁，才能在复杂多变的社会中保持自己的独立与尊严。

孟子曰：“羿之教人射，必志于彀，学者亦必志于彀。大匠诲人必以规矩，学者亦必以规矩。”③

羿教人射箭，必定要求拉满弓，学习的人亦应如此；大匠教人，必定依据规

① 金良年. 孟子译注. 上海：上海古籍出版社，2004：238.

② 金良年. 孟子译注. 上海：上海古籍出版社，2004：242.

③ 金良年. 孟子译注. 上海：上海古籍出版社，2004：249.

矩，学习的人也必定要依据规矩。其强调了教育中规矩的重要性。君子教育必须高标准、严要求，所谓标准、要求，即孟子所言规矩。在学习上，君子一定要守规矩。孟子此章强调的规矩意识，不仅是对教育者的要求，更是对每一位学习者的期待。在规矩的引领下，我们能够更加坚定地走向知识的殿堂，培养出真正的君子品格，为社会的和谐与进步贡献自己的力量。

（十）《告子下》

孟子曰："居下位不以贤事不肖者伯夷也，五就汤、五就桀者伊尹也，不恶恶君、不辞小官者柳下惠也，三子者不同道，其趋一也。一者何也？曰仁也。君子亦仁而已矣，何必同？"

……

君子之所为，众人固不识也。[①]

孟子认为，处在卑贱的地位，不以自己贤人之身服侍不肖之人的，是伯夷；五次投奔成汤，又五次投奔夏桀的，是伊尹；不讨厌昏暴的君主，不拒绝卑微职位的，是柳下惠。孟子通过伯夷、伊尹、柳下惠三个人的事例，意在说明三人的做法虽然不同，但是趋向是一致的，即仁。而且，君子很多的作为，一般人是无法理解的。[②]因此，在孟子看来，可能不为人所理解，但是只要出于"仁"，君子可以采取不同的行事方式。

陈子曰："古之君子何如则仕？"

孟子曰："所就三，所去三。迎之致敬以有礼，言将行其言也，则就之；礼貌未衰，言弗行也，则去之。其次，虽未行其言也，迎之致敬以有礼，则就之；礼貌衰，则去之。其下，朝不食，夕不食，饥饿不能出门户，君闻之曰：'吾大者不能行其道，又不能从其言也，使饥饿于我土地，吾耻之。'周之亦可受也，免死而已矣。"[③]

在这段对话中，孟子通过陈子之问，深入探讨了君子出仕任职的原则与底

---

① 金良年. 孟子译注. 上海：上海古籍出版社，2004：257-258.

② 金良年. 孟子译注. 上海：上海古籍出版社，2004：259.

③ 金良年. 孟子译注. 上海：上海古籍出版社，2004：267-268.

线，展现了其对君子节操和界限的深刻理解。他提出的"所就三，所去三"，不仅是对古代君子从政行为的概括，更是对后世士人精神风貌的一种期许。孟子认为，君子在三种情况下可以出仕任职，但无论哪一种情况，都以基础一旦不存在必须离去为前提。[①]孟子通过对君子出仕任职三种情况的阐述，不仅强调了君子在出仕任职时应坚守的原则与底线，更揭示了君子在面对权力与利益诱惑时应有的清醒与自律。他提醒我们，真正的君子不仅要有为国为民的志向与担当，更要有在逆境中坚守正道、不为外物所动的勇气与智慧。只有这样，才能真正实现个人价值的最大化，为社会的进步与发展贡献自己的力量。

孟子曰："教亦多术矣，予不屑之教诲也者，是亦教诲之而已矣。"[②]

孟子的这句话不仅揭示了教育的多样性和灵活性，更强调了学习者在教育过程中的主体地位和主观能动性。它提醒我们，在教育实践中，要尊重每一个学习者的个性和需求，灵活运用各种教育策略，以激发学习者的内在动力，促进其全面发展。

（十一）《尽心上》

孟子曰："有事君人者，事是君则为容悦者也；有安社稷臣者，以安社稷为悦者也；有天民者，达可行于天下而后行之者也；有大人者，正己而物正者也。"[③]

孟子的这段话深刻揭示了不同层次的君子圣贤所求的目标及其行为方式，体现了他对理想人格的高度赞扬与追求。孟子通过这四种不同类型的人格描绘，不仅展现了他对理想人格的多维度理解，更表达了他对君子圣贤的崇敬与向往。他强调，真正的君子应该超越个人私利的局限，将个人的价值与国家、民族的命运紧密相连，以高尚的品德与远大的理想引领时代前行。

孟子曰："君子有三乐，而王天下不与存焉。父母俱存，兄弟无故，一乐也；仰不愧于天，俯不怍于人，二乐也；得天下英才而教育之，三乐也。君子有三乐，而王天下不与存焉。"[④]

---

① 金良年. 孟子译注. 上海：上海古籍出版社，2004：268.
② 金良年. 孟子译注. 上海：上海古籍出版社，2004：270.
③ 金良年. 孟子译注. 上海：上海古籍出版社，2004：279.
④ 金良年. 孟子译注. 上海：上海古籍出版社，2004：279.

孟子所说的“君子三乐”，不仅是对个人品德修养的高度概括，也是对君子社会责任与使命的深刻阐述。这“三乐”相辅相成，共同构成了君子理想人生的三大支柱。“君子三乐”可以概括为做人之乐、事亲之乐和教育之乐。首先，做人之乐，是君子修身的基石；其次，事亲之乐，是君子齐家之本；最后，教育之乐，是君子治国、平天下的关键。君子学做人是为己，注重德性和精神的养成，要做到这些，需要个人努力；先成己后能助人，事亲为能家齐，家人安康不是靠个人意愿就能获得的，因为身体素质有好坏之分，齐家注重秩序和人情的和睦，怎样和睦，就需要教会亲人知礼；教育之乐是君子能将圣贤的仁义之道推己及人，让天下归仁，这需要自己和众人一起努力。①

王子垫问曰：“士何事？”

孟子曰：“尚志。”

曰：“何谓尚志？”

曰：“仁义而已矣……居仁由义，大人之事备矣。”②

孟子提倡君子要“尚志”，在他看来，仁为人之安宅，义为人之正路，持志就是坚持人所应有的样子。失志则是“自暴”“自弃”。这就意味着，在人的伦理实践和社会活动中，君子须矢志不渝，得志便兼济天下，不得志则独善其身。在孟子的观念中，君子的伦理实践和社会活动都应以仁义为准则。无论身处何种境遇，君子都应该矢志不渝地坚守自己的志向：当得志时，便应积极地为天下苍生谋福利，实现兼济天下的理想；即使不得志，也应保持内心的纯净和高尚，做到独善其身，不为外界的诱惑和困境所动摇。这样的君子，才是真正具有高尚品德和远大理想的人。

孟子曰：“君子之所以教育五：有如时雨化之者，有成德者，有达财者，有答问者，有私淑艾者。此五者君子之所以教也。”③

此处，孟子提到了君子教育的原则和方法，即必须激励学生在教育过程中思考问题。当学生遇到困惑时，士人应当适时加以点拨。士人还要学会引而不发，

---

① 陈阳. 君子三乐：孟子“教育”意蕴之体认. 教育文化论坛，2020（5）：120-124.

② 金良年. 孟子译注. 上海：上海古籍出版社，2004：286.

③ 金良年. 孟子译注. 上海：上海古籍出版社，2004：290-291.

让学生因为渴求知识而学习，也就是激发他们的兴趣和发挥他们的主动性。另外，育人首先是让学生加强修养和品德塑造，儒家把这看作教育的首要目标。教师应根据学生自身条件的差异而采用不同的教学方法，培养他们承担社会责任的能力。作为老师本身的士人，必须关注自己的行为，发挥道德榜样的作用，并以微妙、潜在的方式影响学生。

（十二）《尽心下》

孟子曰：“尧舜，性者也；汤武，反之也。动容周旋中礼者，盛德之至也。哭死而哀，非为生者也；经德不回，非以干禄也；言语必信，非以正行也。君子行法以俟命而已矣。”①

孟子认为，君子依据道德而行，他们说到做到，不是为了使别人知道自己的行为端正。君子依法度而行，坚守自己的信念和原则。孟子认为君子的道德修养应当是一种内在的追求，而非外在的功利目的。他们通过不断的自我反省和修炼，提升自己的品德和境界，以达到与天地万物和谐共生的理想状态。这种道德修养不仅有助于个人的成长和进步，更有助于社会的和谐与稳定。

二、孟子的君子教育思想及其当代价值

中国古代的君子文化源远流长，其创始于《周易》，形成于《论语》，提高于《孟子》《荀子》。《周易》围绕“君子以自强不息”“君子以厚德载物”等基本理念确立了君子文化的基本框架。《论语》通过君子之学、君子之识、君子之德、君子之行四个方面，确立了君子之教的基本规范，为君子设定了以“仁”为核心的理想人格。②《孟子》一书中多次提到“君子”，可以说孟子在继承孔子对君子道德设定的基础上，以“人性向善”的主张为参照，更为系统地构建了君子这一理想人格的框架，同时提出了对后世有很大借鉴价值的君子教育思想。

---

① 金良年. 孟子译注. 上海：上海古籍出版社，2004：310.

② 李洪峰. 中国古代的君子文化. 北京：紫禁城出版社，2011：7-8.

（一）孟子所言君子何为？

1. 对孔子思想的继承与发展——仁、义、礼之修养

在孔子看来，君子必须拥有很高的德性，集仁、义、礼等多种品质于一身，如其所说："仁远乎哉？我欲仁，斯仁至矣。"[①]"夫仁者，己欲立而立人，己欲达而达人。能近取譬，可谓仁之方也已。"[②]这都是我们耳熟能详的论述。然而，作为孔子思想的继承者和集大成者，孟子同样将仁和义置于其理论的核心，他不仅延续了孔子关于"仁""义"的论述，而且在此基础上使君子形象更加丰富和具体。如其所说："君子所性，仁义礼智根于心。"[③]"仁"是培养君子的核心范畴。孔子、孟子都把"仁"置于"君子之道"的首要位置。"君子道者三……仁者不忧，知者不惑，勇者不惧。"[④]"君子亦仁而已矣。"[⑤]君子不仅要"仁者爱人"，而且要"以其所爱及其所不爱"[⑥]。总的来说，在孟子看来，君子与一般人的显著区别在于，君子特别重视仁，君子做任何事都以仁爱为本，不仅"爱人"，而且能做到"仁民""爱物"。

《孟子》中提到"仁"时，是与义并举的，"居仁由义，大人之事备矣"[⑦]。如果说仁是人心，那义则是根据不同情况来判断路怎么走，即"仁，人心也；义，人路也"[⑧]，"义"的首要含义是"正义""道义"，即人所应遵守的行为规则："士穷不失义，达不离道。"[⑨]"大人者，言不必信，行不必果，惟义所在。"[⑩]孟子继承了孔子"杀身以成仁"的思想并有所发展，提出了"舍生取义"的重要道德原则："生亦我所欲也，义亦我所欲也，二者不可得兼，舍生而取义者也。"[⑪]他主

---

① 金良年. 论语译注. 上海：上海古籍出版社，2004：78.
② 金良年. 论语译注. 上海：上海古籍出版社，2004：65.
③ 金良年. 孟子译注. 上海：上海古籍出版社，2004：280.
④ 金良年. 论语译注. 上海：上海古籍出版社，2004：173.
⑤ 金良年. 孟子译注. 上海：上海古籍出版社，2004：258.
⑥ 金良年. 孟子译注. 上海：上海古籍出版社，2004：295.
⑦ 金良年. 孟子译注. 上海：上海古籍出版社，2004：286.
⑧ 金良年. 孟子译注. 上海：上海古籍出版社，2004：244.
⑨ 金良年. 孟子译注. 上海：上海古籍出版社，2004：274.
⑩ 金良年. 孟子译注. 上海：上海古籍出版社，2004：173.
⑪ 金良年. 孟子译注. 上海：上海古籍出版社，2004：242.

张坚守“义”的人生境界——“穷不失义，达不离道”“穷则独善其身，达则兼善天下”，保持应有的社会道德和法则，拥有健康的价值追求。[①]关于礼，孟子认为，君子的特质之一就是“以礼存心”，其重要性是与“仁”“义”并行的。“君子以仁存心，以礼存心。仁者爱人，有礼者敬人。爱人者，人恒爱之；敬人者，人恒敬之。”[②]“礼”是君子的外在规范和言行准则，孟子认为，君子“非仁无为也，非礼无行也”[③]，“非礼之礼……大人弗为”[④]。总之，在孟子看来，仁、义、礼等品质是人生而有之的，人一旦失去了这些品质就是“非人”，与禽兽无异。君子之所以成为君子，亦是因为其心中有仁义、礼的存在。

2. 所处时代的呼唤——大丈夫之气节

孟子所处时代的一个突出特点就是“乱”。奴隶制已经土崩瓦解，封建制刚刚问世，整个社会关系都处于“变”的状态。那时社会的经济关系在变，政治关系在变，作为反映社会关系的一个侧面的道德关系也在变。面对这种社会现实，新型地主阶级要确立起新的道德关系、道德观念、道德准则，才能适应封建政治、经济的需要。孟子的理想人格理论在很大程度上概括和总结了当时各种社会关系的新变化，为完成地主阶级的新任务而提出的。因此，孟子的理想人格理论并非出自他本人的杜撰，而是反映了时代的特点和需要。[⑤]他深知这样的时代需要主持天下公义、勇担道义与责任、矢志不移的“大丈夫”挺身而出，需要能够早日结束战乱、为天下苍生谋福利的“大人”的涌现，需要“虽千万人吾往矣”[⑥]那样的豪杰之士、勇士、大丈夫。孟子推崇的所谓“大人”“善人”“信人”“大丈夫”等，皆君子之属，特别是他建构的具有浩然之气的“大丈夫”人格，是其君子思想的重要体现。《孟子·滕文公下》中对大丈夫做了形象论述。孟子曰：“是焉得为大丈夫乎？……居天下之广居，立天下之正位，行天下之大道，得志与民由之，不得志独行其道，富贵不能淫，贫贱不能

---

① 刘新生，赵萍. 《孟子》思想及其现代价值新论. 齐鲁学刊，2012（4）：10-16.

② 金良年. 孟子译注. 上海：上海古籍出版社，2004：184.

③ 金良年. 孟子译注. 上海：上海古籍出版社，2004：184.

④ 金良年. 孟子译注. 上海：上海古籍出版社，2004：172.

⑤ 王婉. 孟子君子人格思想研究. 西北师范大学硕士学位论文，2018.

⑥ 金良年. 孟子译注. 上海：上海古籍出版社，2004：57.

移，威武不能屈，此之谓大丈夫。”[①]与孔子建构的温文尔雅、安仁敦厚之君子人格相比，孟子的“大丈夫”人格则在此基础上又多了一些“虽千万人，吾往矣”的豪气和义气。

（二）孟子所倡君子教育何为？

所谓“君子教育”，即以培养君子为目的的教育，通常认为产生于春秋的孔子时代。具体来说，是指孔子以儒学为理论基础，在私学教学实践中开创的以培养“内圣外王的君子”为目的的教育模式。

1. 君子教育之正当性与可行性

（1）人禽之辨：君子教育之逻辑起点

人的发现，首先就是对人的自然状态与社会性的区分。人和禽兽，从身体结构上来看是很相似的，但为什么人类成为万物之灵，并建构了丰富灿烂的文化成果呢？对此，儒家展开了“人禽之辨”。孟子曰：“人之所以异于禽兽者几希，庶民去之，君子存之。舜明于庶物，察于人伦，由仁义行，非行仁义也。”[②]孟子的人禽之辨确立了人异于禽兽的特殊性，人禽不同之“几希”是决定人之所以为人的根本，构成了人独特的价值内涵，即“心”。心是人作为万物之灵长的关键，这一特性同样需要通过存养来保持与扩充，这才是人之为人之道。同时，孟子通过比较“庶民”与“君子”这两个主体概念，突出了决定人之价值的关键在于自觉的道德理性。人与禽兽的根本差异在于，人具有道德性，这种道德性是天生的，需要人用自觉理性去体认的。庶民是处于蒙昧状态的人，虽然天生具有德性，却不具备理性认知能力，导致主体失去道德属性。孟子在这里提到舜，舜在孟子的文本中属于“圣”人。舜“明于庶物”，即懂得自然之道，又“察于人伦”，即懂得人道，他是顺着仁义的要求去行动的，而不是刻意去做仁义的行为。孟子在此旨在说明人性是一种内在的力量，仁义是内在发出来的。在此基础上，孟子提出了“饱食、暖衣、逸居而无教，则近于禽兽”[③]。孟子认为，如果

① 金良年. 孟子译注. 上海：上海古籍出版社，2004：126.
② 金良年. 孟子译注. 上海：上海古籍出版社，2004：177.
③ 金良年. 孟子译注. 上海：上海古籍出版社，2004：112.

人类的生活就是吃饱、穿暖，生活安逸而没有得到教育，就跟禽兽差不多，说明人与禽兽的这一点点差别，要靠教育才能得到保存和发展，人的本质属性的彰显必须依靠教育实现。[①]在这个意义上，其确定了教育对君子人格形成的重要性。

（2）人性之“善端”——君子教育之理论依据

如果说人禽之辨是孟子对教育可以彰显人的基本价值的强调，那么“人性论”和“人性之四端”则是孟子强调教育可以助人“止于至善”的必然。孟子主张人性善，其言：“恻隐之心人皆有之，羞恶之心人皆有之，恭敬之心人皆有之，是非之心人皆有之……仁、义、礼、智非由外铄我也，我固有之也。”[②]对于此说，孟子还进行了论证：“今人乍见孺子将入于井，皆有怵惕恻隐之心。非所以内交于孺子之父母也，非所以要誉于乡党朋友也，非恶其声而然也。”[③]孩童即将坠井之时，人皆会感到惊恐和同情，不是出于与其父母交往，或谋求社会声誉，而是出于人先天的悲悯和共情的善心。这说明人性在先天上是善的，是人本来就有的。[④]

在此基础上，孟子提出了“四端说”，认为“人性善”发于“四端”，“恻隐之心，仁之端也；羞恶之心，义之端也；辞让之心，礼之端也；是非之心，智之端也”[⑤]。“端”，即事物的起点或存在基础。孟子将“恻隐之心”“羞恶之心”“辞让之心”“是非之心”称为新的“四端”，与此相对的是“仁、义、礼、智”四种善。在孟子看来，人的善的行为不是由外而来，而是由内而发，是感受到外在情况后内心的直接反应，这种反应会促使人行善。然而，以孟子之见，善是一种力量，而非本质，“人性善”虽然发于“四端”，但根本的还在于只有通过教育“扩而充之”，才可以“为善”，否则也可以“为不善”。这就意味着只有辅以后天的人格培养和教育，才能使“仁、义、礼、智”等道德规范成为必然。然而，要扩充善端、安定天下，则必须依靠教育。这也在一定程度上印证了君子的可学

① 傅佩荣. 孟子的智慧. 北京：中华书局，2009：105.

② 金良年. 孟子译注. 上海：上海古籍出版社，2004：236.

③ 金良年. 孟子译注. 上海：上海古籍出版社，2004：72.

④ 高金鹏. “成善之途”——孟子“大丈夫”理想人格思想及其对当代人格塑造的价值意义. 西部学刊，2020（8）：23-26.

⑤ 金良年. 孟子译注. 上海：上海古籍出版社，2004：72.

性，也为君子教育提供了理论依据。

（3）人皆可以为尧舜——君子教育之发展动力

对孟子来说，完善的君子人格是终其一生的追求，其“人皆可以为尧舜”的思想正是这种追求的生动体现，曹交问曰：“人皆可以为尧舜，有诸？”孟子曰：“然。”①

综上所述，孟子认为“仁、义、礼、智”作为君子人格的基本范畴，最开始处于一种萌芽状态，进而成就君子人格，也就是说，主体使这“四端”萌芽、茁壮成长。先天的善端是人格发展的源泉，正是由于每个人都存在着四善端，通过后天的教育便可以达到“人皆可以为尧舜”的理想人格境界。在孔子看来，圣人是理想人格的完美化身，它构成了人格的最高境界。就现实性而言，圣人境界是难以达到的，是可望而不可即的。②然而，孟子却认为“尧舜与人同耳”③，“故凡同类者举相似也，何独至于人而疑之？圣人与我同类者”④。孟子用圣人与我同类来肯定人人都可以成为圣贤，普通人只要善于修身养性，同样可以达到圣人的境界，这不仅肯定了主体的存在价值及现实人生的意义，还为君子成圣及君子教育提供了依据和可能。

2. 君子教育之目的

（1）明人伦

孟子观念中的君子教育，着重强调培养人的道德品质，教育人怎么做人，而“明人伦”是孟子君子教育思想的主要培养目标。“设为庠、序、学、校以教之，庠者养也，校者教也，序者射也。夏曰校，殷曰序，周曰庠，学则三代共之，皆所以明人伦也。”⑤这说明将“明人伦”作为教育的目标，不仅符合孟子的教育思想，还是三代的共同经验。⑥在孟子看来，“人伦”既是为人的基本属性，也是人

① 金良年. 孟子译注. 上海：上海古籍出版社，2004：251.

② 张奇伟，高书文. 人皆可以为尧舜：评孟子理想人格思想的现实性特点. 北京师范大学学报（社会科学版），2007（3）：105-110.

③ 金良年. 孟子译注. 上海：上海古籍出版社，2004：189.

④ 金良年. 孟子译注. 上海：上海古籍出版社，2004：238.

⑤ 金良年. 孟子译注. 上海：上海古籍出版社，2004：106.

⑥ 蔡泽华. 孟子教育观评述. 青海师专学报（社会科学），2002（3）：1-8.

之行为的价值准则，是实施仁政的基本条件。“尧舜之道，不以仁政不能平治天下”[①]，不“明人伦”，不能治天下，只有“人伦明于上，小民亲于下”，方能实现“天下大同”，即“使契为司徒，教以人伦，父子有亲，君臣有义，夫妇有别，长幼有序，朋友有信”[②]。朱熹对此做了进一步阐释：“伦，序也。父子有亲，君臣有义，夫妇有别，长幼有序，朋友有信，此人之大伦也。庠序学校，皆以明此而已。”[③]后人则把这“五伦”演绎成“五常”，即“仁、义、礼、智、信”，并将此作为行为道德规范，以约束自我、提升自我，满足人格修为提升的需要。在孟子看来，让“明人伦”成为君子教育及道德教化的出发点，其目的在于使家庭关系和睦，使儿女孝敬父母，使夫妇相敬如宾，使兄弟和睦相处；更在于使社会关系和谐，使统治者爱民如子，使臣民忠于君主。这就是孟子“人性论”的归宿，也是其教育思想的意旨所在。[④]

（2）行仁政

君子是儒家倡导的治国化俗人才，更是儒家致力于塑造的人格典范。孟子把参与政治作为“士”的职业所在：“士之仕也犹农夫之耕也。”[⑤]读书人做官，就像农民种田一样理所当然。在孟子看来，行仁是合乎人性的要求，“不以仁政不能平治天下”[⑥]。统治者要施行仁政，首先必须成为一位具有仁知的君子，即“以不忍人之心，行不忍人之政，治天下可运之掌上”[⑦]。然而，使君子入仕从政，并在入仕从政中修身成人，行德政以惠民，亦是君子教育的重要目的。

3. 君子教育之方法

（1）因材施教

从孔子开始，就特别强调教育的“因材施教”原则，孟子将其具象化，提出了因材施教的具体方法。如其所言：“君子之所以教育五：有如时雨化之者，有

---

① 金良年. 孟子译注. 上海：上海古籍出版社，2004：146.
② 金良年. 孟子译注. 上海：上海古籍出版社，2004：112-113.
③ （宋）朱熹. 四书章句集注. 北京：中华书局，1983：255.
④ 韩旭. 孟子“人性论”与教育思想的关联. 沧州师范学院学报，2020（3）：41-44，106.
⑤ 金良年. 孟子译注. 上海：上海古籍出版社，2004：128.
⑥ 金良年. 孟子译注. 上海：上海古籍出版社，2004：146.
⑦ 金良年. 孟子译注. 上海：上海古籍出版社，2004：72.

成德者，有达财者，有答问者，有私淑艾者。此五者君子之所以教也。”[①]这是孟子论及的，也是孟子亲身实践的五种因材施教方法。有五种不同的“材”，相应地就有五种不同的“法”。第一种，“有如时雨化之者”，即有的“材”，要像降及时雨一样，润泽点化，针对学生某方面的问题，教师可以因时、因地、因事而随机指点，帮助他转化提升，类似于孔子提到的启发式教学。第二种，“有成德者”，即成全品德，即教师要教学生修养品德。这与孔子的教学理念一脉相承，孔子教学生分四科，第一科即德行科。第三种，“有达财者”，即培养才干，使其用于社会，造福于百姓。第四种，“有答问者”，即解答疑问的，教师针对不同学生的疑惑予以解答。第二至第四种是分别针对品德、才干、见识来指导，是为了考量学生的不同需求。第五种，“有私淑艾者”，指的是靠品德和学问使别人愿意私下里向他们学习的人。对于孟子来说，孔子就是留下品德、学问让孟子自学，而孟子亦是把书写出来，留下他的品德和学问供后人学习。[②]此外，朱熹把上述孟子之语解释为：“圣贤施教，各因其材，小以成小，大以成大，无弃人也。”[③]朱熹之解使“因材施教”进一步包含不放弃任何学子、使每个人都得到充分发展之意，这种教法也是当下课程改革倡导的理念。

（2）自我修炼

孟子说：“君子深造之以道，欲其自得之也。自得之则居之安，居之安则资之深，资之深则取之左右逢其源，故君子欲其自得之也。”[④]君子依循正确的方法深入研究，就是希望可以自己领悟道理。自己领悟道理，就可以安稳地守住它；安稳地守住它，所受的启发就会深刻；所受的启发深刻，运用在哪一方面都可以回溯本源。此外，关于如何具体地自我修炼，孟子指出：“博学而详说之，将以反说约也。”[⑤]一方面，要广博地学习，知识不够的话，就无法触类旁通，要将学问形成一个完整的系统；另一方面，要详细地阐述，也就是要把学得的知识、领悟的道理完整、清楚地表达出来。最后的目的是四个字——扼要

① 金良年. 孟子译注. 上海：上海古籍出版社，2004：290.
② 傅佩荣. 孟子的智慧. 北京：中华书局，2009：28-29.
③ （宋）朱熹. 四书章句集注. 北京：中华书局，1983：362.
④ 金良年. 孟子译注. 上海：上海古籍出版社，2004：174.
⑤ 金良年. 孟子译注. 上海：上海古籍出版社，2004：175.

说明，也就是用自己的话进行扼要的概括。因此，在孟子看来，君子教育很重要的一步是通过读书自己领悟道理，深造自得。那么，到底应该如何读书呢？总结来说，就是要有自己的心得，有了心得才会执着地坚持它、实践它。如果没有弄懂，没有真正地觉悟、了解的话，为什么要去做呢？这种自我修炼会面临各种挑战，需要学习者下功夫，对学问真正有了自己的心得之后，再设法加以实践。[①]

（3）存心养性

修身贯穿君子的一生，修身的过程就是成就理想人格的过程。君子作为孟子理想人格的重要组成部分，他秉承了天命，具有天赋的善性，但是还需要后天的造就与养成。存心养性是孟子君子教育的重要思想，孟子说“存其心，养其性，所以事天也”[②]，即存养天赋于仁心的“善端”。“君子所以异于人者，以其存心也。君子以仁存心，以礼存心。”[③]君子教育首先强调君子要保存自己的善心和赤子之心，培养自己的品性；其次，要从自己的内心去求，不能“失其本心”，正所谓“学问之道无他，求其放心而已矣”[④]。所谓养气，主要指孟子所说的“我善养吾浩然之气”。这是道义与正义之气，是修养所化育之气。孟子说：“其为气也，至大至刚，以直养而无害，则塞于天地之间。其为气也，配义与道，无是，馁也。是集义所生者，非义袭而取之也，行有不慊于心，则馁矣。”[⑤]存心寡欲、养浩然正气，是中国君子不畏“苦其心志、劳其筋骨、饿其体肤”之磨难与成就，“富贵不能淫，贫贱不能移，威武不能屈”的大丈夫人格的持久的力量源泉，可谓塑造中国君子高尚人格的“法宝”。此外，孟子强调要克制自己的欲念，以“寡欲”来存心。他说：“养心莫善于寡欲。其为人也寡欲，虽有不存焉者，寡矣；其为人也多欲，虽有存焉者，寡矣。”[⑥]一个人欲望很少，即使善性有所丧失，也很少；反之，如果一个人欲望很多，即使善性有所保存，也很少。

---

① 傅佩荣. 孟子的智慧. 北京：中华书局，2009：20-21.
② 金良年. 孟子译注. 上海：上海古籍出版社，2004：271.
③ 金良年. 孟子译注. 上海：上海古籍出版社，2004：184.
④ 金良年. 孟子译注. 上海：上海古籍出版社，2004：244.
⑤ 金良年. 孟子译注. 上海：上海古籍出版社，2004：58.
⑥ 金良年. 孟子译注. 上海：上海古籍出版社，2004：312.

（4）反求诸己

孟子一直强调“反求诸己”，其著作中也多有涉及。例如，射箭之道，“仁者如射，射者正己而后发，发而不中不怨胜己者，反求诸己而已矣”[①]。做人做事就像比赛射箭一样，端正好姿势，再把箭射出去。如果没有射中，不要抱怨胜过自己的人，而是要“反求诸己”。所谓“反求诸己”，就是指对任何得不到预期效果的行为，都应当反躬自问，从自身找原因。再如，与人相处之道：“爱人不亲，反其仁；治人不治，反其智；礼人不答，反其敬。行有不得者皆反求诸己。”[②]意思是说，如果我爱别人，可是别人不亲近我，那么在这种情况下，我就要反问自己是否仁心不足；如果我管理或教导别人，但别人并不服从或没有被我管理好，我就应反问自己是否智慧不足；我以礼待人，却不能得到别人相应的礼遇，我就应当反问自己是否真诚和敬重不足。在某种程度上，“反求诸己”是孟子对孔子“君子求诸己”思想的继承和发展。在孟子看来，只要反省内求，达到诚实不欺、内外合一，就达到了最高的道德修养境界。

（5）启发诱导

孟子传承了孔子首创的启发式教学方法，即“不愤不启，不悱不发”。也就是说，在教育过程中，只有到了学生努力弄明白而不得的程度才去启发他，使其明其意；只有到了学生心中明白却不能准确表达的阶段才去诱导他，使其言其理。孟子同样认为，在道德教育中应充分尊重学生的主体性，发挥其主观能动性和创造性，“君子引而不发，跃如也，中道而立，能者从之”[③]。“引而不发”就是通过引导来进行启发式的教育。在孟子看来，教师的作用主要是启发学生的学习自主性，引导学生主动解决问题，而不是代替学生思考。[④]孟子说：“君子深造之以道，欲其自得之也。”[⑤]这强调的是遵循人成长、发展的客观规律，即由浅入深的认识获得过程和循序渐进的道德提升过程。孟子说：“原泉混混，不舍昼夜，盈科而后进，放乎四海。”[⑥]孟子以水之“盈科而进”，从正面强调了教学应

① 金良年. 孟子译注. 上海：上海古籍出版社，2004：74.
② 金良年. 孟子译注. 上海：上海古籍出版社，2004：150.
③ 金良年. 孟子译注. 上海：上海古籍出版社，2004：291.
④ 石莹. 先秦儒家君子人格思想融入大学生道德教育研究. 西南交通大学博士学位论文，2020.
⑤ 金良年. 孟子译注. 上海：上海古籍出版社，2004：174.
⑥ 金良年. 孟子译注. 上海：上海古籍出版社，2004：176.

当把握循序渐进的原则。

（三）孟子君子教育之当代启示

习近平指出，“要认真汲取中华优秀传统文化的思想精华和道德精髓”，“深入挖掘和阐发中华优秀传统文化讲仁爱、重民本、守诚信、崇正义、尚和合、求大同的时代价值”。[①]孟子对君子人格的构建，以及关于君子教育的思想，体现了国家、社会及个人层面的丰富道德追求，其中蕴含的德教为先、学为圣贤、孝悌为本、仁礼存心等具体内容，既彰显了中国传统美德的永恒魅力，又具有新时代的多重价值。

1. 对家庭：明人伦孝悌，弘扬家庭美德

2021年10月23日，我国颁布《中华人民共和国家庭教育促进法》，旨在发扬中华民族重视家庭教育的优良传统，引导全社会注重家庭、家教、家风，增进家庭幸福和社会和谐，共同构建文明、和谐的家庭关系。家庭美德作为中华传统美德的重要组成部分，自古以来便受到人们的高度重视。家庭美德的养成和传承离不开家庭教育，家庭教育在人的成长过程中毫无疑问有着重要作用。儒家家庭教育的首要目的就在于教导家人明晓人伦亲爱之情的重要性，使家人、子弟形成相亲相爱的人伦道德理念。

孟子认为，一方面，君子道德教化和修养的基本出发点是“明人伦”。他说：“设为庠、序、学、校以教之，庠者养也，校者教也，序者射也。夏曰校，殷曰序，周曰庠，学则三代共之，皆所以明人伦也。”[②]孟子指出，在民众“仰足以事父母，俯足以畜妻子，乐岁终身饱，凶年免于死亡”[③]的前提下，历代都兴办“庠”“序”“学”“校”之类的机构来教化他们。教化“明人伦”的目的是要形成“父子有亲，君臣有义，夫妇有别，长幼有序，朋友有信”的道德风尚和社会秩序。[④]在孟子看来，由良好的人伦关系的教化培养出发，可以首先建立父慈子孝、夫妻相敬、兄友弟恭的和谐融洽的家庭关系。

---

① 习近平. 习近平谈治国理政. 北京：外文出版社，2014：164.
② 金良年. 孟子译注. 上海：上海古籍出版社，2004：106.
③ 金良年. 孟子译注. 上海：上海古籍出版社，2004：16.
④ 李建. 论孔孟的教化思想及其意义. 齐鲁学刊，2006（4）：11-15.

另一方面，作为君子立德的根本，孟子认为行孝尽悌既是对君子具体的道德要求，也是君子修养最高仁德的开始和重要途径。孟子说："尧舜之道，孝弟而已矣。"①他甚至说"不得乎亲不可以为人，不顺乎亲不可以为子"②，即不能得到父母的欢心，没有办法做人；不能顺从父母的心意，没有办法做儿子。孟子指出"天下有善养老，则仁人以为己归矣"③，所以君子就应当做到"老吾老以及人之老，幼吾幼以及人之幼"④。从根本上而言，"孝"与"仁"同属一体，由"亲亲"而"仁民"，由"仁民"而"爱物"，孝是一切仁德的源头和根本。此外，君子"治国平天下"的社会道德理想，也是从"修身、齐家"的个体道德和家庭道德开始的。"天下之本在国，国之本在家，家之本在身。"⑤孟子也把"守身"和"事亲"联系起来，《孟子·离娄上》载："事，孰为大？事亲为大。守，孰为大？守身为大。不失其身而能事其亲者，吾闻之矣；失其身而能事其亲者，吾未之闻也。"⑥因此，孟子的君子教育中孝老爱亲的思想，对现如今家庭美德的构建具有重要借鉴意义。

2. 对教师：以立身以正，坚守师道尊严

教师的重要性，就在于承担着传播知识、传播思想、传播真理，以及塑造灵魂、塑造生命、塑造新人的时代重任。"善之本在教，教之本在师。"2016 年 9 月，习近平总书记在北京市八一学校考察时指出："广大教师要做学生锤炼品格的引路人，做学生学习知识的引路人，做学生创新思维的引路人，做学生奉献祖国的引路人。"⑦要想当好"引路人"，教师首先应该是"人之模范"，是以德施教、以德立身的楷模。正所谓"学高为师，身正为范"，在学生眼里，教师"吐辞为经、举足为法"。从孔子的"其身正，不令而行""教，上所施下所效也"，到孟子的"吾未闻枉己而正人者也"，无一不在强调立身以正的重要性。《孟子》

---

① 金良年. 孟子译注. 上海：上海古籍出版社，2004：252.

② 金良年. 孟子译注. 上海：上海古籍出版社，2004：167.

③ 金良年. 孟子译注. 上海：上海古籍出版社，2004：281.

④ 金良年. 孟子译注. 上海：上海古籍出版社，2004：15.

⑤ 金良年. 孟子译注. 上海：上海古籍出版社，2004：150.

⑥ 金良年. 孟子译注. 上海：上海古籍出版社，2004：161-162.

⑦ 习近平. 全面贯彻落实党的教育方针 努力把我国基础教育越办越好.（2016-09-09）[2024-09-05]. http://cpc.people. com.cn/GB/http:/cpc.people.com.cn/n1/2016/0909/c64094-28705338.html.

中有许多关于“身教示范”的阐发，例如，孟子曾用射箭作喻来形象地说明“正人正己”的道理，“仁者如射，射者正己而后发”，君子修身犹如射箭，只有立身以正，才能把箭射好。作为长辈亦是如此，“身不行道，不行于妻子；使人不以道，不能行于妻子”①，自己不走正道，妻子、儿女也不会走正道；自己不依正道去使唤别人，就连妻子、儿女也使唤不动。家庭中的长辈尚且如此，作为教师更应该坚守以身作则的原则，在教导学生时只有自己首先做到了，约束别人时才具有说服力。此外，孟子用“言传”与“身教”的对比表达了身教重于言传的观点，“仁言不如仁声之入人深也”②。“仁言”是指以仁德的言辞进行说教，“仁声”是指以仁德之行获得声望，就是说用言语不如用行动教人行仁德的功效大，“其身正而天下归之”。所以，在孟子看来，“教者必以正”，教育者只有自己品行端正，才能令学生真心敬服效法。因此，只有用君子之德构建教师之德，培养君子型教师，才能坚守师道尊严。

3. 对学校：秉天地之气，坚持立德树人

仁、道、义、礼、智、信等是君子不可或缺的核心素养。在孟子的心目中，君子拥有很高的德性，是秉承了天地之气的、德性高尚的志士仁人，应该将君子作为自己的楷模，修养自己的品行。“以德为要”是君子教育的核心理念，可以说这与新时代我国教育“立德树人”的根本任务是一脉相承的。在全国教育大会上，习近平多次讲到要“坚持立德树人”。《中共中央关于全面深化改革若干重大问题的决定》明确指出：“全面贯彻党的教育方针，坚持立德树人，加强社会主义核心价值体系教育，完善中华优秀传统文化教育。”这说明了“立德”所立之德的两方面内容：一是要坚持社会主义道德的核心内容；二是要吸收中华优秀传统文化中的道德教育资源。“立德树人”这一概念具有深厚的传统文化背景，与先秦儒家君子人格的道德教育传统有着紧密的联系。因为“立德”与“树人”这一提法本身就直接来自中国传统文化和道德教育思想，诸如孟子的“存心养性”“持志养气”“意志锻炼”“反身而诚”的君子教育思想都指向了“培养什么样的

① 金良年. 孟子译注. 上海：上海古籍出版社，2004：298.

② 金良年. 孟子译注. 上海：上海古籍出版社，2004：277.

人”及“如何培养人”。课堂是高校落实“立德树人”这一思想的主阵地，教学是高校落实“立德树人”的主渠道，将德育思想融入课堂教学这一大学生道德教育的主阵地和主渠道，是实现立德树人目标的重要途径。

4. 对学生：养浩然之气，做时代新君子

从党的十九大报告提出“培养担当民族复兴大任的时代新人”，到全国宣传思想工作会议提出“育新人”①，再到全国教育大会要求“塑造新人”②，无不显示了新时代塑造新人才的重要性与紧迫性。“时代新人”要坚定理想信念，志存高远，脚踏实地，勇做时代的弄潮儿，且应当是有理想信念、有责任担当和有道德情操的全面发展的新青年。换句话说，“时代新人”也完全可以被看作当前社会的“新君子”，是孟子口中的具有“大丈夫”人格的君子。在孟子看来，君子具有存仁向善的人格，君子教育更是以培养具有“浩然之气”的大丈夫人格为旨归。正如孟子所说：“居天下之广居，立天下之正位，行天下之大道，得志与民由之，不得志独行其道，富贵不能淫，贫贱不能移，威武不能屈，此之谓大丈夫。”③“穷则独善其身，达则兼济天下。”大丈夫当身处天底下最广阔的场所，立足天底下最中正的位置，本着大道的原则实行人处世之道，能完成志向就与民众一起前进，所谓的身外之物，即钱财、权力、地位，都不能迷惑他的心智、动摇他的初心、改变他的志向，处于人生的不理想状态时，先完善自己的人格，这才是大丈夫需要做到的。因此，对于新时代的学生而言，要像大丈夫一样，“养浩然之气”，不仅要做到“仁义”存心，有勇有谋，更要真诚而正直，择善固执，做坦荡荡的新时代君子。

① 习近平出席全国宣传思想工作会议并发表重要讲话.（2018-08-22）[2024-09-20]. https://www.gov.cn/xinwen/ 2018-08/22/ content_5315723.htm.

② 习近平在全国教育大会上发表重要讲话.（2018-09-10）[2024-10-30]. http://www.xinhuanet.com/politics/2018-09/10/c_1123406247.htm.

③ 金良年. 孟子译注. 上海：上海古籍出版社，2004：126.

第四章
"五经"之君子教育思想分析

谦 谦 为 人

本章主要包括"五经"之君子教育思想概述、《诗经》中的君子教育思想、《礼记》中的君子教育思想三部分。《尚书》《周易》《春秋》的君子教育思想融于概述之中，不再单独设节进行分析。

第一节 "五经"之君子教育思想概述

《论语》中提及孔子时代的教育内容，如"志于道，据于德，依于仁，游于艺"[①]，"兴于《诗》，立于礼，成于乐"[②]，"子以四教：文、行、忠、信"[③]。孔子把教学内容改编为"六书"，至荀子始尊为"经"。董仲舒从培养经世致用的君子人才出发，认为"君子知在位者之不能以恶服人"，必须"简六艺（指六经——笔者注）以赡养之"[④]，并对"六经"的作用进行了论述，开启了汉代的经学教育。

《诗》《书》序其志，《礼》《乐》纯其养，《易》《春秋》明其智。六学皆大，而各有所长。《诗》道志，故长于质；《礼》制节，故长于文；《乐》咏德，故长于风；《书》著功，故长于事；《易》本天地，故长于数；《春秋》正是非，故长于治人。[⑤]

除《乐经》亡佚外，其他"五经"一直是中国传统教育的基本内容，更是君子教育的重要内容。从汉代开始的"五经"——《诗经》、《尚书》、《礼》（包括《周礼》《仪礼》《礼记》，"三礼"）、《周易》、《春秋》（包括《左传》《春秋公羊传》《春秋穀梁传》"三传"），到宋代发展为"十三经"，增加的四经是《孝经》《论语》《尔雅》《孟子》。

君子教育权舆于《周易》[⑥]，且《周易》为君子谋；《尚书》《春秋》是君子

① （宋）朱熹. 四书章句集注. 北京：中华书局，1983：94.
② 金良年. 论语译注. 上海：上海古籍出版社，2004：85.
③ 金良年. 论语译注. 上海：上海古籍出版社，2004：76.
④ （汉）董仲舒. 春秋繁露. 张世亮，钟肇鹏，周桂钿，译注. 北京：中华书局，2012：35.
⑤ （汉）董仲舒. 春秋繁露. 张世亮，钟肇鹏，周桂钿，译注. 北京：中华书局，2012：35-36.
⑥ 唐文治. 大家国学·唐文治卷. 天津：天津人民出版社，2008：45.

学习先王之德、通晓治乱兴衰之道的重要历史典籍；不学《诗》无以言，不学《礼》无以立，《礼》是君子自身修养与实现礼法社会秩序的必学内容。从汉代开始的“五经”就成为《诗经》《尚书》《礼》《周易》《春秋》的固定说法，成为上续孔子之“六书”，下至清末君子教育的主要课程。

一、《诗经》

《诗经》是我国第一部诗歌总集，收录了西周初年至春秋中叶约五百年间的诗歌，最初由孔子编定，汉代奉为经典，称为《诗经》。《诗经》分为“风”“雅”“颂”三部分，是了解先秦文化和君子教育的重要内容。《诗经》中涉及“君子”的诗共有 62 首，约占总数的 1/5，其中有 3 首是以“君子”命名的，即《国风》中的《鄘风·君子偕老》《王风·君子于役》《王风·君子阳阳》。姚中秋认为，“作为经书之首的《诗经》所再三讽诵者，正是君子。这样的君子乃是完整的人，他们同时具备德行、技艺与威仪”[①]。孔子编订《诗经》，即有服务于道德教育和政治教育之目的。例如，《论语·为政》中的“《诗》三百，一言以蔽之，曰‘思无邪’”，就是指《诗经》的道德教育宗旨；《论语·子路》中的“诵《诗》三百，授之以政，不达；使于四方，不能专对；虽多，亦奚以为？”就是讲《诗经》服务于国家治理与外交事务等政治目的。《论语·阳货》还进一步揭示了《诗经》的审美、增加知识等多种教育功能。例如，“小子何莫学夫《诗》？《诗》，可以兴，可以观，可以群，可以怨。迩之事父，远之事君，多识于鸟兽草木之名”[②]。另外，由《诗经》引发的辞赋美育教育，也是君子教育的重要内容，如汉代提倡君子教育的扬雄就是一名辞赋大家，唐诗宋词更是把辞赋教育推到了高潮。赋诗填词成为中国君子的重要特征，所谓“文质彬彬”“翩翩君子”“才子佳人”“腹有诗书气自华”，在很大程度上也是君子的诗词歌赋能力的体现。

---

① 姚中秋. 美德·君子·风俗. 杭州：浙江大学出版社，2012：77.

② 金良年. 论语译注. 上海：上海古籍出版社，2004：211.

二、《尚书》

《尚书》又称为《书》《书经》等，是中国古代最早的一部历史典籍。书中主要记载了夏、商、周三代在国家政治活动中的一些誓词、话语、谈话等，其中包含对尧、舜、禹、汤、文、武等圣王政德的记载与赞美，提出了“执政以德”“孝悌为本”的政治理念。《尚书》是中国文化和君子教育的重要源头，也是君子教育的重要内容。姚中秋认为，“化成君子”是贯穿中国五千年之基本文化。①

《尚书·舜典》载，帝舜命夔担任典乐，还让他承担了教育贵族子弟的任务。“帝曰：夔，命汝典乐，教胄子：直而温，宽而栗；刚而无虐，简而无傲。”即教胄子正直而温和，宽弘而能庄栗。预防刚失入虐，简失入傲。②此载可谓最早的君子“四德”教育。在《皋陶谟》中，皋陶则言“亦行九德”：宽而栗（性宽弘而能庄栗）、柔而立（和柔而能立事）、愿而恭（悫愿而能恭恪）、乱而敬（乱，治也。有治而能谨敬）、扰而毅（扰，顺也，致果为毅）、直而温（行正直而气温和）、简而廉（性简大而有廉隅）、刚而塞（刚大而实塞）、强而义（无所屈挠，动必合义）。③《尚书》所载“四德”“九德”在孔子之前就是重要的执政君子之德，以《尚书》为教也是对君子教育思想的延续。

另外，《尚书》中含有“君子”的语句有8处，彰显了君子的德行与正义。如《虞书·大禹谟》载：“禹乃会群后，誓于师曰：‘济济有众，咸听朕命！蠢兹有苗，昏迷不恭，侮慢自贤，反道败德。君子在野，小人在位。民弃不保，天降之咎。肆予以尔众士，奉辞伐罪。尔尚一乃心力，其克有勋。’”④再如，《周书·泰誓下》载：“时厥明，王乃大巡六师，明誓众士。王曰：‘呜呼！我西土君子。天有显道，厥类惟彰。今商王受狎侮五常，荒怠弗敬，自绝于天，结怨于民……’”⑤其中“我西土君子”应该是彰显正义之士，“正义”为“君子”的又一原始之义。

---

① 姚中秋. 美德·君子·风俗. 杭州：浙江大学出版社，2012：77.
② 李民，王健. 尚书译注. 上海：上海古籍出版社，2004：19.
③ 李民，王健. 尚书译注. 上海：上海古籍出版社，2004：37.
④ 李民，王健. 尚书译注. 上海：上海古籍出版社，2004：34.
⑤ 李民，王健. 尚书译注. 上海：上海古籍出版社，2004：201.

三、《礼》

《礼》包括《周礼》《仪礼》《礼记》“三礼”，《礼记》是其中之一，“三礼”从不同方面共同组成了中国的礼学经典。

《周礼》又称《周官》《周官经》，一般认为是周公所作，内容是周代官制，包括官职的设置与职能等，成为后世王朝确定官制的重要参照。

《仪礼》，先秦时期称为《礼》，“恭俭庄敬，《礼》教也”①。“丘治诗书《礼》《乐》《周易》《春秋》六经”②中的《礼》均指《仪礼》。《仪礼》记载的是中国古代礼仪，包括士冠礼、士昏礼、士相见礼、乡饮酒礼、乡射礼、燕礼、大射、聘礼、公食大夫礼、觐礼、丧服、士丧礼（含“既夕礼”）、士虞礼、特牲馈食礼、少劳馈时礼（含“有司”）等主要礼仪，这些礼仪规范是君子“习礼”的主要内容，也是君子言谈举止之行为规范。

“三礼”之中的《礼记》成书最晚，是先秦至秦汉之际的礼学文献汇编。《礼记》又称《记》，分为《大戴礼记》（或《大戴礼》）、《小戴礼记》（《小戴礼》）等，全书共有 49 篇，西汉戴德、戴圣叔侄和东汉郑玄对其成书起到了关键作用。《礼记》是《仪礼》的补充和阐释，论述了儒家的礼学思想，是君子礼学义理教育的主要内容，“礼之所尊，尊其义也”③。《礼记·仲尼燕居》曰：“礼也者，理也。”④《礼记·乐记》云：“礼也者，理之不可易者也。”⑤

《礼记》倡导的核心内容是儒学的礼治思想。小而言之，礼是君子立身之本；大而言之，礼是立国之本。“礼之于正国也，犹衡之于轻重也，绳墨之于曲直也，规矩之于方圜也。故衡诚县，不可欺以轻重；绳墨诚陈，不可欺以曲直；规矩诚设，不可欺以方圜；君子审礼，不可诬以奸诈。”⑥

《礼记》中强调六礼（冠、昏、丧、祭、射、乡）、七教（父子、兄弟、夫妇、君臣、长幼、朋友、宾客）、八政（饮食、衣服、事为、异别、废、量、

---

① 杨天宇. 礼记译注（下）. 上海：上海古籍出版社，2004：650.
② 陈鼓应注译. 庄子今注今译（最新修订重排本）. 北京：中华书局，2009：419.
③ 杨天宇. 礼记译注（上）. 上海：上海古籍出版社，2004：322.
④ 杨天宇. 礼记译注（下）. 上海：上海古籍出版社，2004：666.
⑤ 杨天宇. 礼记译注（下）. 上海：上海古籍出版社，2004：489.
⑥ 杨天宇. 礼记译注（下）. 上海：上海古籍出版社，2004：652.

数、制）。冠、昏、丧、祭、射、乡为礼之大体，“夫礼始于冠，本于昏，重于丧、祭，尊于朝、聘，和以射、乡：此礼之大体也”①，这些是君子必须重视的礼仪。如《礼记·昏义》曰：“昏礼者，将合二姓之好，上以事宗庙，而下以继后世也，故君子重之。”②丧祭之礼是最重要的礼仪，君子的教育应由此开始。“祭者，教之本也。”“君子之教也，必由其本。”③“射”则是选官的主要内容，射中多寡与是否合乎礼仪是选官的标准，因此君子特别重视射礼。乡饮酒礼是圣人制定的，君子应避免人为的祸患之法，“君子尊让则不争，絜、敬则不慢，不慢、不争，则远于斗辨矣。不斗辨，则无暴乱之祸矣。斯君子所以免于人祸出，故圣人制之以道”④。

《礼记》在论述礼治思想的同时，还为君子制定了诸多礼仪原则，如：

礼尚往来：往而不来，非礼也；来而不往，亦非礼也。⑤

君子恭敬、撙节、退让以明礼。⑥

夫礼者，自卑而尊人，虽负贩者，必有尊也。⑦

君子之于礼也，有所竭情尽慎，致其敬而诚若，有美而文而诚若。⑧

四、《周易》

《周易》在我国传统文化中具有特殊的地位，儒家将其列为群经之首。《周易》包含丰富的君子思想与教育内容，其中包含“君子”的语句达 90 多条，“经”部分 20 条，“传”部分 79 条（黄寿祺、张善文的《周易译注》，上海古籍出版社 2004 年版）。《周易》展现了中国君子“自强不息”“厚德载物”的高贵品性，为中国君子提供了审时度势、择机行事等无穷智慧。研“易”成为君子学习

① 杨天宇. 礼记译注（下）. 上海：上海古籍出版社，2004：817.
② 杨天宇. 礼记译注（下）. 上海：上海古籍出版社，2004：815.
③ 杨天宇. 礼记译注（下）. 上海：上海古籍出版社，2004：638.
④ 杨天宇. 礼记译注（下）. 上海：上海古籍出版社，2004：822.
⑤ 杨天宇. 礼记译注（上）. 上海：上海古籍出版社，2004：3.
⑥ 杨天宇. 礼记译注（上）. 上海：上海古籍出版社，2004：2-3.
⑦ 杨天宇. 礼记译注（上）. 上海：上海古籍出版社，2004：3.
⑧ 杨天宇. 礼记译注（上）. 上海：上海古籍出版社，2004：294.

的重要内容。

《周易》把君子之德与天地之德相合，如“天行健，君子以自强不息；地势坤，君子以厚德载物”。它激励君子为提升自己的德行、才能和智慧奋斗不已，已达安身立命，成就事业。围绕这方面，《周易》有颇多论述，《乾卦》曰：“君子终日乾乾，夕惕若。厉，无咎”①，指明勤奋、警惕可以避免灾难。《系辞下传》提醒君子要韬光养晦：“君子藏器于身，待时而动，何不利之有？动而不括，是以出而有获，语成器而动者也。”②《既济卦·象传》提示君子居安思危，预防不测：“君子以思患而豫防之。”③君子做事与国家的发展，均需要韬光养晦与居安思危的智慧。《坤卦·文言》指出，君子美德的最高境界是用于成就事业，说明了德业相辅之功能：“君子‘黄’中通理，正位居体，美在其中而畅于四支，发于事业，美之至也！”④

五、《春秋》

《春秋》由孔子根据《鲁春秋》，并参阅“一百二十国春秋”编制而成，后人作《左传》《春秋公羊传》《春秋穀梁传》三传。孔子作《春秋》，是为了“正名”，为了匡正春秋之际君不君、父不父、子不子之礼崩乐坏的社会之乱，彰显大义，为君子修身、参政提供参考。《春秋》以君子立言，倡明社会道义，仅《春秋左传》一书中就有君子之语 80 多条（李梦生《左传译注（上）》，上海古籍出版社 2004 年版），处处体现了君子之道与君子之教。例如，对“孝”的论述，《左传·隐公》载：君子曰：“颍考叔，纯孝也，爱其母，施及庄公。《诗》曰：‘孝子不匮，永锡尔类’，其是之谓乎！”⑤再如，对国之间的信誉的论述，《左传·隐公》载：“君子曰：‘信不由中，质无益也。’”⑥还有关于传位之道的论

---

① 周振甫. 周易译注. 北京：中华书局，2013：1.
② 周振甫. 周易译注. 北京：中华书局，2013：278.
③ 周振甫. 周易译注. 北京：中华书局，2013：236.
④ 周振甫. 周易译注. 北京：中华书局，2013：18.
⑤ 李梦生. 左传译注（上）. 上海：上海古籍出版社，2004：4.
⑥ 李梦生. 左传译注（上）. 上海：上海古籍出版社，2004：12.

述，《左传·隐公》载：“君子曰：‘宋宣公可谓知人矣。立穆公，其子飨之，命以义夫。’”[①]自孔子始，《春秋》就成为君子教育的重要内容。《春秋繁露》引子夏言：“有国家者，不可不学《春秋》。不学《春秋》，则无以见前后旁侧之危，则不知国之大柄，君之重任也。”[②]程颐说：“春秋是是非非，因人之行事，不过当年数人而已，穷理之要也。学者不必他求，学春秋可以尽道矣。”[③]

第二节 《诗经》中的君子教育思想[④]

《诗经》描写了西周初年至春秋中叶社会生活的方方面面，涵盖当时社会生产、风俗习惯、婚姻战争等多方面内容。《诗经》作为儒家经典“五经”之一，对后世有极其深远的意义，它在反映社会风貌的同时，对行为不符合社会规范的人起到了劝谏的作用，对行为端正的人予以赞美，引世人模仿学习。

一、《诗经·国风》中的君子教育思想

《诗经·国风》中包含众多教育思想，最主要的是关于君子的教育思想。《诗经》对古代教育有重要作用，很长时间内都是朝廷钦定的科举考试内容，所以研究它的教育意义十分有必要。首先，本小节从《诗经》在历朝历代的教育意义入手，研究《诗经》对教育的重要性，发现它不仅能够教育人拥有美好的品德，在诗歌等文学作品的写作上，还能够教育后世文人，让文人写出优秀的作品。其次，本小节分析了君子需要具备的品质，儒家思想中不乏君子的形象，君子品德高尚，但任何人都绝不会只具备一种品质，君子更是如此。君子严格要求自己，对别人宽容以待，也十分注重自己的一言一行，同时君子对国家忠诚不二，即使

---

① 李梦生. 左传译注（上）. 上海：上海古籍出版社，2004：13.

② （汉）董仲舒. 春秋繁露. 张世亮，钟肇鹏，周桂钿，译注. 北京：中华书局，2012：183.

③ （宋）程颢，（宋）程颐. 二程集. 王孝鱼，点校. 北京：中华书局，1981：1200.

④ 本节由安阳师范学院教育学院教师魏臣宇、山东华宇工学院教育学院教师周悦和银川科技学院教师曹梦琪共同撰写。

在危险关头也绝不会投敌卖国，陷国家于不义。最后，本小节对《诗经·国风》中的君子教育思想进行研究。古代君子的品质在《诗经·国风》中虽有体现，但并不全面。周代，周天子命人设立国子学以教授贵族子弟，他们要学习的课程又称“君子六艺”，这些都是传统儒家思想中的君子不具备的。

《诗经·国风》包括当时郑国、齐国、魏国等十五个不同地方的诗歌，又称“十五国风”。这些诗歌用各地的乐调唱出来，在民间广泛流传，以讽刺统治者的暴政，反对战争和徭役，展现人们美好的亲情与爱情，教化百姓。在《诗经·国风》中，“君子”一词出现次数较多，意义虽不尽相同，但归根结底，其目的都是教育人。要清晰地了解其中的君子教育思想，对《诗经》的教育意义、“君子”的内涵等相关内容进行研究是十分必要的。

君子的道德高尚，内涵丰富，《诗经·国风》中也不乏君子这一形象。其中的君子形象既是对良好品行的歌颂，也是在教育世人进行学习。

在儒家思想地位较高的古代，谈及教育，一定少不了培养君子。在《诗经·国风》中，含有“君子”一词的有20篇，共出现52次（程俊英《诗经译注》，上海古籍出版社2004年版）。“君子”一词在《诗经·国风》中主要有四种含义：一是指品德高尚、才华出众的人；二是指当时部分残暴的统治者；三是指贵族男子；四是指女子的丈夫或恋人。用君子形象对人们进行教育，主要涉及四个方面：一是秉政劳民；二是温润得体；三是才华出众；四是勤劳忠贞。无论“君子”一词的意义如何，其中都包含着对相关人物的讽刺、劝谏、歌颂、赞美等情感，同时也在鞭策着世人。

（一）君子秉政劳民

“秉政劳民”一词出自清代章炳麟的《秦政记》“天子以秉政劳民贵”[①]，指帝王统治时的亲民行为。《诗经·国风》中既有对君主的规劝讽刺，也有对他们的赞美歌颂。对于君主来说，勤政爱民必不可少，对于贵族、大臣来说，既要为民谋福，也要稳定边疆。

---

① 李世忠注译. 秦汉新城历代文献注译. 西安：陕西人民出版社，2015：536.

1. 对统治者的讽刺

《诗经·邶风·雄雉》一诗描写了一位妇女对自己丈夫的思念。其中有语"百尔君子，不知德行"①。程俊英将其解释为"天下的'君子'一个样，不知道德和修养"②。郑玄、孔颖达等认为，《雄雉》是在讽刺当朝的统治者："《雄雉》，刺卫宣公也。淫乱不恤国事，军旅数起，大夫久役，男女怨旷，国人患之而作是诗。"③卫宣公统治时期，没有将治理国家与人民放在首位，而是沉迷于享乐，导致政治腐败，民不聊生，多逃往他国。《诗经·邶风·雄雉》一诗就是在批判卫宣公纸醉金迷的生活。卫宣公作为一国之君，丝毫没有君子的气魄，他与自己的后母生下一子，该子名伋，伋即将迎娶齐女时，卫宣公听说了齐女的美貌便将她据为己有，《诗经·邶风·新台》就是在此背景下创作的。作者用"燕婉之求，籧篨不殄"④一句讲述了齐女的婚事，也用"籧篨"二字贬低了卫宣公。

《诗经·鄘风·君子偕老》一诗用丽辞写丑行，从表面上看，它是在描写卫宣公妻子宣姜的美丽动人、风姿绰约，但实际上字里行间都透露着对宣姜的批判。她与她的丈夫一样，享受着奢侈的生活，拥有华丽的服饰。诗中"副笄六珈""玉之瑱也""象之揥也""蒙彼绉絺"⑤等描写无一不让人感叹其衣着的雍容华贵、饰品的精美绝伦。"展如之人兮，邦之媛也？"⑥宣姜如此盛装打扮，难道就是美女吗？在衣食无忧的条件下，作为国母，她没有勤俭节约，没有得体的行为，对天下人民来说没有起到表率作用；作为妻子，她没有劝说卫宣公做一位明君，没有为人民的生活劳心伤神，反而与卫宣公一样穷奢极欲，使百姓流离失所以至于被迫逃亡。

《诗经》中对国君的谴责也是在告诫后世统治者，要避免历代产生的暴政，以仁德治国，以勤政安民，以自己的君子品行教化天下。

---

① 程俊英. 诗经译注. 上海：上海古籍出版社，2004：49.
② 程俊英. 诗经译注. 上海：上海古籍出版社，2004：49.
③ （汉）毛亨传. 四库家藏·毛诗正义 1. 济南：山东画报出版社，2004：152.
④ 程俊英. 诗经译注. 上海：上海古籍出版社，2004：65.
⑤ 程俊英. 诗经译注. 上海：上海古籍出版社，2004：70.
⑥ 程俊英. 诗经译注. 上海：上海古籍出版社，2004：70.

2. 对统治者的歌颂

《诗经·鄘风·干旄》讲述了卫文公为复兴卫国而招贤纳士之事。卫文公在位时为民夙兴夜寐，为百姓减轻税负，重视文化教育，多选取有治国之才者为官，以获取卫国民心。《诗经·鄘风·干旄》中受命招募贤才的大夫树起高高的旗帜，带着珍贵礼物，带着好马前往浚地，只为让忠诚顺从有才华的人为国入仕。从诗中的“孑孑干旄，在浚之郊。素丝纰之，良马四之。彼姝者子，何以畀之？”[①]，就足以看出卫文公征用贤才的一片诚心，即使是在出行不便的春秋战国时期，也花时间与心血远赴乡邑。

卫文公曾三次迁都，在迁都楚丘时得到齐桓公的大力支持。《左传·闵公·闵公二年》载：“齐侯使公子无亏帅车三百乘，甲士三千人以戍曹。”[②]在得到帮助后，卫国人民很快重建了家园，摆脱了亡国的伤痛与耻辱，卫国上下无以为报，但一直将齐桓公的善举铭记心间。《诗序》载：“木瓜，美齐桓公也。卫国有狄人之败，出处于漕，齐桓公救而封之，遗之车马器服焉。卫人思之，欲厚报之，而作是诗也。”[③]当时的卫国上有卫文公求贤若渴，注重教化，下有百姓心怀善念，知恩图报，卫文公的治理可见一斑。《诗经·鄘风·定之方中》中记载了卫国重建的繁忙景象。人们为了新建房屋挥汗如雨，为了田间的作物不辞辛劳，连卦象也预示着吉祥。“匪直也人，秉心塞渊，騋牝三千。”[④]这一句赞美了卫文公为国家操劳，终见成果。齐桓公在帮助卫文公时，赠他三百辆兵车，同时在卫文公的悉心培养下，卫国实力逐渐强大，军事力量增强，拥有了众多良马，兵车数量翻倍，农业、手工业等也得到不断发展。卫文公作为拥有国家最高权力的君子，作为一国统治者，利用贤臣很快恢复了卫国的发展，利用文教让百姓心怀家园、感激恩人，他对人民的统治与教育可以说是非常成功的。

3. 文臣武将对国忠诚

无论是臣子还是普通百姓，对国家忠诚尤为重要。安禄山、秦桧等身为臣子

---

① 程俊英. 诗经译注. 上海：上海古籍出版社，2004：79.

② 童书业. 春秋左传研究. 上海：上海人民出版社，2019：273.

③ 方铭译注. 诗经精选. 北京：华龄出版社，2023：183.

④ 程俊英. 诗经译注. 上海：上海古籍出版社，2004：75.

也曾位高权重，享尽皇帝的优待，却通敌叛国，给国家带来无尽灾难，被世人唾弃。《诗经·国风》中教育人们忠诚于国家的诗作也非常常见。

《诗经·秦风·小戎》描写了一位女子对自己在外征战的丈夫的思念。东周初年，西戎频繁侵扰，周天子命秦襄公带兵讨伐，以解除危机。诗中这位女子的丈夫温文尔雅，为国远征西戎。她一边担心丈夫在沙场的安全，一边盼望丈夫能建功立业，早日归来，全诗字里行间都流露着她对丈夫的赞美与仰慕之情。“言念君子，温其在邑”①一句中，妻子将丈夫称为君子，足以看出她对丈夫的称赞。自战乱频发的春秋战国起，中国人产生尚武精神。《梁启超评历史人物合集 先秦卷：孔子传 老子传 管子传》记载：“其始皆源于他族杂处，日相压迫，相侵略，非刻刻振厉，无以图存，自不得不取军国主义，以尚武为精神。”②在此精神与商鞅变法的影响下，秦国全民皆兵，军事力量雄厚，百姓从军虽大多为被迫，但都受过严格的训练，忠于国家，为秦朝的统一而战斗。在儒家思想中，君子的品德之一“忠”，是君子立身之本，也是国家立国之本。只有国民有忠心，国家的团结、统一才能够得到保障。

《诗经·鄘风·载弛》中的许穆夫人在听到卫国被灭、卫侯去世的消息时，决定亲自前去悼念并向大国求助，她的决定和行动却被许国大夫阻拦。在气愤与忧虑中，她劝说许国大夫与高官：“大夫君子，无我有尤。百而所思，不如我所之。”③她愿亲自前往以摆脱困境。在古代中国，人们普遍认可的观念是男子调兵遣将，带兵打仗，维护国家安定和谐，女子做好辅助工作，为男子缝衣纳鞋。许穆夫人身为女性，巾帼不让须眉，于战乱之中亲自寻求解决之法，她的胆识与对国家的忠心是多少男子不能匹敌的。《诗经·邶风·泉水》《诗经·卫风·竹竿》两篇都出自许穆夫人之笔，表达了她对国家的担忧、思念，感情真挚，令人动容。她的作品都饱含对国家的强烈情感，也是我国有史记载的第一位爱国女诗人。

西周初年至春秋中叶，统治者暴虐成性，剥削压迫百姓的不在少数，国与国

① 程俊英. 诗经译注. 上海：上海古籍出版社，2004：190.

② 梁启超. 梁启超评历史人物合集 先秦卷：孔子传 老子传 管子传. 武汉：华中科技大学出版社，2018：20.

③ 程俊英. 诗经译注. 上海：上海古籍出版社，2004：82.

之间的战争不断，百姓生活在水深火热之中，社会矛盾尖锐。这时，国家稳定成为一种奢望。生活在社会底层的人民无法改变社会现实，只能将自己的情感寄托于文学作品，用诗歌谴责统治者的无能，用诗歌为难得出现的明君歌功颂德，用诗歌抒发自己对国家的深厚感情。同时，《诗经》在流传时，成了教育世人学习其中优良品德的范本，教育君主与贵族成为秦政劳民的明君与贤臣，教育百姓无论在何时何地都要对国忠诚、为国出力，为国家的统一做出贡献。

（二）君子温润得体

君子的品质温润如玉，言谈得体，举止大方。外貌会给人第一印象，所以君子首先得有体面的外表，即使不是相貌堂堂，也须保持衣物干净，让自己仪表得体庄重，符合礼仪规范。

1. 君子衣着得体

君子作为道德的表率，也应该注重自己的外表，使自己保持良好的形象。在儒家思想中，君子衣物整齐是基本要求，穿衣不仅要符合自己的社会地位，也要符合场合的要求。周代帝王为稳固自己至高无上的统治地位开始实行“礼乐制度”，这时已经有了严格的等级制度，为区分天子、贵族、官僚、平民地位的尊卑，所有人的衣着及饰品都必须遵守规定，不得僭越，否则即会招致大祸。《诗经・秦风・终南》中的贵族在受天子分封至于封地时，“君子至止，黻衣绣裳”。身穿带有黑色、青色花纹的上衣，彩色下衣。《诗经・曹风・候人》中写道：“彼其之子，三百赤芾。”诗中所说三百人为周代曹国大夫，他们身着红色的蔽膝，在当时只有大夫以上官员才可以穿着红皮蔽膝。《诗经・豳风・七月》中反映了西周时期普通劳动人民衣食住等多方面的情况，其中“八月载绩。载玄载黄，”描写了人们忙着制麻为自己做衣服的场面。关于穿衣，根据场合的不同，也要选择合适的服装以符合礼仪规范。《诗经・郑风・缁衣》“缁衣之宜兮，敝，予又改为兮”中的“缁衣”，乃卿大夫到官府时的着装。然而，《诗经・郑风・丰》中一位希望未婚夫来迎娶自己的女子也没有穿专为婚礼而定的服装，她“衣锦褧衣，裳锦褧裳。”内穿锦缎，外穿罩衫盼望未婚夫前来迎娶。从《诗经・国风》可以了解到古代关于穿衣的严格规范，穿衣是否得体直接反映了一个人的涵养如何，君子一言一行皆为人之标杆，在注重自己内心修养的同时，对自己的外表也得做一番经营。

君子的衣着，首先必须合乎礼制，与自己的身份和社会地位相匹配；其次必须干净整洁，使自己保持好的形象。《诗经·曹风·蜉蝣》中用“蜉蝣之羽，衣裳楚楚”①来夸赞蜉蝣漂亮的翅膀，“衣冠楚楚”一词自此被后世用来形容人的衣着干净、整洁。在中国人的传统观念中，衣冠楚楚、待人谦逊有礼的男性便是君子。天子面对外邦、邻国时，衣着干净、体面，是国家精神面貌与实力的体现，会让双方相交愉快，保持睦邻友好的关系；面对臣民时外表庄严，是对他们的一种身教，让他们注重自身仪态。大臣衣着整齐，在处理政务时，会与周围同僚保持良好的关系，不仅会使办事效率提高，长此以往，还有利于国家的统治与发展。《论语·尧曰》载：“君子正其衣冠，尊其瞻视。”②也就是说，君子一定要整理自己的仪容，先使自己衣冠端正，目不斜视，表现出庄严的仪态，从外表上体现对他人的尊重和恭敬。君子既然要尊重人，就必须一视同仁，对任何人都要谦逊有礼，不因对方的身份地位而失之偏颇。同时，君子做事时，也要怀有恭敬之心，认真对待每一件事，不因忽略细枝末节而酿成大错。

2. 君子温润如玉

“温润如玉”出自《诗经·秦风·小戎》，即“言念君子，温其如玉”③。用温润柔和的美玉比喻温柔亲切的君子。这篇完美地刻画了君子的形象，赞美了女子的丈夫。这位君子身着戎装，为国征战沙场，他为人温和，就像玉一般。玉因其温和的特性被称为美石中的谦谦君子，君子应该有包容的胸怀、泰然自若的气度，遇事从容不迫，平心静气。玉起初为王室所有，异常珍贵，所以成为地位与权力的象征，成为贵族身份尊卑的显示。现代出土的商周玉器鞢、玉龙形玦、玉捧胸立人等都归王室所有，直至宋代，玉才得以进入寻常百姓家。在历朝历代的

---

① 程俊英. 诗经译注. 上海：上海古籍出版社，2004：221.

② 金良年. 论语译注. 上海：上海古籍出版社，2004：241.

③ 程俊英. 诗经译注. 上海：上海古籍出版社，2004：190.

影响下，我国男性自古便佩戴玉，既象征身份和地位，也时刻告诫自己要有如玉一般的性情，希望自己像君子一样或自己就是一位君子。《礼记·玉藻》载："君子无故玉不去身。君子于玉，比德焉。"①至于玉的品德，《说文解字》载："石之美。有五德：润泽以温，仁之方也；䚡理自外，可以知中，义之方也；其声舒扬，专以远闻，智之方也；不桡而折，勇之方也；锐廉而不忮，洁之方也。"②故玉有五德，即"仁、义、智、勇、洁"，与传统儒家思想中为人的"五常"准则十分相似。《诗经·秦风·小戎》中，这位丈夫是"厌厌良人"，为人安静和善，他有"秩秩德音"，处事懂得进退，深知礼节，美名在外。他为国战斗，仁义忠勇，为人处世得体周全。对君子而言，玉如此重要，地位如此之高，诗中将丈夫比作君子，可见其品行难能可贵。

《诗经·卫风·淇奥》赞美了一位庄重威严，能为贤臣、能为明君的君子卫武公。他颇具统治者的气度，此诗将他的高尚品德与庄严仪表表现得淋漓尽致。"充耳琇莹，会弁如星。瑟兮僩兮，赫兮咺兮。"③这位君子将玉石佩戴于耳边，将宝石镶嵌于冠帽之上，仪态威严，气宇轩昂。在战乱不断的西周时期，百姓生活艰辛，食不果腹，迫切希望有人带领他们迎来安定和平的生活。掌握国家权力者正是最佳人选，所以人们把美好的希望寄托在贤明的统治者、忠臣良将身上。卫武公耳边之玉彰显着他作为君主的不凡气度，宏大的气魄映衬着他治国时的内政修明，正是明君之态。他治国有方，自然少不了百姓的赞赏。《诗经正义·卷三·三之二》称赞他"有文章，又能听其规谏，以礼自防，故能入相于周，美而作是诗也"④。他德行高尚，"如圭如璧"，宽厚温润，善于纳谏，令人感叹他的"宽兮绰兮"。卫武公一生励精图治，广泛纳谏，使卫国海晏河清，天下一家，百姓皆爱戴、赞美他。"温润如玉"不止形容君子本身的品质，也突出了君子因其温润容色或言语给身边众人带来的舒服感觉。《诗经·卫风·淇奥》中用"善戏谑兮，不为虐兮"⑤，称赞卫武公说话幽默风趣，善于与周围的人开玩笑，不会

---

① 杨天宇. 礼记译注（上）. 上海：上海古籍出版社，2004：379.

② 梁光华.《说文解字》通识讲义. 上海：上海古籍出版社，2021：204.

③ 程俊英. 诗经译注. 上海：上海古籍出版社，2004：85.

④ 祝秀权. 诗经正义（下册）. 上海：上海三联书店，2020：857.

⑤ 程俊英. 诗经译注. 上海：上海古籍出版社，2004：85.

将人置于尴尬的境地。这种品质非常珍贵，身为人臣，处理棘手的政务，替君主与各诸侯国、邻国交涉，保持友好的关系，难上加难。身为一国之君，更要平衡各方意见，考虑周全，做出公正的决断。卫武公无论为臣还是为君，都是言谈大方，谈吐不凡，休休有容，令人尊敬。

儒家思想中的君子饱读诗书，见识广博，从书本中积累知识、增长见识，在书本中提升自己的精神境界，在圣贤书的熏陶下养成“腹有诗书气自华”的君子气质。其中的着装、修养之道，在无形中敦促着君子整理自己的仪容，约束着君子的一言一行。饱读诗书、满腹经纶，也给君子带来儒雅之气与豁达的心境，使他遇事沉着冷静，以和谐的方式解决问题，与人相交谦逊有礼，受挫时积极乐观。《诗经》中对服饰、言行的描写，不只是对数千年前社会现象的真实写照，也不只是对君子的赞美，更是在作为儒家经典教育后世君子以小见大，传承他们的优良品质。

（三）君子才华出众

君子在各个方面都会优于常人，这是君子不断学习、严以律己、悉心钻研的成果。提到君子的才华，最容易让人想到的是对诗书的学习与写作。但在古代，君子要掌握的技能比人们想象的更多，周礼、乐舞、数术、射箭、驾车等都在学习范围之内。在知礼节重仪表、忠君爱国的同时，懂文化、懂骑射的人，才能称得上是真正的君子。

周代，为巩固中央集权开始实行分封制，选用贵族前往被征服的地区进行管理。为了更好地教育、培养贵族子弟，周王朝在中央设立官学，教授德、行、艺、仪四个方面的内容，将“礼、乐、射、御、书、数”定为学习的重点内容。“六艺”作为古代君子的必修课，被用来培养道德高尚、对国家与人民有益的人。

1. 君子“礼”之才

“礼”不仅仅是重礼仪，知礼数，还要求懂仪典之礼等。郑玄注《周礼注疏・卷十七・春官宗伯第三》：“礼谓曲礼五，凶、吉、宾、军、嘉。”[①]这里说的

---

① （汉）郑玄注. 四库家藏 周礼注疏（二）. 济南：山东画报出版社，2004：461.

是丧葬、祭祀、朝见与诸侯相交、军事及宴请宾客等五种礼。祭祀以祈福；丧葬之礼用以吊慰；诸侯相互拜访、天子接受朝觐，是对邦交的维护；军队的操练，是为了增强国家军事力量；宾客的邀请与招待，是联络感情、保持良好人际关系的一种方式。五种礼仪中的每一种都有严格的要求和烦琐的程序，君子懂得这些细致入微的礼仪，才能得以立足。

在原始社会与封建社会，人们对自然现象的认识还不够全面，常将地震、洪水等自然现象归结于上天的惩罚，对这种特别的力量也产生了恐惧与敬畏。山川无论在何时都有重要作用，在古代更是为人们提供了生活所需的多种物质，但又时常有自然灾害的发生，让人们对山川又崇拜又畏惧，山川崇拜便由此产生。为了让山川百物、天神、地祇保佑世间万物，继续为人们降福，人们便开始祈福、祭祀以求与之和睦相处。为了感谢先祖为家族繁荣做出的贡献，人们也要祭祖表达感谢。

《诗经·召南·采蘋》中对祭祖仪式的描写如下：

于以采蘋？南涧之滨。
于以采藻？于彼行潦。
于以盛之？维筐及筥。
于以湘之？维锜及釜。
于以奠之？宗室牖下。
谁其尸之？有齐季女。①

古代贵族女子在出嫁前须进行祭祖并学习婚后礼仪。此诗从祭品、祭祀地点、所用器物、祭品摆放等多方面讲述了一位贵族女子在婚前祭祖的过程。侍女们为她在南山的溪水旁采集蘋菜作为祭品，在积水中采集水藻，将它们装在方筐和圆筥中，用三角锅与无脚锅煮熟，放在祠堂的窗户下进行祭祀。虽然此诗全篇并未涉及君子，但其中祭祖仪式既是古代礼之典范，也在君子必学的“五礼”之中，对君子教育自己即将出嫁的女儿有深刻意义。

2. 君子“乐”之才

“乐”即音乐舞蹈，在周公“制礼作乐”的影响下，音乐成为典礼、仪式上

---

① 程俊英. 诗经译注. 上海：上海古籍出版社，2004：22.

不可或缺的一部分。君子学习乐要学习《云门大卷》《大咸》《大韶》《大夏》《大濩》《大武》等“六乐舞”，用以祭祀天地、日月、山川、先祖。“六乐舞”，顾名思义，就是在音乐的基础上配舞，以便帮助君主达到礼治。除此之外，君子还要学习乐器以陶冶情操。《诗经·秦风·车邻》中，君子相见便弹琴作乐，与好友享受欢乐时光，如“既见君子，并坐鼓瑟”，“既见君子，并坐鼓簧”。①这两位君子一起弹奏瑟与大笙，在宝贵的时光中及时行乐，不负韶华。

《诗经·郑风·女曰鸡鸣》中描写了一对夫妻感情真挚，家庭生活和睦。“琴瑟在御，莫不静好。”②诗中，二人自起床后一人外出打猎，一人烹饪美味佳肴，之后，一人弹琴，一人鼓瑟，夫妻同心，家庭美满幸福。《诗经·周南·关雎》中的君子为追求一位窈窕淑女而“琴瑟友之”“钟鼓乐之”，他弹琴击鼓展示自己的才华，以吸引、取悦心仪的女子。“琴瑟和鸣”也被后世用来形容夫妻二人情真意切、关系和谐。上述诗歌都直接描写了君子对乐器的运用，《诗经》本身也被古人配乐歌唱，以起到抒情或教育的作用，由此可见“乐”在周代的重要性。

周代贵族子弟在国子学学习“六艺”时，有大司乐专门教授他们乐舞。《周礼·春官宗伯·大司乐》载：“大司乐掌成均之法，以治建国之学政，而合国之子弟焉。”③大司乐负责“以乐舞教国子，舞《云门》、《大卷》、《大咸》、《大磬》、《大夏》、《大濩》、《大武》”④。周代统治者注重发挥乐舞祭祀的作用，也重视对人的教化，使万民和睦，邦国安宁。在六乐舞的影响下，周代舞蹈还出现了以文舞与武舞两种舞组成的万舞。朱熹的《诗集传》载：“万者，舞之总名。武用于戚，文用羽籥也。”⑤

以下是《诗经·邶风·简兮》对万舞表演时舞师精彩表现的描写。

简兮简兮，方将万舞。

日之方中，在前上处。

硕人俣俣，公庭万舞。

---

① 程俊英. 诗经译注. 上海：上海古籍出版社，2004：187.

② 程俊英. 诗经译注. 上海：上海古籍出版社，2004：127.

③ 崔高维校点. 周礼·仪礼. 沈阳：辽宁教育出版社，1997：40.

④ 崔高维校点. 周礼·仪礼. 沈阳：辽宁教育出版社，1997：40.

⑤ （宋）朱熹，等. 诗集传·楚辞章句. 长沙：岳麓书社，1989：28.

有力如虎，执辔如组。

左手执籥，右手秉翟。

赫如渥赭，公言锡爵。

山有榛，隰有苓。

云谁之思？西方美人。

彼美人兮，西方之人兮！①

诗中，这位舞师站在前排领舞。他高大魁梧，左手拿着籥吹奏，右手拿野鸡翎指挥，他的表演让公侯大喜，连连为他赐酒。他的英姿也打动了一位女子，让这位女子倾诉她对舞师的欣赏与爱慕之情。诗中所用的“硕人”和“美人”二词，都是当时赞美人的外貌时的用词。“舞”也称得上是受人赞美，吸引他人关注的一种才华。不仅统治者会通过乐舞来歌功颂德，民间百姓也会通过舞蹈来愉悦自己的心情。《陈风·宛丘》《陈风·东门之枌》两首诗都描写了民间男女之情与歌舞聚会之事。

在礼乐制度下，乐舞维护宗法制与等级制度、歌颂帝王美德、教化人民的作用十分明显。作为“六艺”之一，君子也必须学习乐舞来修身养性，提高自身的涵养。《诗经》中关于音乐及舞蹈的诗歌，反映了当时社会对其的重视程度，也是对古代君子教育的真实写照。音乐不只是在周代受到重视，宋代的朱熹也强调了乐的重要，他在《诗集传》中说道：“君子无故，琴瑟不离于侧。”②

3. 君子“射”之才

“射”即射箭，在战场上可以杀敌于百步之外，保卫国土不受侵犯，它体现了一个国家的军事实力。作为“六艺”之一，贵族学习射箭，可以直接为国效力，对狩猎也有益处。

《诗经·齐风·猗嗟》就赞美了鲁庄公射箭技能的绝妙，诗中夸赞他“巧趋跄兮，射则臧兮”③。他在射箭时，舞技巧妙，射箭技艺熟练，“舞则选兮，射则

---

① 程俊英. 诗经译注. 上海：上海古籍出版社，2004：57.

② 王先谦撰. 诗三家义集疏（上）. 长沙：湖南大学出版社，2022：441.

③ 程俊英. 诗经译注. 上海：上海古籍出版社，2004：154.

贯兮”[①]。跳舞节奏感强烈，箭无虚发。由此可见，古代射箭时，还须跳舞。鲁庄公跳舞时，舞姿优美，射箭时也是英姿飒爽，作为贵族男子，精通君子“六艺”中的乐舞与射箭。

《郑风·叔于田》载：“叔于田，巷无居人。岂无居人？不如叔也，洵美且仁。叔于狩，巷无饮酒。岂无饮酒？不如叔也，洵美且好。”[②]《毛诗正义·卷四·四之二》认为此诗“刺庄公也。叔处于京，缮甲治兵，以出于田，国人说而归之”[③]。它赞美了郑庄公的弟弟共叔段的才华和容貌。共叔段外出打猎时，巷内便空无一人，并非没有人，而是没有人像他一样英俊而谦逊；巷内也没有人喝酒，却是因为没有人可以比得过共叔段美好的样貌。诗中的共叔段不但能射箭、骑马，相貌优于他人，还能修治铠甲，为军事行动做准备。《诗经·郑风·大叔于田》对共叔段打猎的场面做了更加细致的刻画，他“执辔如组，两骖如舞”“袒裼暴虎，献于公所”。从他手中整齐的缰绳，马匹整齐如舞，赤手空拳斗老虎，献于主公面前，就可以看到他打猎的技艺与武艺有多么高超，百姓作诗赞美也不足为奇。身为贵族君子，他精湛的武艺对保卫国家安定大有益处。贵族的打猎活动也流传了下来，《左传》《金史》《于木兰作》等文学作品都不乏对打猎之事的记载。

4. 君子“御”之才

“御”指驾驶战车与马车的技术。《诗经·秦风·小戎》中的女子将她为国作战的丈夫称为“君子”，从诗中“四牡孔阜，六辔在手。骐骝是中，騧骊是骖。龙盾之合，鋈以觼軜”[④]，可以看出他在战场上驾着战车，抗击敌军，他的马十分壮硕，青马和红马在中间，黄马和黑马在两边，画着龙的盾牌开开合合，白色铜环套着缰绳。古代作战之时，弓箭和战车是必不可少的武器，周代国子学将“御”列为贵族课程之一，意在未雨绸缪，为战争做准备，周昭王、周穆王等帝王、贵族都曾为国亲自出征。

---

① 程俊英. 诗经译注. 上海：上海古籍出版社，2004：155.

② 程俊英. 诗经译注. 上海：上海古籍出版社，2004：119-120.

③ 王静芝. 诗经通释·风. 桂林：广西师范大学出版社，2022：302.

④ 程俊英. 诗经译注. 上海：上海古籍出版社，2004：190.

5. 君子“书”之才

前文提到了治国有方、威武庄严的明君卫武公，他便是一位文采出众的君子，《诗经・卫风・淇奥》中称他“有匪君子，如切如磋，如琢如磨”①。其中“有匪”二字即形容才华②，卫武公的文采就像象牙经过切磋，像美玉经过打磨。象牙的美丽珍贵不言而喻，再经过加工更是精美绝伦，玉石高洁美好，打磨后更加光彩夺目，这两件器物被用来形容人的文采，可见其文学造诣极高，作品绝妙。

6. 君子“数”之才

“数”即数术、理数、气数、阴阳五行的运行规律等。古代数学研究的不仅是算术，还有对商业问题的判断，对天文现象的预测，对自然现象变化的研究。阴阳五行以金、木、水、火、土五种物质作为构成宇宙万物和自然现象的基础。《诗经・豳风・七月》中的“七月流火，九月授衣”③就与“数”有着非常密切的关系。“七月”指夏历七月，“流”意为落下，“火”为星名，即大火星、心宿二，从表面上看，这句在形容天气炎热，但实际上大火星每年夏历五月时会出现在南方，此时天气最热，夏历七月大火星会在西方逐渐下坠，天气会渐渐转凉，该准备秋天所需的衣物了。《说文解字》载：“火，毁也。南方之行，炎而上。象形。”④“火”意为物体燃烧所发的光与热，又是五行五种物质之一，与它有关的物质相生相克的活动也会对天文、自然产生影响。

我国二十四节气与人们的生产生活有着紧密的联系，它的产生也与阴阳五行有关。君子为王，学习“数”可以了解国家收支情况；君子为民，学习“数”可以了解气候变化，把握作物生长的规律，不误农时。

从“君子六艺”中就可以得知先秦时期的君子绝对不是人们观念中的文弱书生，而是可以作诗、弹琴、征战沙场的文武全才，他们才华出众，受人敬仰，致力于教授贵族子弟，并为国家培养有用之才。

---

① 程俊英. 诗经译注. 上海：上海古籍出版社，2004：84.

② 程俊英. 诗经译注. 上海：上海古籍出版社，2004：85.

③ 程俊英. 诗经译注. 上海：上海古籍出版社，2004：228.

④ 魏鹏飞.《说文解字》火部诸字研究. 郑州：黄河水利出版社，2022：34.

（四）君子勤劳忠贞

勤劳是中华民族的传统美德，君子要勤劳，同时要为人忠贞，对自己的伴侣忠贞不贰。

1. 君子为人勤劳

《毛诗正义·卷一·一之四》对《诗经·召南·殷其靁》一诗的解释如下：“《殷其靁》，劝以义也。召南之大夫远行从政，不遑宁处，其室家能闵其勤劳，劝以义也。”①它描写了一位女子对自己为公事而奔走的丈夫的称赞和思念。诗中的君子是一位大夫，外出为公事忙碌，即使天气恶劣也丝毫不敢怠慢。其中，“殷其靁，在南山之阳。何斯违斯？莫敢或遑。振振君子，归哉归哉”②一句，说明了即使山的南边雷声隆隆，他依然勤奋为公，不敢有一刻休息，让他的妻子既感叹他为公事操劳的美好品德，又盼望他快点回家相聚。诗中“振振”二字形容勤奋，可见在当时勤劳已经被人们看作一种美德，身为君子更应该有勤劳的品质。作为君主、贵族，当勤政为民，以提高国家的经济、军事实力；作为普通百姓，也应该勤奋劳动，为家庭增加经济收入。

2. 君子对妻忠贞

君子为民为家辛苦经营的同时，对妻子也要忠贞不渝，对于娶妻，自古以来就有烦琐而严格的步骤，对夫妻双方也有极高的道德要求。

《诗经·召南·野有死麕》中就有对当时婚俗的反映：“野有死麕，白茅包之。有女怀春，吉士诱之。”③诗中男子打死小鹿，用白茅包裹起来，见到了一位让自己心动的女子，就将小鹿当作礼物赠送给她，他们的感情率真、质朴。崔骃的《婚礼文》载：“委禽奠雁，配以鹿皮。”④古代结亲时都以鹿作为聘礼，正如《诗经·召南·野有死麕》中的这对恋人一样。

君子娶妻除了赠礼，还需要通过媒人的牵线搭桥，就像伐木必须用斧头一

① 祝秀权. 诗经正义（下册）. 北京：生活·读书·新知三联书店，2020：755.

② 程俊英. 诗经译注. 上海：上海古籍出版社，2004：26-27.

③ 程俊英. 诗经译注. 上海：上海古籍出版社，2004：31.

④ 闻一多. 诗经讲义. 南昌：江西教育出版社，2018：19.

样。《诗经·豳风·伐柯》中的“伐柯如何？匪斧不克。取妻如何？匪媒不得”[①]，描写了当时的婚姻制度。婚姻是家庭形成的基础，是人口增长的来源，为国家发展提供劳动力，也是“礼”的一部分。古代缔结婚姻须遵循“纳采、问名、纳吉、纳征、请期”等，结婚又讲究“父母之命，媒妁之言”，每一个环节都有媒人的参与，在媒人的沟通下，双方父母同意婚事，才能最终达成婚约。君子“明媒正娶”的妻子是通过媒妁之言、纳聘所娶的，符合社会礼制，会受到人们的尊重，未经媒人牵线搭桥就在一起会招致非议。

双方结婚之后，还需要对对方忠贞，《诗经·郑风·出其东门》中就有这样一位男子，“出其闉阇，有女如荼。虽则如荼，匪我思且。缟衣茹藘，聊可与娱”[②]。他出了外城门，那里美女如云，但他却不为所动，在他的心中再多的美女也不如他的妻子。她身穿白衣与茜草染红的蔽膝，让这位男子爱慕不已。这位男子的妻子出身并不高贵，她没有像贵族女子一样穿金戴银，而是身穿朴素的白衣，但在丈夫心中却胜过众多貌美如花的女子。她的丈夫没有三妻四妾，没有见异思迁，他不弃糟糠之妻，对妻子忠贞不渝，这种美好的品德是内心坚定、耿直刚正的君子才具备的，家庭的和谐对社会的稳定和谐也有巨大的贡献，为国家提供人力资源，以满足农业、商业、战争的需要。

所谓“君子修身、齐家、治国、平天下”，只有小家安宁，君子才能有精力勤勤恳恳顾大家。《诗经》对君子婚姻情况的描写不只是停留于社会生活的展现，更多的是对君子为夫的指导。

从孔子将《诗经》列为儒家经典教授弟子开始，《诗经》在教育领域内就从未缺席，无论是为人、做官还是文学创作，都能从中找到范例，直至今天，它依然是文学界、教育界内的一颗璀璨的明珠。大胆活泼的叙述，生动形象的描写，朴实真挚的感情，无一不对现在的文学作品有深刻的影响。语文课本中也不乏《诗经》的身影，《秦风·蒹葭》《周南·关雎》《周南·桃夭》等诗朗朗上口，成为学生时常朗诵的篇目。

《诗经》中涉及君子的不在少数。君子首先是人，人都是多面的，人不是神

① 程俊英. 诗经译注. 上海：上海古籍出版社，2004：240.

② 程俊英. 诗经译注. 上海：上海古籍出版社，2004：138.

话中完美的神，世上没有人是完美无缺的，人在种种诱惑下出现贪欲、懒惰、邪恶的想法十分正常，但君子作为世人的楷模，必须严格要求自己，摒弃恶习，剔除杂念，使自己内心正直无私。在坚守自己内心的同时，君子又要求自己掌握君子应有的技能，以身报国，以求对国家有益。

《诗经·国风》对正直高尚的君子不乏赞美与歌颂，但也借君子的美好形象进行讽刺、规劝，告诫世人要向君子学习，做有道德的人。让天子在其位，谋其政，将为天下苍生谋福利作为最重要的事情，不能只贪图荣华富贵，忘记自己肩上的使命。告诫贵族子弟为臣需要忠于天子，忠于国家，为国为民做周全的考虑，多向君主进谏，以安社稷。他们学习的"六艺"每一项都是直接对国家的统治有利的，他们也理所应当地将自己所学用于治国安邦，无论身在都城还是在诸侯国，都要时刻谨记自己的使命，为国为民效力。百姓地位虽较低，没有诸侯、天子的权力，但国家的兴衰与百姓的福祉有直接的关系，国家兴盛，百姓自然生活安定，国家衰亡，百姓也会陷入无尽的苦难之中，所以百姓也必须忠于国家，在国家需要时挺身而出。

二、《雅》《颂》中的君子教育思想

先秦时期，人们就有意从自身出发，通过探究个体的心性进而实现人、道、自然三者的和谐统一，进而达到"外王"的境界。中国古代哲学家大力推崇"成人""成圣"之道，以此规范众人的品行，并全力推崇君子圣贤的理想人格。《诗经·小雅·湛露》载"显允君子，莫不令德""岂弟君子，莫不令仪"，理想人格论要求君子"令仪""令德"，通过不断完善自我来完善社会，进而树立典范，担当改造客观世界的社会责任。

《诗经》横贯两周，正处于君子思想萌芽和转型时期，与《国风》中君子具有的强烈道德内涵不同，《雅》《颂》中则更凸显了君子具有的很强的身份地位特质。笔者认为，《雅》《颂》中的"君子"共衍生出三个义项：万人景仰的最高统治者；地位超然的诸侯百官；品德高尚的人及主人或宾客。综合上述几种词义，我们可以初步判断，周代的君子大都是具有一定社会地位和经济实力的男性贵族。教育在商周时期一直被这些人垄断，是为“学在官府”。由于学术和教育完全为贵族把持，国家有文字记载的典章制度也全部掌握在官府手中，出现了“惟官有学，而民无学”的局面。周王朝推行礼乐制度，礼乐制既是典章制度的总汇，又是人们的日常行为准则。基于此，接触不到典章制度和礼乐器的庶民也就没有像贵族一样齐备的礼仪，同样也不符合对君子美好品德的要求。《孔子家语・卷七》载“所谓礼不下庶人者，以庶人遽其事而不能充礼，故不责之以备礼也”[①]，这正说明了庶人虽有礼仪，但不苛求庶人具备全礼，他们需要遵守的礼仪也就不能和贵族同日而语。贵族的礼仪训练具有长期性和专门性，周代对君子不仅有外在形象的要求，更注重内外兼修，相辅相成，使其在学习“六艺”的同时，不断向理想君子靠近。[②]随着礼乐制度的不断推行和完善，君子思想逐渐渗透到士民阶层中，最终演变成具有代表性的华夏民族精神品格。

君子的塑造并不是一蹴而就的。君子出身贵族世家，不仅肩负光耀门楣、振兴宗族的责任，还承担治理或辅佐天子治理国家的重任，因此合格的君子必须经过严格的礼仪、艺术、文化等教育。

（一）《雅》《颂》中的君子形象与君子观

《雅》是秦地的乐调，被称为中原正声，向来有“正声雅乐”之说。《颂》是宗庙祭祀的乐歌，大都为宣扬王室德威，粉饰太平之作。“二雅”在内容上有细微差别，朱熹在《诗集传》中说道：“正小雅，燕飨之乐也；正大雅，会朝之乐，受厘陈诫之辞也。”[③]“二雅”的诗篇有别于《国风》中富有礼俗性和人民性的乐歌，除《小雅》中的《出车》《何草不黄》《采薇》等少数民歌之外，大多为周王朝士大夫及以上阶层所作，具有明显的贵族特征，这种阶级特点在《颂》中也体现得淋漓尽致。《颂》共40篇，其中只有《鲁颂・有駜》中提到“君子有谷，诒孙子”[④]，这也是《颂》中对君子的唯一描写。

① 谦德书院注译. 孔子家语. 北京：团结出版社，2022：335.

② 刘岩. 礼乐文明影响下的周代君子人格. 青年文学家，2019（8）：97.

③ 钱小北注释. 诗经（译注本）. 南京：江苏凤凰文艺出版社，2022：222.

④ 程俊英. 诗经译注. 上海：上海古籍出版社，2004：548.

1.《雅》《颂》中“君子”词义的嬗变

在漫长的社会发展过程中，“君子”的含义从身份地位的代名词逐渐向德行方面转变。《说文解字》将“君”解释为：“尊也。从尹，发号，故从口。”①对“子”的解释为：“十一月，阳气动，万物滋，人以为称。”②由此可见，“君子”最初的含义可能是“尊贵封君的子孙”。孔德琛指出，《诗经》中君子最突出的特点是“贵族性”，这同样是君子性格形成的基石。③自古以来，“君子”和“小人”常作为一组对立概念出现。事实上，这对词在奴隶社会早期是一对不含道德色彩，只表示社会阶层的中性词。早期的“君子”与“小人”分别代表贵族和平民，二者的社会分工不同，因此社会地位也大相径庭。这种君子概念在《诗经》早期的诗文中也比较常见。比如，《诗经·大雅·云汉》载：“大夫君子，昭假无赢。”④《诗经·大雅·既醉》载：“君子万年，介尔景福。”⑤《诗经·小雅·采薇》载：“君子所依，小人所腓。”⑥《诗经·小雅·大东》载：“君子所履，小人所视。”⑦这里的君子都是贵族，但我们从诗中无从得知他们是否有德。

至于为什么“君子”会被赋予道德内涵，笔者认为周代人文精神的觉醒功不可没。商代历时五百余年，取得了较高的文化与艺术成就，同时商人也具有强烈的天命观，认为天命神圣不可挑战，并将犹豫不决之事交付给占卜解决。王晖认为，商代社会“民神不杂”，祭祀上帝和鬼神的权力高度集中在商王手中。⑧《诗经·商颂·玄鸟》载：“天命玄鸟，降而生商。”⑨在商人眼中，商王朝应天命而生，国君是天帝在下界的使者，向人们传达来自上天的旨意，受命于天，治理国家，既然是“受命咸宜”，殷商王朝就能国祚绵长，江山不会易主，王权不会更迭。《礼记·表记》记载“殷人尊神，率民以事神，先鬼而后礼”，但周人“尊礼

① （东汉）许慎. 说文解字精华. 秦向前，编译. 南京：江苏凤凰美术出版社，2018：28.
② （东汉）许慎. 说文解字精粹. 陈才俊，主编，刘銮娇，注译. 北京：海潮出版社，2014：59.
③ 孔德琛. 《诗经》中“君子”的贵族性及“贵族君子”的内涵. 时代文学（下半月），2010（12）：189.
④ 程俊英. 诗经译注. 上海：上海古籍出版社，2004：484.
⑤ 程俊英. 诗经译注. 上海：上海古籍出版社，2004：443.
⑥ 程俊英. 诗经译注. 上海：上海古籍出版社，2004：260.
⑦ 程俊英. 诗经译注. 上海：上海古籍出版社，2004：343.
⑧ 王晖. 殷商为神本时代说. 殷都学刊，2000（2）：12-17.
⑨ 程俊英. 诗经译注. 上海：上海古籍出版社，2004：564.

尚施，事鬼敬神而远之”。[①]周人的天命观虽紧承殷商一脉，但周人也同样把商王朝的灭亡视为经验和教训。《诗经·小雅·巧言》就是一首提醒统治者吸取历史教训和政治成败之道的劝谏讽喻之作。诗文中不仅回顾了先王在位时国家所有的“奕奕寝庙”和“秩秩大猷”，更讽刺了统治者“乱之初生，僭始既涵；乱之又生，君子信谗”[②]，这里王朝的乱象和商人信奉的上天惩罚不同，本质上是“君子信谗”。《毛诗序》如此评价：“《巧言》，刺幽王也，大夫伤于馋，故作是诗也。”[③]人们不再把朝堂乱象归咎于上天，自然也不会将王朝的欣欣向荣归功于上天恩赐。天子励精图治，勤勉有德，则四海升平，天子耽于享乐，听信谗言，则民怨沸腾，这时统治者自我意志的重要性就越发凸显出来。《诗经·周颂·小毖》中就体现了周文王在诛灭武庚后的自省：“予其惩而毖后患，莫予荓蜂，自求辛螫。”[④]在自我惩戒的同时，文王也渴求群臣中有真正的贤士辅佐自己，并非把希望寄托于上天“不拘一格降人才”。孔子在讲学时曾说《诗经》“可以兴，可以观，可以群，可以怨”。这里的“可以观”，除后世郑玄所言的“观风俗之盛衰”，更重要的是观他人所赋之诗，得他人所咏之志。先秦诗作强调赋诗言志，这时周人诗作中已经开始体现和表达人的自我价值，他们意识到想让上天保护王朝社稷，保护人民生活，只靠声势浩大的祭祀之礼是远远不够的。人们开始强调君臣相得，强调社会个体对“德”和“礼”的关注。这时，有德、知礼的君子开始出现。

《诗经》的时间跨度较大，《大雅》的小部分作品和《小雅》的大部分作品产生于周王朝东迁之后，而《国风》的大部分及《颂·鲁颂》《颂·商颂》等甚至要更晚一些，大致诞生于春秋时期。据高恒天和杨杰考证，《诗经》中的君子形象大致可以分为三类：贵族统治者、有德行的贵族统治者及有德行的人。[⑤]《诗经·小雅·南山有台》中出现了10次“乐只君子”，用来祝祷周王得贤人辅佐，《诗经·大雅·旱麓》中出现了5次“岂弟君子”，这里诗人刻画的君子形象就是

① 杨天宇. 礼记译注（下）. 上海：上海古籍出版社，2004：724.

② 程俊英. 诗经译注. 上海：上海古籍出版社，2004：331.

③ 魏彦红. 董仲舒研究文库 第十三辑. 成都：巴蜀书社，2022：103.

④ 程俊英. 诗经译注. 上海：上海古籍出版社，2004：536.

⑤ 高恒天，杨杰. 先秦儒家君子人格的理论建构及其现代价值. 船山学刊，2018（3）：5-14.

着力于培养人才的周文王。虽然这时君子还是指贵族统治者，但很明显已经在向有德行的贵族统治者转变。除此之外，《雅》《颂》中还刻画了许多君子形象。如《诗经·小雅·节南山》中的“勿罔君子”，《诗经·小雅·菁菁者莪》中的“既见君子”，等等，他们都是德行出众的贤人。我们由此能清楚地看出《诗经》中“职位君子”向“德位君子”过渡的记录。然而，从时间节点来看，这种君子形象多见于《小雅》，所以“德位君子”这一概念大致应产生于西周末年到东周初年，也就是平王东迁前后。但是，鉴于该时间点不仅有表示“德位君子”的诗文出现，还有歌颂“职位君子”的诗文出现，所以尽管“君子”的含义出现了转变，但实际上新义项产生时，旧义项并没有消亡，两种义项并存。这时社会不仅提倡等级制度，更对上位者的德行做出了进一步要求。君子在享受众人赞美的同时，也要承担相应的社会责任，一方面，他们要遵循礼乐制度，不能冒犯天威；另一方面，他们又要为国家建设出言献策，在天子有失当行为时及时劝谏。由于“德”这一概念在文学作品和国家治理实践中不断强化，在孔子时期，“君子”的内涵又有了进一步发展。在孔子及其弟子的谈话中有很多将“君子”当作“纯粹的有德之人”讨论，这也说明了从孔子时期开始，“君子”就从“有德行的贵族统治者”发展成“有德之人”。

综上所述，由于所处年代的特殊性，《诗经》三部分的创作年限存在先后之分，因此收录的作品中“君子”的含义也不断发生改变。西周初年，周公以“敬德保民”思想为蓝本“制礼作乐”，进行总结、继承、完善，系统地建立了一整套有关“礼”和“乐”的制度。这时君子仍然是前人使用的阶级代名词的延续，统称为贵族统治者。随着周人自我意识的觉醒，人们开始更多思考自身的价值，思考人能为家庭、社会乃至国家贡献什么，一个人的行为能对社会发展进程产生何种影响。随着人们的自省，君子的含义不断完善，也开始指代有德行的贵族统治者，这不仅是人民对贤明掌权者的殷切期盼，更是周人开始完善自我、修德知礼的体现。西周初年，政局稳定，学在官府，贵族在身份和学识礼仪上有天生的优势，因此这时贵族之间有一种与生俱来的身份认同感。春秋时期，群雄争霸，百家争鸣，人人都可以走到台前展示自己对治国理政的远见卓识，因此“君子”也不再是贵族限定的称谓，而是有德者居之。人们期盼着育成理想人格，因此对道德的要求也不断提升。君子作为社会公认的人格典范，张扬着德行与礼仪的光辉，鼓励着人们勇敢追求人生的意义。《周易・坤卦》载“地势坤，君子以厚德载物”，君子之“厚德”自是植根于华夏民族精神中，对中华民族价值理论体系的影响深远。

2.《雅》《颂》中的君子形象

《诗经》中塑造了丰富多彩的君子形象，而这些君子的身份、地位和性格特征各不相同。综合学界的各种研究成果，笔者认为《雅》《颂》中的君子形象大致可以分为以下几种。

第一种是最高统治者，顾名思义，就是天子。《诗经》对最高统治者形象的描写主要有以下两类。

第一类是上层贵族祝颂周王之作，表达的是对周王的尊崇。如《诗经・小雅・蓼萧》中有“既见君子，我心写兮”，“既见君子，为龙为光。其德不爽，寿考不忘”①。西周初年，政局平稳，国势昌盛，诸侯纷纷前来向周王表示臣服归附，周王也设宴招待他们。《毛诗序》评说此篇乃是歌颂周天子“泽及四海”，将它作为宴请远国之君的乐歌。吴闿生的《诗义会通》谓“据词当是诸侯颂美天子之作”。《诗经・小雅・蓼萧》全诗以艾蒿起兴，艾蒿可以作祭祀之用，将艾蒿比作朝见天子的诸侯，用露水比喻皇恩浩荡，天子恩济四方，诸侯有幸得到天子的施恩，因此对天子极尽颂赞。《诗经・小雅・瞻彼洛矣》也是这样一首颂扬天子的诗作。朱熹《诗集传》曰：“此天子会诸侯于东都以讲武事，而诸侯美天子之诗。”②古人颇为看重祭祀与戎政，《左传・成公十三年》记载“国之大事，在祀与戎”，诸侯认为周宣王能以天子之尊亲临洛水，会合诸侯，整军经武，乃是天子勤于国政、欲中兴王室的表现。因此，全诗都以泱泱洛水来比喻周王通身恢宏的气度，表现了诸侯对天子威仪的臣服。再如，《诗经・大雅・假乐》中的“假乐君子，显显令德”，这首诗的创作背景存在一定的争议。《毛诗序》认为，“嘉成王也”，清代魏源的《诗古微》认为《假乐》是“美宣王之德也”③，还有许多

① 程俊英. 诗经译注. 上海：上海古籍出版社，2004：271-272.

② 刘松来. 十三经精解（诗经精解）. 青岛：青岛出版社，2017：162.

③ 许总. 诗经诗解. 厦门：厦门大学出版社，2023：510-511.

现代学者认为该诗是周宣王及冠行冠礼的冠词。全诗从德行仪态等方面赞美了堪为四海纲纪的周王，表达了臣民对周王的爱戴。除了周天子的颂歌外，《颂》篇中还有赞颂春秋时期鲁国最高统治者鲁僖公的篇章《鲁颂・有駜》。史书记载鲁国多年饥荒，是鲁僖公采取措施克服自然灾害，人们才获得了丰收。王连城认为，鲁僖公是一位不误国事的国君，其勤政爱民的形象寄寓着人们对执政者的殷切期冀和对后世国君的勉励之情。①陈启源认为，鲁僖公“要不失为贤君”②。正是因为僖公在位时国泰民安，诗人不仅希望年年是丰收年，国君能有富足的粮食传给后代人，更祝愿鲁国国运绵长。这就是诗文中记载的“君子有穀，诒孙子”。

第二类是揭示统治阶级内部矛盾的政治讽喻诗，统治者形象比较负面，与前文褒扬统治者的态度不同。例如，《诗经・小雅・角弓》是一首反映王室父兄刺大王，亲小人，不亲九族，以至于兄弟阋墙的诗作。该诗不仅告诫统治者要遵循宗法观念，与兄弟相亲，给人民做出表率，还反复申明了君民相处之道。诗中的“君子有徽猷，小人与属”③，阐明了君子要用“善政”引导人民，维系宗族和睦。《诗经・大雅・桑柔》是一首大臣讽刺周厉王当政昏庸无道，对百姓水深火热的生活视而不见的讽喻诗。诗人用沉郁质朴的笔调陈述救国之道，告诫君王失民心者失天下，王朝必然覆灭，应当知人善任，重用贤臣，心系民生，由此才可以安天下民心。

虽然“二雅”中作为最高统治者的君子也时常作为反面教材出现，但总体来说，诗人的遣词造句和典故运用都饱含对统治者的敬仰和尊重，将国家复兴的殷切希望寄托于君王的回心转意而非暴力手段。就如《诗经・大雅・桑柔》中的诗人，尽管被君王谩骂、诅咒，但他还是秉持“虽曰匪予，既作尔歌”④的态度，苦心孤诣，希望周王幡然悔悟。这也体现了周王朝礼乐制度中重等级、明尊卑的特点，从正面反映了早期君子的身份之贵重。

第二种是诸侯百官。诸侯是宗法分封制下地方权力的实际拥有者和支配者，

---

① 王连城. 吟之有因 颂之有理——从历史上的鲁僖公看《鲁颂》四篇的思想倾向. 辽宁师范大学学报（社科版），1990（5）：53-56.

② 转引自祝秀权. 诗经考论. 长沙：湖南人民出版社，2017：73..

③ 程俊英. 诗经译注. 上海：上海古籍出版社，2004：388.

④ 程俊英. 诗经译注. 上海：上海古籍出版社，2004：479.

他们在享受周王朝给予的军队和土地的同时，也要尽到朝贡、臣服和保卫王室的义务。因此，在《诗经》中，诸侯的出场大都与周天子有关。

《诗经·小雅·桑扈》描绘了周天子与诸侯喜乐宴饮的场面。周王朝以史为鉴，坚持用德政治理天下，诗中刻画的君子，在德行方面堪为诸侯中的佼佼者，“君子乐胥，受天之祜”，“君子乐胥，万邦之屏”①，在歌颂这位君子功绩的同时，后文也对他提出了“不戢不难”和“彼交匪敖”的要求，体现了“君子”对国家的重要性。《诗经·小雅·庭燎》记载了诸侯赶往早朝的场景。“君子至止，鸾声将将”“君子至止，鸾声哕哕”“君子至止，言观其旂”②，宣王勤于政事，诸侯皆谨守本分，严肃敬畏，早早入朝以待朝会。周王朝在四野有各方诸侯抵御外侮，拱卫京畿，在朝堂之上也有群臣百官各司其职，为周王治理国家建言献策，因此君子作为群臣百官出现时，也常与天子有关。《诗经·小雅·雨无正》抒发了作者对幽王昏庸无道、群臣百官自私误国的哀怨之情。诗中第二章就揭露了周王朝目前存在的残酷问题：“周宗既灭，靡所止戾。”③但在这国家前途未卜、人民流离失所之时，王公大臣们却不勤国事，不能力挽狂澜于大厦将倾之时，反而各自明哲保身，更有甚者出现许多恶劣行径。这时百官群臣本应将生死置之度外，劝周幽王迁都，但战火不熄，国事日非，百官不仅“各敬尔身”“莫肯用讯”④，甚至连国王都“辟言不信”⑤，是非不分。作者徒有救国之心而无救国之力，因此只能揭露现实社会的真相，抒发自己的满腔忧愤之情。

同样反映统治者腐朽无能、国家统治面临崩溃的还有《诗经·大雅·抑》。在作者看来，周王仪表堂堂、品德端正，但现在他愚昧无知、不明事理，这才导致了国政混乱。作者因此劝说周王勤勉政事，夙兴夜寐，求贤立德，对群臣百官要“视尔友君子，辑柔尔颜，不遐有愆”⑥。

周人在建立王朝时，就懂得了以史为鉴、以德治国的道理，正如《诗经·大

① 程俊英. 诗经译注. 上海：上海古籍出版社，2004：371.
② 程俊英. 诗经译注. 上海：上海古籍出版社，2004：289-290.
③ 程俊英. 诗经译注. 上海：上海古籍出版社，2004：319.
④ 程俊英. 诗经译注. 上海：上海古籍出版社，2004：319-320.
⑤ 程俊英. 诗经译注. 上海：上海古籍出版社，2004：319.
⑥ 程俊英. 诗经译注. 上海：上海古籍出版社，2004：470.

雅·荡》中所说的“殷鉴不远，在夏后之世”[①]，只有以史为镜，才能吸取教训，规范自身的德行，更好地维护国家安定。提到保卫国家，就不得不提及百官中的一种官职——将帅。君子的将帅义项大都出现在《诗经·小雅》的战争诗中，周代将军虽然是战争的直接指挥者，但他们不嗜残杀，珍视生命，渴望的只是以战求和，胸怀为国建功立业的伟大抱负。《诗经》的战争诗中对保家卫国、征战沙场的将士们给予了极高的赞美。《诗经·小雅·出车》就歌咏了凯旋的将军南仲。正值新王初登基之时，国家西部、北部都有敌军虎视眈眈，而南仲为国“不遑启居”[②]，四处征战，虽然思乡思归，但还是为了国家安定在战场上搏杀。“未见君子，忧心忡忡。既见君子，我心则降”[③]，周人对这种英武的将军也有着崇敬之情。

《诗经·小雅·采薇》以一名戍边士兵的口吻描绘了与猃狁之战，抒发了历久不归的强烈思乡之情，既歌颂了将士们冲锋陷阵的英勇，又饱含厌战之情。“君子之车。戎车既驾”[④]，即将军架车威武霸气，披挂上阵。“驾彼四牡，四牡骙骙。君子所依，小人所腓”[⑤]，在将军的指挥和战车的掩护之下，士兵们冲锋陷阵，出生入死，为的就是脚下的国土不被外敌入侵，人们的生活能平稳安定。但人们安居乐业，不能只靠将士们在沙场征伐，社会生活不只有战争这一种形式。平息战乱只是实现安全、平稳生活的外在条件，接受教育和教化才是让人民精神生活富足的最好方式。

周代教育讲究“学在官府”，至孔子时期，私学兴起，这才打破了官府对教育的垄断。在私学没有兴起之时，官学的官吏对学子们而言就如老师一样，学子求学时能遇见传道解惑、倾囊相授的恩师，无疑是一件幸运的事，就像《诗经·小雅·菁菁者莪》中的“既见君子，我心则喜”“既见君子，我心则休”[⑥]，这两句诗把青年学子遇见君子的欢喜之情描绘得淋漓尽致，此时“君子”代表着

① 程俊英. 诗经译注. 上海：上海古籍出版社，2004：466.
② 程俊英. 诗经译注. 上海：上海古籍出版社，2004：263.
③ 程俊英. 诗经译注. 上海：上海古籍出版社，2004：263.
④ 程俊英. 诗经译注. 上海：上海古籍出版社，2004：259.
⑤ 程俊英. 诗经译注. 上海：上海古籍出版社，2004：260.
⑥ 程俊英. 诗经译注. 上海：上海古籍出版社，2004：276.

掌管教育的官吏。《毛诗序》曰此诗“乐育材”，该说法流传了两千多年，在《诗经》相关评述中影响至巨。朱熹曾批评《毛诗序》全失诗意，但后人在其《白鹿洞赋》中亦能见到“广‘青衿’之疑问，乐《菁莪》之长育”的句子。由此可见，《诗经·小雅·菁菁者莪》中掌管教育的官吏这一君子的含义已经在漫长的发展历程中成为人们约定俗成的看法了。综上所述，笔者认为《雅》《颂》中的君子也有诸侯百官这一含义，他们往往伴随着天子出现。诸侯指的是周王室分封下各地的最高统治者，而百官的含义相对而言比较宽泛，笔者认为《雅》《颂》中出现的君子有将帅和掌管教育的官吏两种含义。此时，我们可以轻松推断出这里的君子同上文一样都是有一定社会地位的男性贵族，他们分工明确、各司其职，在维护自己上层贵族地位的同时，也无形中推动了君子含义的进一步转变。

第三种是品德高尚的人，也就是贤者。前文已经解释过，君子的含义并不是一成不变的，而是随着时代的发展不断改变，实现了词义从职位君子到德位君子的转变，这种转变也意味着中国古代哲学中理想人格的确立和转变。《诗经·小雅·南山有台》极尽为统治者表功祝寿之能事，祝祷周王得贤人。朱子的《诗经集传》曰：“乐只君子，则邦家之基矣。乐只君子，则万寿无期矣。所以道达主人尊宾之意，美其德而祝其寿也。”[①]诗作采用《诗经》惯用的手法“比”和“兴”，兴中有比，以南山、北山的草木起兴，“南山有台，北山有莱”[②]，正如国家统治者拥有具备各种美好品德的贤者，衬托了君子对国家社稷的重要性。《诗经·小雅·隰桑》中有“既见君子，其乐如何”[③]，对于社稷和人民生活而言，君子都是典范一样的存在。因此，当国家处于黑暗之中，社会面临重大转变时，大多数民众自然希望有像君子这样的人物力挽狂澜，救国救民。西周末年，周幽王宠幸奸佞，倒行逆施，以至于王室不得民心，统治地位岌岌可危。大夫家父挺身而出，作《诗经·小雅·节南山》，提醒幽王“勿罔君子，式夷式已”[④]，怨恨上天不公让坏人为官执政，得天子信任为祸百姓，文中的“君子如届，俾民心

① （宋）朱熹注. 新刊四书五经 诗经集传. 北京：中国书店，1994：115.

② 程俊英. 诗经译注. 上海：上海古籍出版社，2004：269.

③ 程俊英. 诗经译注. 上海：上海古籍出版社，2004：396.

④ 程俊英. 诗经译注. 上海：上海古籍出版社，2004：305.

阕。君子如夷，恶怒是违"[①]，意在希望周王可以追究太师尹氏的罪行以平息民怨，同时任用贤人以安邦定国，君子的重要性可想而知。

第四种是主人或宾客。这一义项在《诗经·小雅》的宴饮诗中比较常见。如《诗经·小雅·鱼丽》盛赞丰年时期贵族宴飨时酒之甘美菜肴之盛多，"君子有酒，旨且有"[②]，展现了主人待客殷勤、宾主尽欢的情景。诗人从贵族宴会所用的鱼和酒两方面着笔，以鱼的品种众多暗指肴馔的丰盛，用美酒的既多且旨以示丰年风调雨顺之欢乐。《诗经·小雅·南有嘉鱼》中的"君子有酒，嘉宾式燕绥之"[③]，在描写酒菜之美的同时，兼写了宾主宴饮的欢快之情。这两首诗中君子设宴款待众人，酒肴丰盛，可见其社会地位不低，正因为君子待客周到且平易近人，宴会上才能宾主尽欢。如果说上文诗作是褒扬主人设宴款待大家，那么《诗经·小雅·湛露》则凸显了参宴宾客的彬彬有礼的气度和美好的品德。诗作着力描绘了宴会地点周围的景物，最外有茂盛的野草，建筑物附近植有枸杞、酸枣等灌木，而近处则遍布果实累累的桐木和椅木，这些意象也许暗指了诸侯与周王血缘关系的亲疏远近，同时更隐喻着宴饮参与者的品德风范。[④]《左传·文公四年》载"昔诸侯朝正于王，王宴乐之，于是乎赋《湛露》"[⑤]。因此，我们可以推断出《诗经·小雅·湛露》中的君子实际上是作为客人参加周王宴会的诸侯，"显允君子，莫不令德""岂弟君子，莫不令仪"[⑥]，后世也将风度优美和道德高尚作为君子的必备条件。周王朝推行礼乐制度，社会等级鲜明，依周代历法，天子九鼎，诸侯七鼎，鼎的数量又与宫室、服饰、车辇、铜簋等的数量相对应，由此可见，诸侯国君的地位仅次于周天子，只是礼降一等。[⑦]为了拉近彼此的距离，了解下位者真实的想法，周王时常会举行宴会和赏赐礼器，宾主在此种和乐融融的氛围中交流，也有利于促进周王与诸侯的感情。周王宴饮时从诸侯处不仅能看到众宾客谦卑礼让、有序恭敬的场面，还能得到多样的恭维和祝福，诸侯在

① 程俊英. 诗经译注. 上海：上海古籍出版社，2004：306.
② 程俊英. 诗经译注. 上海：上海古籍出版社，2004：267.
③ 程俊英. 诗经译注. 上海：上海古籍出版社，2004：268.
④ 姜亮夫，夏传才，赵逵夫，等. 先秦诗鉴赏辞典. 上海：上海辞书出版社，1998，29.
⑤ （春秋）左丘明著，朱墨青整理. 春秋左传. 沈阳：万卷出版公司，2009：123.
⑥ 程俊英. 诗经译注. 上海：上海古籍出版社，2004：273.
⑦ 项阳. 中国礼乐制度四阶段论纲. 音乐艺术（上海音乐学院学报），2010（1）：6，11-20.

得到物质赏赐的同时，也能得到周王的真挚关怀。

3.《雅》《颂》中意象代表的君子观

《诗经》作为现实主义的经典代表之作，并不靠音韵婉转叠回、文辞优美酣畅的写作风格而享誉天下，仿若山间溪泉，潺潺自流，新妍明丽，悠雅清扬，经卷翻覆之际如见清露被初阳照耀，邂逅这一抹盈盈闪烁着的翠色鲜亮。它自成一段天然的风流态度，关注苍生百姓与民间疾苦，成就了其独有的现实格局，其中不乏一些事物对中华民族君子观树立与完备起到重要的导引作用。

酒，这种已经有几千年历史的饮品，贯穿于中华文化的历史长河之中。在《诗经》中更是不乏酒的身影，酒也成了代表君子观的重要意象之一。在《诗经·小雅·鼓钟》中，有“淑人君子，其德不回”“淑人君子，其德不犹”[①]的论述。它向我们阐释了君子是人品端正且道德高尚的人。在君子日常的人际交往活动中，饮酒是一个十分重要且特别的环节，能在无形之中映射出君子的为人处世与德行优劣。在千年之前的礼乐社会中，饮酒摆宴遍布贵族社会的各个场合，《诗经》中的“宴”与“燕”字相通，喻示着所有宴饮活动都要受燕飨礼的绝对约束，有着尊卑长幼之分。除此以外，《诗经·大雅·行苇》还记载了贵族们在骑射活动后举办的一类酒宴，其同样是检验君子品德的重要场合。在这种“宴以欢好”的活动中，酒起到了调节气氛与缓和人际关系的重要作用。

周代社会重礼重德，因此周人在饮酒上同样发展出了“酒德”的概念。《诗经·大雅·荡》载：“天不湎尔以酒，不义从式。”[②]这是诗人针对“德位君子”们所做出的告诫，即酒后失言失态非君子之行。又如，《诗经·大雅·抑》载：“颠覆厥德，荒湛于酒。”[③]这是借周文王之口来告诫后人，尤其是“职位君子”要做到勿酗酒废政，因酒色误国而荒废政事实乃统治者之大忌。《诗经·小雅·宾之初筵》中更是生动地描绘了贵族宴上酗酒后衣衫不整、酒后乱言的各式丑态，颇具讽刺意味。除此以外，君子饮酒的仪容仪态也要合乎“礼”。例如，

① 程俊英. 诗经译注. 上海：上海古籍出版社，2004：355.
② 程俊英. 诗经译注. 上海：上海古籍出版社，2004：465.
③ 程俊英. 诗经译注. 上海：上海古籍出版社，2004：469.

君子饮酒时，神情要端庄自如，衣冠要整洁得体，言行举止需合理有度，如此可称为“令仪”。这是《诗经》酒文化中传递出的君子观。《诗经·小雅·信南山》中这样记录：“曾孙之穑，以为酒食。畀我尸宾，寿考万年。”[①]当时，在秋收之后，人们要拿出一部分粮食来酿造美酒祭祀先祖，祈求祖宗保佑家族子孙昌盛，来年风调雨顺。君子用实际行动去影响和感染族人，让他们在潜移默化中学会遵礼守德，培养他们的家族责任感，这便是君子的自身教育对整个家族的示范作用。

除了酒这种饮品外，对于玉，古人也认识到了其质地细腻坚硬、色泽凝润等物理特性，并在实际生活中赋予玉一些特定的社会文化内涵，因此社会上逐渐形成了以“玉”指君子的借物概念，如“君子如玉”“以玉比德”等观念。《诗经》中便大量出现了“以玉喻德”的描写手法，其中包含玉的诗句常被用来比喻君子高尚的个人德行。[②]《诗经·大雅·公刘》有云“维玉及瑶，鞞琫容刀”[③]，描绘出了公刘把玉佩在腰间，佩刀闪闪发亮的精神形象。诗句借玉来比公刘，体现了作者对公刘的钦佩和赞扬，这样的人格就有着“君子玉德”。古时君子有佩玉的习惯，用玉来装饰自己，其实并不是只将玉看作简单的装饰品，早已给玉赋予了全新的价值判断与价值选择，那便是君子之行。君子佩玉便载德，承担了更多的人生理想和崇高的社会责任。佩玉不仅仅是身份的象征，更是君子在其修身、治德方面不懈追求的无声宣誓。但佩玉的君子并不都具有崇高的品德，《诗经》还对一些佩玉却不作为的“君子”进行了批评与讽刺。《诗经·小雅·大东》中的“或以其酒，不以其浆。鞙鞙佩璲，不以其长”[④]便是这样的例子，诗人直接讽刺了这种品德低劣的人配不上身上佩戴的美玉，更配不上“君子”这个称呼。

《诗经》中还有以玉比喻君子友谊真诚无瑕的例子，在《诗经·小雅·白驹》中有“生刍一束，其人如玉。毋金玉尔音，而有遐心”[⑤]这样的诗句，这里出现了两个“玉”字，用玉的珍贵比喻友谊的难得。正所谓“情比金坚”，君子

---

① 程俊英. 诗经译注. 上海：上海古籍出版社，2004：361-362.

② 李篮玉.《诗经》中的君子形象与君子观. 辽宁师范大学硕士学位论文，2018.

③ 程俊英. 诗经译注. 上海：上海古籍出版社，2004：449.

④ 程俊英. 诗经译注. 上海：上海古籍出版社，2004：344.

⑤ 程俊英. 诗经译注. 上海：上海古籍出版社，2004：295.

间的友情应如碧玉一般通透无瑕，不加掩饰，没有二心，经得起时间的考验。在《诗经・小雅・鹤鸣》这首脍炙人口的诗中，作者描写了很多意象如鹤、石、玉等，玉在这里表示很坚硬的石头，诗歌中的名句“它山之石，可以攻玉”[①]象征着平平无奇的石头磨成美玉的过程，以此说明一开始并不突出也不被他人看好的人，经过一番磨砺，可能成为不可多得的人才，这种经得起磨砺而愈发强大的人便是典型的君子。对于位高权重的“职位君子”，自然也有如玉之准则。《诗经・大雅・卷阿》中就有这样的诗句：“颙颙卬卬，如圭如璋，令闻令望。岂弟君子，四方为纲。”[②]意思是位高权重的君子更应该做到品德纯洁如碧玉，方能使威望与名声传遍四方。

（二）《雅》《颂》中的典范君子教育思想

1. 君子个人修养教育及其内涵

与夏商崇神敬神、重武尚武的观念不同，西周初年社会繁荣稳定，人民生活安定幸福。国家内部的安稳，使得人们从关注生存问题开始转向对民族精神文化的探寻，转向对个人价值的不断追求。随着周代人文精神开始觉醒，人们更强调自我意识与自我精神。周人在从神治转向人治的过程中，始终将“同心同德”“崇文尚德”“争取盟邦”作为自己的行动核心。[③]礼乐制主要宣扬的是“敬德保民，以德配天”的思想，这里的“以德配天”说明上天每时每刻都在关注下界之德，君子实际上是把上天和仁德二者联系起来的媒介。

社会文化的继承性使得《诗经》中仍有周王朝敬天酬神的相关描述。这也就意味着天命观在周代仍然有其独特的地位，只不过是逐渐受到冲击而已。君子在周王朝虽然仍被认为受命于天，但人们更看重的是其在社会上的现实作用。因此，在德治社会中，“有德有仪”就成了周代君子被人们称颂的主要原因，也是君子礼仪特质中最重要的一环。《诗经・大雅・假乐》是大臣为周王歌功颂德的

---

① 程俊英. 诗经译注. 上海：上海古籍出版社，2004：292.

② 程俊英. 诗经译注. 上海：上海古籍出版社，2004：455.

③ 赵娜. 从《诗经》中的“君子”看周人的人格范型. 语文学刊，2012（3）：14-15，37.

诗歌，其中提到的“假乐君子，显显令德”①在开篇就点明了天命福王，周王风度翩翩又拥有万众敬仰的美好政治品德，所以堪为天下纲纪，得到人民全身心的爱戴和拥护。全诗不仅赞美了周王之德，还从“章、纲、位”几个方面系统地解释了周王为何是众望所归，民心所向。《诗经·小雅·湛露》中有“显允君子，莫不令德”“岂弟君子，莫不令仪”②的表述，也盛赞了参与周王宴会的诸侯的美好品德和风度。“仁德”作为君子具备的重要风范，不仅使君子有了专属的语言礼仪和行为礼仪范例，更为后世孔子的“仁政”思想提供了蓝本和君子的核心素养。

君子礼仪包括的内容并不是一成不变的，不同时代对君子都有着不同的期许和要求，因此玉成君子面对的要求实际上是在不断增多的。《诗经·大雅·卷阿》载有“岂弟君子，四方为纲”③，它在昭示君子尊贵地位的同时，也对君子提出“有孝有德”的要求，即希望君子除了有德有仪以外，还要严格遵守宗法制度，关心同宗之人的生存发展，尊重长辈，光耀门楣。在此基础上，君子还应该具备明确的家国观念，将父亲当作“家君”，将天子视作“国父”，天子要一心为民，大臣要忠心事君，各司其职，实现“齐家、治国、平天下”的美好愿景。最重要的一点是，无论君子在国家机构和家庭中扮演什么角色，“忠孝”始终是他们秉持的理念，由此以血缘关系为纽带的宗法制才得以在周王朝绵延不绝，对中国的家庭观念产生重要影响。

除了忠孝这种约束人内在行为的要求外，君子的外在仪表也是非常重要的。君子日常行为中需要仪表端正，风度翩翩，行为举止端庄得体，举手投足都要符合周代相关礼仪规范。《诗经·小雅·菁菁者莪》以茂盛莪蒿形容君子威仪之盛时，就提到“既见君子，乐且有仪”④，《诗经·小雅·湛露》中有“显允君子，莫不令仪”⑤，《诗经·大雅·既醉》中有“威仪孔时，君子有孝子”⑥，这些都

---

① 程俊英. 诗经译注. 上海：上海古籍出版社，2004：447.

② 程俊英. 诗经译注. 上海：上海古籍出版社，2004：273.

③ 程俊英. 诗经译注. 上海：上海古籍出版社，2004：455.

④ 程俊英. 诗经译注. 上海：上海古籍出版社，2004：275.

⑤ 程俊英. 诗经译注. 上海：上海古籍出版社，2004：273.

⑥ 程俊英. 诗经译注. 上海：上海古籍出版社，2004：443.

是直接描述君子仪表端庄的诗句。古人常说“君子如玉”，《诗经·大雅·卷阿》就以美玉来象征君子的儒雅风度，如“岂弟君子，四方为纲”[①]，而气度雍容的君子“如圭如璋，令闻令望”[②]。《诗经·小雅·桑扈》中的“君子乐胥，万邦之屏”[③]，《诗经·小雅·蓼萧》中的“既见君子，孔燕岂弟”[④]，《诗经·大雅·旱麓》中的“岂弟君子，福禄攸降”[⑤]，《诗经·大雅·卷阿》中的“岂弟君子，四方为则”[⑥]，《诗经·大雅·泂酌》中的“岂弟君子，民之攸归”[⑦]等，都表现了君子与人交往时温柔敦厚、端庄得体的优点。周代君子在与人交往的过程中自觉注意自己的外在风度，也体现了周代君子高雅的气度美与端庄的风度美。

君王垂范天下，身边有无数贤士围绕辅佐，任君主驱使，这种理想的君臣相得的场面并不是一蹴而就的，无论是君主还是贵族，想成为德位君子都要接受很严苛的教育。除接受基本的贵族礼仪教育外，周代君子还要学习祭祀等相关礼仪。《诗经·大雅·旱麓》是一首描写周代君子（周文王）祭祀以祈求社稷多福的诗歌，诗歌不仅“言文王受其祖之功业”，也歌颂了周文王祭祖得福，知道了培养人才的重要性。诗曰“岂弟君子，干禄岂弟”[⑧]，意思是平易近人的好君子，品德高尚才有福禄。由此可见，周王朝也将君子之德放在祭祀礼仪的首位，君子多德才能国家多福，天下才能永葆太平。徐复观认为，古代以人格神的天命为中心的宗教活动，通过《诗经》所主要代表的时代来看，其权威是一直走向坠落之路的，宗教与人文失掉了平衡，而偏向人文方面去演进。[⑨]周王朝初年，人们普遍将周文王视为宗教精神下人文精神觉醒的符号，这也是西周宗教有别于殷商宗教的特点之一，既然宗教已经被加注了文王特点，文王执政下的德治精神也就相应地在祭祀活动之中得到体现。也就是说，周代祭祀活动并不是单纯的祭祖酬神和祈祷等大型活动，而是宗教和人性与神性的紧密结合。周代祭祀活动除了

① 程俊英. 诗经译注. 上海：上海古籍出版社，2004：455.
② 程俊英. 诗经译注. 上海：上海古籍出版社，2004：455.
③ 程俊英. 诗经译注. 上海：上海古籍出版社，2004：371.
④ 程俊英. 诗经译注. 上海：上海古籍出版社，2004：272.
⑤ 程俊英. 诗经译注. 上海：上海古籍出版社，2004：420.
⑥ 程俊英. 诗经译注. 上海：上海古籍出版社，2004：454.
⑦ 程俊英. 诗经译注. 上海：上海古籍出版社，2004：453.
⑧ 程俊英. 诗经译注. 上海：上海古籍出版社，2004：419.
⑨ 徐复观. 中国人性论史. 上海：上海华东师范大学出版社，2005：32.

祈求上天庇佑外，又被赋予了一层新的含义：表达对先王的尊敬和追怀。周人通过这种告慰先祖的方式表达自己对历史的尊重，同时这种聚集性的群体活动也维护了君臣关系及宗族成员之间的关系，成为维系周代贵族政治的重要纽带。君子作为宗族内部的重要成员，在行动上更加重视祭祀活动，在心理上期盼通过祭祀活动维系好宗族内部的关系，巩固自己的尊崇地位，因此祭祀礼仪慢慢演变为一种周代贵族必须系统学习的礼仪，周代君子人格的形成也与这种祭祀礼仪的转变密不可分，如《诗经·大雅·既醉》中的“君子万年，介尔昭明”“威仪孔时，君子有孝子”①。祭祀礼仪在实践中不断深入人心，也丰富了衡量君子礼仪是否完备的相关标准。

除了仁德忠孝、风度翩翩与知礼守礼以外，君子的性格特征中还凝聚了周人防微杜渐的忧患意识，这种意识不仅要求君子对机遇和个人的发展前景有着良好的把控，还要求君子能够对事物的变化做出正确预判并采取积极的应对措施。君子的预判不仅是基于个人的想法，有时也会受到他人劝诫的影响。②《诗经·小雅·青蝇》以“青蝇”比喻那些像天子进谗、邀宠献媚的小人。诗中详细列举了君子信谗的危害：首先，谗言祸国殃民，扰乱周王室和其他国家的关系；其次，谗言对人际关系有不可磨灭的伤害，会产生亲友反目成仇和兄弟阋墙的局面。诗中的“岂弟君子，无信谗言”③劝诫执政者不要听信小人谗言，因为“谗人罔极”，他们做事情只知道趋利避害，不讲原则，因此做人要做堂堂正正的恺悌君子，知礼义，讲孝悌。《诗经·小雅·小弁》中的“君子秉心，维其忍之”“君子信谗，如或酬之”④，表现了诗人因父亲听信谗言而被放逐之后的幽怨悲哀和不安悲怀。这些都是作者以他人视角来规劝君子时所作，这些劝诫者虽然身份不同，或是王公大臣，或是君子的亲朋好友，但他们的目的都是劝诫君子不要听信虚伪之人的风言风语，要有自己的判断力和是非观。谨言慎行，反躬自省，这才是君子守正之道。

总的来说，君子性格的内在表现为仁德恭谨、忠孝两全、礼仪完备、谨言慎

---

① 程俊英. 诗经译注. 上海：上海古籍出版社，2004：443.

② 贾学鸿. 从《诗经》的君子之乐到孔子的人生之乐. 东北师范大学硕士学位论文，2004.

③ 程俊英. 诗经译注. 上海：上海古籍出版社，2004：378.

④ 程俊英. 诗经译注. 上海：上海古籍出版社，2004：329.

行。《诗经·卫风·淇奥》中的经典名句“有匪君子，如切如磋，如琢如磨。瑟兮僩兮，赫兮咺兮。有匪君子，终不可谖兮”①，就从君子的内在品德、仪容和道德修养几个方面盛赞了君子之美，为我们描绘了当时人们心中理想的完美君子形象。就外在而言，君子彬彬有礼，风度翩翩，仪表端庄，温雅大方，内在、外在合二为一，喻示君子内外兼修，德容齐备，敦厚有礼，这也正是周代人民极力追求和推崇的理想人格典范。周代提倡“学在官府”，无论是在精确度上还是在完备度上，平民具备的礼仪都无法与贵族相较，贵族中一旦有人成为社会公认的君子范例，对于百姓而言，就是一位真实存在的模仿对象，人们竞相模仿君子的行为方式与通身气度，这对提高人们的素质和文化水平有着极强的推动作用。就审美文化而言，《诗经》反映的文化风貌与社会现象只局限于西周初年到春秋时期，正处于周人取代殷商文化，逐步从神治走入人治和德治的发展过程中，尽管位于人治社会的起步阶段，但周王朝崇尚的人格范例却并不是孔武有力的英雄，也并非战无不胜的将军，而是彬彬有礼的圣人君子。作为先秦时期王朝的重要组成部分，这种审美角度与审美观点对中华民族推崇的理想人格的形成和发展有着重要意义。君子将这些性格特征当成约束自己的手段，更好地发挥自身价值，百姓将这些君子性格特征当作追求的目标和前进的方向，以更好地实现个人追求，因此君子性格特征在后世人格美教育中有着奠定基调的重要作用。

2. 君子社会责任教育与其内涵

为政之德是君子德性的重要方面之一，注重为政之德，是每一个君王都要认真对待并思考的一件事情。②作为君王，最重要的就是一心为民，心怀天下，这就是《诗经·小雅·角弓》中提到的“君子有徽猷，小人与属”③，人民拥护施行仁政、爱民如子的君主，因此自然会从心底服从周王室的管理。在《大雅》中，君王是周代职位君子能达到的最高境界，因为君王是世代沿袭而不是有德者居之，能成为天子的人毕竟是少数，因此其他君子在我们的教育思想研究中也发挥着很重要的作用。就其他职位君子及后期的德位君子而言，作为领导社会发

① 程俊英. 诗经译注. 上海：上海古籍出版社，2004：84.

② 曹勃昊. 《诗经》君子德性研究. 河北大学硕士学位论文，2014.

③ 程俊英. 诗经译注. 上海：上海古籍出版社，2004：388.

展、推动社会繁荣的重要群体，他们同样肩负着重大的社会责任，因此对君子进行社会责任教育是很有必要的，增强君子的社会责任感也便于君子进行准确的自我定位。

《诗经》中有对君子提出社会要求的诗篇，有的诗歌是诗人通过某种社会现象直抒胸臆，提出一些君子应该承担的社会责任。除此之外，《诗经》中也不乏用草木象征君子风度、喻示君子应该具有社会责任感的诗句。《诗经·小雅·鹿鸣》中有“视民不恌，君子是则是效”①，指出了君子应待人宽厚、为人表率。从中我们可以总结出君子应该是有大局观念，行为堪为社会范例的人。高木智见认为，在古代中国人和植物是被类比认识的：“在这样的认识下，同族人发挥强烈的生命力保持繁荣，与植物繁盛没有任何区别。”②也就是说，对君子的教育不能只停留在个人礼仪层面，一旦将所有精力都倾注到君子个人能力的培养上，而忽略了引导君子关注社会责任感，就会导致君子的自我意识比较突出，集体观念淡薄，不能很好地服务于统治阶层。《诗经·小雅·蓼萧》用茂密繁盛的艾蒿来比喻君子，“即见君子，孔燕岂弟。宜兄宜弟，令德寿岂”③，木秀于林风必摧之，人类的家族体系就如同植物体系一样，不能只讲求一根枝条的粗壮有力，所有枝干团结在一起才能形成巨大的力量。

君子的身份具有复杂性，他们承担的责任更多来自外在环境的赋予，主要是家庭和朝堂两个方面。一方面，在家庭中，君子是家中话语权较大的掌权者，在肩负着维持宗族地位甚至带领家族稳中求进的家庭责任的同时，还要团结同宗，努力营造和睦的家庭氛围；另一方面，在朝堂上，天子要勤政爱民，为国家政事殚精竭虑。《诗经·小雅·节南山》则抒发了对德不配位的统治者的怨恨之情，如“弗问弗仕，勿罔君子”“君子如届，俾民心阕。君子如夷，恶怒是违”④。由此可见，君子一定要任用贤才，心系天下。只知倒行逆施，偏听偏信，最终一定会遭到反噬。身为朝臣则要在忠君爱国、贯彻天子推行的政令的同

① 程俊英. 诗经译注. 上海：上海古籍出版社，2004：246.

② [日]高木智见. 先秦社会与思想——试论中国文化的核心. 何晓毅，译. 上海：上海古籍出版社，2011：60-61.

③ 程俊英. 诗经译注. 上海：上海古籍出版社，2004：272.

④ 程俊英. 诗经译注. 上海：上海古籍出版社，2004：305-306.

时，对不合理的事情及时进行劝谏。《诗经·小雅·雨无正》就讽刺了群臣误国，如“凡百君子，各敬尔身”①，群臣百官只知明哲保身，不敢进谏，这实际上是作为君子的群臣的失职。君子作为社会精英阶层，要注意自身的礼仪修养，担当一部分社会赋予的责任。君子提升社会责任感，并不意味着放弃对个人修养的追求，二者相辅相成，共同构成了理想君子人格的一部分。

（三）《雅》《颂》君子观之意义

随着学者对《诗经》研究的不断深入，我们不难发现，越来越多的著作开始背离其社会价值与人的价值本身，从而选择“仰视”或者来神话《诗经》这样的传世经典。笔者认为这种行为从本质上并不可取，这只会与《诗经》的本旨离心离德。经典首先是要为人而服务的，并且有着无法泯灭的理性观念，这才是它屹千年而独立的精髓。《诗经》中体现的先民人性需求及“君子”这一概念，对于国家与民族的命运走向都产生了十分关键的作用。

儒家的君子观形成于周王室式微、旧制度即将土崩瓦解之时。作为周公“敬德保民，以德配天”的政治理论的支持者和助推者，孔子提出了君子应是德行出众的高位之人的概念，想通过提倡“君子”实现君子之政，最终恢复理想中秩序井然的王朝。这就是孔子的君子概念同时包含修身之道和治国之道的原因。余英时曾指出，儒学按照传统来讲可分为修己、治人两个方面，修己即修成君子，治人则必须首先成为君子，因此儒学实际上是一门君子之学。②《论语·公冶长》载“有君子之道四焉：其行己也恭，其事上也敬，其养民也惠，其使民也义”③。在孔子对君子概念进行创造性的阐释后，君子逐渐成为全社会的道德标准，集中体现了中国古代社会的理想人格。不可否认的是，《诗经》中的“君子”形象对我国古代的封建伦理道德体系的建立产生了深远的影响，甚至在一定程度上影响了后世中华民族的道德观念的完善。《诗经》作为现实主义的经典，通过一首首诗歌生动形象地展现了一个又一个广大劳动人民的故事。

---

① 程俊英. 诗经译注. 上海：上海古籍出版社，2004：319.

② 余英时. 中国思想传统的现代诠释. 南京：江苏人民出版社，1989.

③ 金良年. 论语译注. 上海：上海古籍出版社，2004：46.

在诗歌的主体脉络中，主要采取了叙事和抒情两大手法，从侧面体现出玉成君子的一些基本要求，却并未正面解释何为君子及如何具备成为君子的基本素质。但读者却丝毫不觉得缺乏力量，因为它是通过诗化作为骨骼支撑起了古人理想中的君子形象与君子人格，这种理想人格甚至逐步成了中华民族共同的价值追求，且一直影响深远。

古代，《诗经》中“君子”的形象可谓具有标志性。各位儒学大家孜孜不倦地钻研与传播便为《诗经》中的君子观与古代社会伦理道德观念的结合做出了不可磨灭的贡献。孔子便是《诗经》中理想君子的大力推崇者。春秋末期，孔子就曾在继承古圣先贤思想的基础上，结合了当时的社会时代背景，在对其中的君子观进行进一步深入的研究后，将《诗经》中的“君子”形象重新改造阐释并推广于世。孔子明确将《诗经》中的君子形象定义为崇高的理想人格，并且以此为依托建立起了早期的儒家君子理论体系，为全社会道德伦理规范的建立奠定了坚实的基础，并提供了方向指导。对于《诗经》中孔子追求的“君子观”，究其实在内容，第一点便是“君子欲讷于言而敏于行”，也就是我们现在所讲的“谨言慎行”。但其意义又与今日的“谨言慎行”有所不同，并不是说要小心翼翼地做事并且小心谨慎地说话，而是要做到其行盖过其言，即行在言前，阐明了君子的“行”比“言”更重要。言行合一，方为君子的处世之道。从另一个方面来看，言行不一的极端便是不做实事却尽献谗言，这种人不配被称为“君子”。《诗经·小雅·巧言》载：“蛇蛇硕言，出自口矣。巧言如簧，颜之厚矣。”[①]这种辛辣讽刺的句子在《诗经》中并不常见，却直截了当地讽刺了贪官佞臣是利用花言巧语来误导周王治理朝政的丑恶嘴脸。因此，该诗实际上是希望上至王公贵族下至寻常百姓的所有君子都谨记，在与人交往中，一不言行不一，二不谗言诱人。君子要时刻保持清醒的头脑，不轻易听信他人的夸夸之谈，时刻保持自己的判断，守住本心。

第二点值得我们注意的便是君子需慎独。对于“慎独”一词，想必大家都不陌生，在学界甚至有人创立了“慎独学”以进行专门的研究。“慎独”这一带

① 程俊英. 诗经译注. 上海：上海古籍出版社，2004：332.

有典型儒家气质的词语，其实正是孔子依托《诗经》对君子的评述而做出的总结。《大雅·抑》云："相在尔室，尚不愧于屋漏。无曰不显，莫予云觏。神之格思，不可度思，矧可射思！"诗歌采取了颇具时代背景的神学思想来进行阐述，与我们今日所说的"举头三尺有神明"颇为相似，它论述的主体归根结底还是"人"，即君子要有良好的自我管理意识和自我监督精神。在古代，人们表达感情常常依托于神灵之言，实则这种精神品格依靠的并非神明，而是君子坚韧、强大的内心。行走在人生坦途之时，君子比其他人更加谨慎且心怀戒惧，这便是后世所说的"慎独"品质的雏形。当然，除此之外，孔子提倡的还有很多，比如，君子要"敏而好学""诚实守信"等。他对《诗经》有着极高的评价。《论语·季氏》中记录过孔子曾对弟子孔鲤说："不学诗，无以言。"《论语·阳货》还记载了孔子对《诗经》现实社会意义的高度认可，即"可以兴，可以观，可以群，可以怨"。这本传世经典不仅有极高的艺术价值和文学价值，还对人们精神品质的塑造大有裨益。可以说，《诗经》为后世儒家提倡的相关道德标准奠定了重要的基础。翻开《论语》，关于"君子"的论述俯拾即是，如"君子喻于义，小人喻于利""君子坦荡荡小人长戚戚""君子泰而不骄，小人骄而不泰""君子和而不同，小人同而不和""君子求诸己，小人求诸人""君子周而不比，小人比而不周""君子尊贤而容众，嘉善而矜不能"，等等。

随着时代的发展，儒家后世的代表人物如孟子及荀子则在孔子对《诗经》中君子观阐述的基础上，丰富了其内涵。但此时的儒家君子观也具有更加鲜明的自身特点与时代特点，即评判君子时更加强调君子的社会性和现实性。孟子和荀子都认为《诗经》中论述的君子是近乎完美的标准，虽然在现实生活中人无完人，但绝不应该放弃传统的道德标准模范，君子更应该用高标准来要求自己。孟子非常看重君子在全社会范围的道德模范作用。据传，公孙丑和孟子有过一次有趣的对话，他们就《诗经·魏风·伐檀》一诗展开了讨论。"坎坎伐辐兮，寘之河之侧兮，河水清且直猗。不稼不穑，胡取禾三百亿兮？不狩不猎，胡瞻尔庭有县特兮？彼君子兮，不素食兮！"①公孙丑对一些人不劳而获还被夸奖成"不素食兮"

① 程俊英. 诗经译注. 上海：上海古籍出版社，2004：165.

的现象提出了强烈的质疑，他认为这种人不配被称为“君子”，孟子回答道：“君子居是国也，其君用之，则安富尊荣；其子弟从之，则孝悌忠信。‘不素食兮’，孰大于是？”[①]他所传递的就是在阶级社会中，劳动者各司其职，有人创造物质层面的财富，就需要有人创造精神层面的财富，即君子需以德立人，做全社会的道德楷模。荀子是实践主义的坚定践行者，作为战国时期儒家思想的集大成者，他既继承了孔孟对《诗经》中君子观的认知成果，又在此基础上更注重宣扬实践精神。荀子认为，圣人从来都不是与生俱来的，而是经过后天的教化并用圣人的标准来要求自己而成为君子的，君子并非遥不可及，人人皆可做到，这类人便可被称为当之无愧的君子。他认为社会就应该是君子的社会，每个社会成员都有成为君子的潜质。君子并不是高高在上的圣人，君子观应该成为每个普通人奉行的价值准则，同时也是道德衡量标准，每个人都应竭尽所能，身体力行地去无限趋近这个标准。

总之，在两千五百多年前，相对于圣人而言，君子更具现实意义，所具有的社会价值也更为人们推崇。自春秋时代拉开序幕开始，西周原有“学在官府”的等级制度被打破。孔子和他的弟子们率先将教育普及至民间，学术下移这一创举使君子的内涵开始由重位向重德转变。孟子和荀子等儒学大家提倡更多的人可以通过后天的努力达到成为君子的条件，君子含义的不断丰富正面展现了中国古代文化与道德的升华。[②]

千百年来，中国人的精神世界不断得到更新与重建，主流的儒家思想蓬勃发展，依然占据了中国人民思想的主干，其继承并倡导的《诗经》中的君子观，也作为经久不衰的道德标准传承于世。

前文所提到的《诗经》中的“君子”的概念伴随着时代发展愈发清晰明了，到明代已经正式形成了“职位君子”“德位君子”的双重意义划分。这并不是空穴来风，而是与千年前的《诗经》中的君子形象一脉相承，这或许也是历史巧合的魅力所在。顾名思义，这时的“职位君子”便是掌握着国家政治大权的皇帝及

---

① 黄文娟，许海杰. 孟子. 北京：西苑出版社，2011：191.

② 张美玲.《诗经》中“君子”含义浅析. 学理论，2016（7）：159-160.

重臣，而“德位君子”仍是全社会道德规范的模范、标杆。不过此时的“君子”已早不如千年前经典中那样纯粹，修身克己早已经成了一句口号，甚至是一种奢求。“位君子”身居重位却已在权利的滋染下成了“伪君子”。一些真正有抱负的人意识到了社会正卷入一场道德危机。如王阳明，他便渴望成为像《诗经》中描写的古圣先贤一样德位相配的“真君子”，他信奉《诗经》中的君子观，将自己比作《节南山》中的“君子”，将昏君佞臣比作太师尹氏，向全社会发出“君子如届，俾民心阕。君子如夷，恶怒是违”[①]的警示。王阳明敏锐地认识到，世间人之所以利欲熏心、为人不正，根本原因在人欲之私。王阳明道出了成为圣贤君子的关键，即去除有我之私，发挥良知的主人翁作用，让天理之光明照彻每个人的身心。他创新性地从心学角度出发，对《诗经》中的君子观做出了新的解释，将传统的君子观提升到了一个全新的高度。

在社会甚至国家民族遭遇危机之时，《诗经》中的智慧和千百年来塑造出独有的道德价值体系就会迸发出无穷的力量。即便在近代，民族处于危亡的境地、古籍经典遭受严重破坏的时候，章太炎、梁漱溟、辜鸿铭等国学大师仍敢于在历史的转折点上站出来，向全社会传递古代经典中的精华。这种跨越千年的“交流”始终是中华民族不断前行的坚实动力。经典正是人类智慧的源泉、心灵的故乡与精神的寄托。也正因为如此，在科技快速发展、社会急剧转型、容易令人躁动不安的年代，人们更需要接近经典、阅读经典、品味经典。

总之，《诗经》中传递出的君子观构筑起千百年来中华民族的强大精神防线，在抵御外部力量冲击的时候，中华文化与中华民族的精神常常能展现出空前强大的生命力，且不会随着时代的推移而逐渐退化，反而更加强盛。《诗经》中传递的君子观同样教会我们在面对外部势力的时候，要学会兼容开放，这也是中华民族的精神基因。世界上其他三种古老文明——古巴比伦、古埃及、古印度文明都曾断于战火甚至被异族消灭，中华文明之所以没有出现过断层，正是由于我们骨子里有兼容并蓄的思想，使得中华文明不断发展更新，屹立于世界东方。

---

① 叶春林校注. 诗经. 武汉：崇文书局，2020：189.

第三节 《礼记》中的君子教育思想[①]

《礼记》就是关于“礼经”的“记”，即对经的诠释、讲解。透过《礼记》，可以看出儒家小至修身、大至治国的种种思想。儒家政治思想中最有名的理想社会就是大同与小康。在大同社会里，大道盛行，人性本善，亲亲爱人，各得其所，到“大道盛行天下为家”的时代，“各亲所亲，各子其子，货力为己”[②]，虽然稍逊，却也算是“小康”，尚属基本安定的社会。其最重要的支撑便是礼义，礼义并不是强制执行的律法，而是依循天地万物的常情而形成的规范，产生了维系人心的力量。我们通过《学记》看到了儒家教育理念的专论，作为最早的论述教育教学的专著，为教育者提供了很多有益的经验指导。在人际关系上，如《礼记·曲礼》中是以君子恭敬、撙节、退让以明礼。君子态度恭敬、凡事有节制、对人谦让，以此来体现礼。《礼记·表记》中的“君子不自大其事，不自尚其功，以求处情；过行弗率，以求处厚；彰人之善，美人之功，以求下贤”[③]，表明君子应该具有谦卑之素养，不夸大、抬高自己所做之事、所立之功，应该是有错就改，称赞他人之功等。《礼记》中还有很多我们耳熟能详的话语，如“道德仁义，非礼不成；教训正俗，非礼不备；分争辨讼，非礼不决”，“玉不琢，不成器；人不学，不知道”，“师严然后道尊，道尊然后民知敬学”，“好学近乎知，力行近乎仁，知耻近乎勇”，“凡事预则立，不预则废”，“苟利国家，不求富贵”，“富贵而知好礼，则不骄不淫；贫贱而知好礼，则志不慑”等，这些品质至今为我们传颂，是我们的行事准则。

本节将从君子的角度来逐个分析每一小节体现的君子教育思想：首先，着重分析了《曲礼》《檀弓》《礼运》《礼器》《玉藻》《学记》《乐记》《祭统》《经解》《坊记》《表记》《缁衣》《儒行》中的君子教育思想，通过对具体语句的分析，阐

① 本节由安阳师范学院教育学院教师魏臣宇撰写。

② 杨天宇. 礼记译注（上）. 上海：上海古籍出版社，2004：266.

③ 杨天宇. 礼记译注（下）. 上海：上海古籍出版社，2004：722.

述了君子应该有的品行；其次，简略分析了《王制》《文王世子》《杂记》《丧大记》《哀公问》《仲尼燕居》《孔子闲居》《投壶》《乡饮酒义》《射义》《聘义》《丧服四制》中的君子教育思想。虽然这几篇中关于君子的言辞相对较少，但也体现了君子教育思想，故而也进行了分析。《礼记》中的《大学》《中庸》两篇中的君子教育思想已在“四书”部分进行了论述。

一、《礼记》之君子教育相关语句分析

（一）《礼记·曲礼上》

《礼记·曲礼上》主要讲述了作为君子当持“敬”的态度，外表端庄，若有所思，说话安详，如此才能使人们感到安宁。接着，其教人应当廉恭节俭，以爱敬之道为人处世，依礼而行，入乡随俗。《礼记·曲礼上》还讲述了人一生不同年龄阶段的称谓和所应做之事，以及为人子者侍奉父母、立身行事、侍奉先生及登堂入室之礼。作为君子，首先要学会节制，把握好自己的情绪和欲望；其次要依“礼”而行，与人交往谦卑自持，尊敬对方，注重恭敬与入乡随俗；最后要尊敬长者，待人接物要和善。

敖不可长，欲不可从，志不可满，乐不可极。①

这里强调了节制的重要性，即君子要学会节制，

若夫坐如尸，立如齐，礼从宜，使从俗。②

君子要坐有坐姿，站有站相，礼仪的运用要符合时宜，出使别国要入乡随俗。

是以君子恭敬、撙节、退让以明礼。③

这要求君子待人处世要做到恭敬、节制、谦和有礼。

谋于长者，必操几杖以从之。长者问，不辞让而对，非礼也。④

---

① 杨天宇. 礼记译注（上）. 上海：上海古籍出版社，2004：1.
② 杨天宇. 礼记译注（上）. 上海：上海古籍出版社，2004：2.
③ 杨天宇. 礼记译注（上）. 上海：上海古籍出版社，2004：2-3.
④ 杨天宇. 礼记译注（上）. 上海：上海古籍出版社，2004：5.

同长者商议事情，一定要拿着几和杖到长者跟前去。长者问话要先谦让，如果不谦让就回答，那就不符合礼，要体现对长者的敬重及体贴照顾。

博闻强识而让，敦善行而不怠，谓之君子。君子不尽人之欢，不竭人之忠，以全交也。①

见闻广博、记忆力强又谦让，多做好事且不懈怠者，被称为君子。君子不要求人全心喜欢自己，也不要求人全力为自己尽忠，并且要把这种精神完美地保持下去。君子要善，待人接物时要竭尽全力，不断地培养和坚持好的生活习惯和学习习惯。

（二）《礼记·曲礼下》

《礼记·曲礼下》首先记录了卿大夫和士日常生活中应遵循的礼仪，主要有出入君门之礼、迎接宾客登堂之礼、授受之礼、为长者扫除之礼、布席之礼、弟子侍奉先生和君子之礼、男女和父子异席之法、取名之避讳和男女冠笋取字之礼、卿大夫燕食宾客之礼、侍奉长者饮食和饮酒之礼、为亲属报仇之法、卿大夫和士之责任等。其次，还有丧葬和祭祀礼仪，如父母有疾病和家有丧事时儿子应守之礼、向人献物之礼及为使者之礼。又有居丧、吊唁、送葬之礼和处理祭祀用品之礼、避讳之法、卜日之礼、丧葬时应做之事、相关禁忌之事等。最后是君臣之礼和君礼，如营造宫室时，当以宗庙为先；君臣相见时的答拜之礼；春猎期间的禁忌；灾荒之年君臣应守之礼；君臣在平时应守之礼；大夫和士献国君之礼；国君等离开国都时，臣民劝阻之辞；国君、大夫、士应坚守其职，至死不渝，以及与此相关的称谓；臣子与人沟通时的目光朝向之礼；臣子之间处理君命之礼；辍朝之禁忌；大飨礼的注意事项。总而言之，《礼记·曲礼下》的记述包括多个方面，从多个方面体现了君子的行“礼”之举。

君子行礼，不求变俗。②

君子居住在别国行礼，不要求改变本国的礼俗。

君子将营宫室，宗庙为先，厩库为次，居室为后。凡家造，祭器为先，牺赋

---

① 杨天宇. 礼记译注（上）. 上海：上海古籍出版社，2004：24.

② 杨天宇. 礼记译注（上）. 上海：上海古籍出版社，2004：37.

为次，养器为后。无田禄者，不设祭器。有田禄者，先为祭服。君子虽贫，不粥祭器；虽寒，不衣祭服。为宫室，不斩于丘木。①

君子营建宫室，要先建宗庙，其次是马厩、仓库，居室最后建。君子即使贫穷，也不卖祭器；即使寒冷，也不穿祭服。建造宫室，不砍伐墓地的树木，体现了君子对祭祀的重视，即君子时刻都要把祭祀放在最重要的位置，这也从侧面反映了君子的傲骨精神。

君子不亲恶。②

这里是说君子不亲近有罪恶的人，体现了君子的正直。

总之，《曲礼》是从君子本身出发，对君子提出了一些要求，如要节制、端庄、谦卑、尊敬长者，要见识广博择善而行，其内在精神是追求“仁”与“静”，外在功用是注重“和谐”。与此同时，在各种场合中都要注意“礼”的运用。

（三）《礼记·檀弓》

《礼记·檀弓》记载了各种行礼故事，尤以丧礼为多，通过对古代丧葬礼俗的生动事例和简明义理的阐述，使亲亲之情涉及泛爱众，又将亲亲之情推向尊尊，以赤子的孝心从事社会政治生活，维护了宗族秩序和国家政治稳定，体现了传统文化对民族的凝聚力。君子要择善而行，注意自己的言行举止，牢记自己的使命与担当。

君子之爱人也以德，细人之爱人也以姑息。③

君子爱人通常是以德服人，而小人爱人更多的是姑息迁就，这样一来，就体现了君子的择善而行。

故君子之执亲之丧也，水浆不入于口者三日，杖而后能起。④

君子为双亲服丧，水浆三天不入口，扶着杖仍然能起身，体现了君子对自己身体健康状况的把握，也是对自身责任的担当，即君子要学会把握分寸，虽然万

① 杨天宇. 礼记译注（上）. 上海：上海古籍出版社，2004：39.
② 杨天宇. 礼记译注（上）. 上海：上海古籍出版社，2004：47.
③ 杨天宇. 礼记译注（上）. 上海：上海古籍出版社，2004：62.
④ 杨天宇. 礼记译注（上）. 上海：上海古籍出版社，2004：68.

分伤心，但也要注意身体的养护，以面对后续的生活。

君子曰：“谋人之军师，败则死之；谋人之邦邑，危则亡之。”①

它要求君子时刻对自己高要求，牢记自己的使命与担当，把个人荣辱与家国重事融为一体。

丧事欲其纵纵尔，吉事欲其折折尔。故丧事虽遽不凌节，吉事虽止不怠。故骚骚尔则野，鼎鼎尔则小人，君子盖犹犹尔。②

办理丧事要有急切而紧迫的样子，办理吉事要显示出从容舒缓的样子，因此丧事即使再急切也不能超越应有的礼节和步骤，吉事虽然从容，但不能懈怠懒惰。因为过于急促会显得粗野，过于迟缓会像个小人，君子要快慢适中，并进退有度。这就体现了君子对自我的一种约束，无论外在与内在，都要时刻注意融为一体。

丧具，君子耻具。一日二日而可为也者，君子弗为也。③

丧葬用的各种器物与器具，君子以提前准备为耻，一两天就可以赶制出来的物品，君子就不应提前准备。这体现了君子的可为与不可为精神，要时刻注意自己的行为，以显示对生者的敬重。

总之，《礼记·檀弓》通过对一些丧葬礼仪的陈述，告诫君子对待他人要学会“敬之以德”，对待国家要牢记“使命担当”，对待丧吉之事要知道轻重缓急，时刻有一颗持“礼”之心，行“礼”之举，慎重思考，择善而行。

（四）《礼记·王制》

《礼记·王制》主要记载了以周代为主的爵禄、封国、职官、祭祀、丧葬、田猎等制度，是古代帝王治理天下的重要纲领。古代先贤渴望建立一个自由、平等、诚信、有序、祥和的国家。在这个国家里，人们按照自然万物的规律，从事社会生产工作，没有贫富差距、恃强凌弱、坑蒙拐骗，君主、臣民各司其职，不敷衍和逾越其职责，个体也能少有所学，老有所养，才有所用，人与人能够互敬互爱，将心比心。也就是说，《礼记·王制》构建的政治秩序体现了礼制的至高

① 杨天宇. 礼记译注（上）. 上海：上海古籍出版社，2004：80.
② 杨天宇. 礼记译注（上）. 上海：上海古籍出版社，2004：82.
③ 杨天宇. 礼记译注（上）. 上海：上海古籍出版社，2004：82.

无上，试图让礼制社会中人的行为合乎天道，追求天人合一，而民众对礼制更多的是自我接受，而非动用强制手段。整篇《礼记·王制》虽然没有对君子提出明确的要求，但是无时无刻不体现出君子的修为。在这样一个亲亲爱人、注重秩序的国家里，统治者需要爱民如子，君子作为国家的一分子，在为君主出谋划策的时候，始终要以博爱的心爱民众，与此同时，还要遵规守纪，与他人互敬互爱，以为社会做出表率。

（五）《礼记·文王世子》

郑玄《目录》云："名曰'文王世子'者，以其记文王为世子时之法。"[①]《礼记·文王世子》主要记录了文王、武王作为世子及周公教导成王之事，包括教导世子的方法及对庶子公族在政事中的各种规定。作为君主，文王与武王尽心尽力地侍奉父母，不敢有一丝懈怠，作为君子，更要有仁爱、有德行、有担当。

君子曰："德，德成而教尊，教尊而官正，官正而国治。"[②]

君子认为，道德很重要，道德养成后教导尊严，教导尊严后为官就会廉正，为官廉正则国家就会治理好。也就是说，君子要有德行，要清正廉明。

古之君子举大事必慎其终始，而众安得不喻焉？[③]

古代的君子，在举行大事时，一定会慎重地安排好开始与结尾，确保每一个环节都尽善尽美。这种对细节的严谨把控和对事务的全面负责，正是君子仁爱之心和完备德行的体现。试问，如此行事，大众又怎会不理解君子的德行呢？

总之，《礼记·文王世子》是以君子对世子的教导，传递出了教育的内涵，即"教，上所施下所效也"，"育，养子使作善也"[④]。君子更要学会以德立德，弘扬真善美的价值观。

（六）《礼记·礼运》

"礼运"，即礼之运行。郑玄《目录》曰："名曰'礼运'者，以其记五帝三

---

① 任铭善. 礼记目录后案. 济南：齐鲁书社，1982：21.

② 杨天宇. 礼记译注（上）. 上海：上海古籍出版社，2004：253.

③ 杨天宇. 礼记译注（上）. 上海：上海古籍出版社，2004：263.

④ 胡芳. 中国智慧：故事中的新思想. 成都：四川大学出版社，2021：231.

王相变易，阴阳转旋之道。”[①]《礼记》讨论的是礼的源流与运行、运用，以孔子答偃问的形式，论述了三王、五帝的“大同”“小康”之治，分析了礼的起源、发展、演变至完善的过程，探讨了圣王制礼的原则，批评了周末礼衰、天子诸侯违礼失政，进一步论述了礼在治国安民方面的重要作用，同时指出了人与天地、阴阳、鬼神、五行之间的密切关系。[②]

《礼记》中的理想社会是，大同世界是天下公民共有的，选择贤能的人并把领袖的地位传给他，人与人之间讲信用、和睦相处。人们不只是爱自己的双亲，不只是抚养自己的子女，还要使老年人得以终养，壮年人有用武之地，幼童能得到抚育，年老丧父或丧妻而孤独无靠的人及残疾人都能得到照顾和赡养；男子都有自己的职业，女子都能适时婚嫁；嫌恶财物被糟蹋浪费，但并不必为己所有；嫌恶有力气偷懒不用，但并不必为自己服务。因此，阴谋诡计被扼制而不得施展，盗窃和乱臣贼子不会产生，外出可以不用关门，这就是大同社会。

小康社会是人们各自亲爱自己的双亲，各自抚养自己的子女，财物和人力都据为己有，把国君世袭作为礼，修筑城郭和护城河来加固防守，把礼仪作为纲纪，用来端正君臣关系，加深父子感情，使兄弟和睦、夫妻和美，并据以建立制度，划分田里，尊重勇士和才智之士，期待建功立业。

为了社会的和睦，君王要体信达顺，能遵循天道，通人情而礼制达于天下，治国有法。作为君子就要实行礼制，彰明道义，成就信用，照察过失，仁爱，谦让，重情义。《礼记·礼运》没有用具体的语言来对君子提出要求，但是其构建的大同社会与小康社会是需要君子积极参与的。在这样一个社会中，需要君子仁爱、礼让、诚信、谦让。

（七）《礼记·礼器》

郑玄曰：“名为‘礼器’者，以其记礼使人成器之义也。”[③]成器，指成德器之美或用器之制。方惠说：“形而上者谓之道，形而下者谓之器。道运而无名，

① 任铭善. 礼记目录后案. 济南：齐鲁书社，1982：23.

② 胡平生，张萌译注. 礼记（上）. 北京：中华书局，2018：419.

③ 任铭善. 礼记目录后案. 济南：齐鲁书社，1982：26.

器运而有迹。《礼运》言道之运，《礼器》言器之用。”①本篇主要内容为记述礼本忠信，反本修古，以诚为贵等基本精神和特点。

故君子有礼，则外谐而无内怨，故物无不怀仁，鬼神飨德。②

君子要具有“礼”“仁”之内在素养，有礼、有仁才能达到和谐无怨，鬼神也乐享有德者的祭祀。

礼之以多为贵者，以其外心者也。德发扬，诩万物。大理物博，如此则得不以多为贵乎？故君子乐其发也。③

礼物之所以多为贵，就是为了将内心的德性表现在外，王者发扬内心的仁德，才能遍及万物，并统理万事万物，这样能不以多为贵吗？所以君子乐意用礼向外界展示德性。

礼之以少为贵者，以其内心者也。德产之致也精微，观天下之物，无可以称其德者，如此则得不少以为贵乎？是故君子慎其独也。④

礼物之所以以少为贵，就在于它专注内心之德的诚敬，内心之德达到极致，精深微妙，遍观天下万物没有任何东西与之匹配，这样的话能不以少为贵吗？所以君子审慎地用少的礼来展现自己的德。

是故君子之行礼也，不可不慎也，众之纪也，纪散而众乱。⑤

君子行礼不可不慎重，因为君子的行为就是众人行事的纪律，纪律散了，众人也就乱了，所以君子要有自律精神与责任意识。

君子之于礼也，有所竭情尽慎，致其敬而诚若，有美而文而诚若。君子之于礼也，有直而行也，有曲而杀也，有经而等也，有顺而讨也，有摲而播也，有推而进也，有放而文也，有放而不致也，有顺而摭也。⑥

君子对于礼，有竭真情、尽戒慎、致恭敬而表达真诚和顺之心的，有通过美化、文饰而表达真诚和顺之心的。君子对于礼，有直接表达真情而不加节制的，有为尊者所屈而降低礼的等级的，有成为定制而凡人都同样遵循的，有顺着等级

① （西汉）戴圣著，傅春晓译注. 礼记精华. 沈阳：辽宁人民出版社，2018：133.

② 杨天宇. 礼记译注（上）. 上海：上海古籍出版社，2004：284.

③ 杨天宇. 礼记译注（上）. 上海：上海古籍出版社，2004：290.

④ 杨天宇. 礼记译注（上）. 上海：上海古籍出版社，2004：291.

⑤ 杨天宇. 礼记译注（上）. 上海：上海古籍出版社，2004：291.

⑥ 杨天宇. 礼记译注（上）. 上海：上海古籍出版社，2004：294.

的降低而依次降低规格的，有取在上位者的礼物而施于下的，有推位卑者而可行尊者之礼的，有效仿他物刻绘花纹而不敢超越最高标准的，有自上而下顺序有所取择的。

是故君子之于礼也，非作而致其情也，此有由始也。①

君子对行礼不是虚情假意，而应该是心怀诚意，即君子要从容温厚。

君子曰：“无节于内者，观物弗之察矣。欲察物而不由礼，弗之得矣。”②

在君子看来，如果内心没有礼仪的检验标准，观察事物就不能明辨是非高下。观察事物而不从礼仪下手，就不可能得到正确的认识。所以办事不按照礼仪去做，就得不到别人的尊重；说话不按照礼仪去做，就得不到别人的信任，所以礼就成了万事万物的准则。对于君子而言，内心要有检验事物的标准，即君子要有一个行事准则与判断标准。

祀帝于郊，敬之至也。宗庙之祭，仁之至也。丧礼，忠之至也。备服器，仁之至也。宾客之用币，义之至也。故君子欲观仁义之道，礼其本也。③

天子亲自在南郊祭祀天帝，这是崇敬的最高表现。宗庙的祭祀，这是仁爱的最高表现。举行丧礼，这是忠诚的最高表现。为丧礼准备衣服和随葬的明器，这是仁爱的最高表现。宾客赠送币帛，这是义的最高表现。因此君子要观察仁义之道，观察礼仪，这是最根本、最基础的。这就要求君子要有仁、义、忠、敬四种品德。

君子曰：“甘受和，白受采，忠信之人，可以学礼。苟无忠信之人，则礼不虚道。是以得其人之为贵也。”④

君子认为，甜味可以接受五味的调和，白色可以接受各种颜色。只有忠信之人才可以学礼。倘若没有忠信品德的人，礼也不会虚浮地跟从于他，所以学礼得到忠信品质的人最可贵。因此，对君子而言，具有忠信的品质很重要。

总之，礼的根本在于“反其所自身”，即“反本修古，不忘其初”，以报本反始之意为主。乐之特性乃“乐其所自成”，即在发散、愉悦、轻松的状态下彰显

① 杨天宇．礼记译注（上）．上海：上海古籍出版社，2004：296.
② 杨天宇．礼记译注（上）．上海：上海古籍出版社，2004：297-298.
③ 杨天宇．礼记译注（上）．上海：上海古籍出版社，2004：302.
④ 杨天宇．礼记译注（上）．上海：上海古籍出版社，2004：302.

其功德之盛。作为君子要想达到礼的精神状态，就需要收敛、恭敬、节制。以礼之庄敬戒慎处事，则因事而动，不致有过失；以乐宣导意志情绪，则内心平和无郁滞之气。礼以制外物，乐以制心，内外皆得顺理，是礼乐之动，故而由礼乐可见君子的政治之臧否与德性之善恶。

（八）《礼记·玉藻》

《礼记·玉藻》记载了天子、诸侯、卿大夫、士和后、夫人及命妇等的服制，具体细分为冠制、带制、笏制、玉佩之制等，即服饰和礼容之礼。

君子远庖厨，凡有血气之类，弗身践也。①

君子要远离厨房，不能看有血、有气的动物被宰杀的过程，这体现了君子的仁爱之心。

君子之居恒当户，寝恒东首。若有疾风，迅雷，甚雨，则必变，虽夜必兴，衣服、冠而坐。日五盥，沐稷而靧粱，栉用樿栉，发晞用象栉。进禨，进羞，工乃升歌。浴用二巾：上絺下绤。出杅，履蒯席，连用汤，履蒲席，衣布，晞身，乃屦，进饮。将适公所，宿齐戒，居外寝，沐浴。史进象笏，书思对命。既服，习容观，玉声，乃出，揖私朝，辉如也，登车则有光矣。②

君子居处总是对着门户，即使睡觉时也总是头朝东方。如果刮大风、打雷下雨，君子就会做出相应的调整，改变姿态仪容，即使已经是深夜，依旧要爬起来穿好衣服，带好冠冕，端坐好。君子每天要洗五次手，要用淘洗稷米的水洗头发，用淘粱米的水洗脸，头发洗好后，用白理木制作的梳子梳理。头发晾干后就用象牙梳子梳理。沐浴后体力消耗，要进酒进食，同时乐工升堂唱歌。洗澡需要用两条浴巾，洗上身用细葛巾，洗下身用粗葛巾，从浴盆中出来要站在蒯席上，搓去脚上的污垢，然后用热水冲洗双脚，再踏上蒲席，穿上浴衣，擦干身子，穿好鞋子，喝酒并吃些食物，听乐工奏乐。

君子之容舒迟，见所尊者齐遬，足容重，手容恭，目容端，口容止，声容静，头容直，气容肃，立容德，色容庄，坐如尸，燕居告温温。凡祭，容貌颜色

---

① 杨天宇. 礼记译注（上）. 上海：上海古籍出版社，2004：363.

② 杨天宇. 礼记译注（上）. 上海：上海古籍出版社，2004：364.

如见所祭者。丧容累累，色容颠颠，视容瞿瞿梅梅，言容茧茧。戎容暨暨，言容詻詻，色容厉肃，视容清明。立容辨卑毋謟，头颈必中，山立，时行，盛气颠实扬休，玉色。①

君子的仪容仪貌要恬淡娴雅，见到尊敬的人要谦和恭谨。君子的举足要稳重，举手要恭敬，目不斜视，口不妄言，声不粗粝，头不偏斜，呼吸要平静，站立时面色容颜庄重而不懈怠，坐下时如同祭祀中的尸端坐在神位上一样，闲处时，指导人、教育人要温柔和善。凡是祭祀时，容颜与面色就要像真正看见祭祀的鬼神一样敬重。孝子服丧时，要显示出瘦病疲惫的样子，脸上呈现忧郁的神色，目光模糊不清，说话声细而微弱。君子身穿戎装时，神情果敢而刚毅，号令严明而凌厉，面容威严而肃穆，目光清澈而明察。站立时，谦卑而不谄媚，头颈中正不倾斜，如同山一般耸立不动摇，行动时干脆利落，面色温润如玉。

总体而言，《礼记·玉藻》更多的是对君子的服饰和仪容之礼提出了要求，即君子不仅要注重外在的仪容仪表，还要注重内在的品行修炼，无论身处何时何地何种场景，都要表现出谦谦君子应该有的样态，进而实现内外兼修，文质统一。

（九）《礼记·学记》

《礼记·学记》以其记人学，教之义。《礼记·学记》是相当完整而且成熟的教育论著，开明宗义，既指出了化民成俗的教育意义，也提出了教学相长的重要观念，并指出教育者具体可行的教学方法——预防、适时、循序、观摩，尤其重视引导学生，而非一味强迫学生记诵。同时，它还从教育者与学习者的不同角度讨论了有关学习的原则。

首先，《礼记·学记》记述了学与教的重要意义。

君子如欲化民成俗，其必由学乎。玉不琢，不成器。人不学，不知道。②

虽有嘉肴，弗食，不知其旨也。虽有至道，弗学，不知其善也。是故学然后知不足，教然后知困。知不足，然后能自反也。知困，然后能自强也。故曰教学

① 杨天宇. 礼记译注（上）. 上海：上海古籍出版社，2004：386.

② 杨天宇. 礼记译注（下）. 上海：上海古籍出版社，2004：456.

相长也。[①]

可以看出，教学对社会很有用，由此推出“学无当于五官，五官弗得不治。师无当于五服，五服弗得不亲”。

其次，《礼记·学记》记录了古代学校的建制、学习方法、学习原则和尊师重教之道，如“家有塾，党有庠，术有序，国有学”[②]。学校依下而上有塾、庠、序、学；学习方法主张循序渐进，由易到难，如幼学听而弗问，学不躐等也；学习原则有“学然后知不足，教然后知困”[③]的教学相长原则，“禁于未发之谓‘豫’”[④]的预防性原则，“当其可之谓‘时’”[⑤]的及时施教原则，“不陵节而施之谓‘孙’”[⑥]的循序渐进原则，“道而弗牵，强而弗抑，开而弗达。道而弗牵则和，强而弗抑则易，开而弗达则思。和、易以思，可为善喻矣”[⑦]的启发性原则，“学者有四失，教者必知之。人之学也，或失则多，或失则寡，或失则易，或失则止。此四者，心之莫同也。知其心，然后能救其失也”[⑧]的启发诱导原则，“大学之教也，教必有正业，退息必有居”[⑨]的藏息相辅原则。对于老师，要尊师重道，如“大学始教，皮弁祭菜，示敬道也”[⑩]。

再次，《礼记·学记》记述了当时教学的弊端和改正方法，即为师之道。

今之教者，呻其占毕，多其讯，言及于数，进而不顾其安，使人不由其诚，教人不尽其材，其施之也悖，其求之也佛。[⑪]

教师要适时教育，相互观摩，如此才能使教育兴盛。

最后，《礼记·学记》记述了学生容易犯的弊病和择师之道。学生往往容易犯贪多、半途而废等毛病，教师一定要纠正，“是故择师不可不慎也”。

---

① 杨天宇. 礼记译注（下）. 上海：上海古籍出版社，2004：457.
② 杨天宇. 礼记译注（下）. 上海：上海古籍出版社，2004：457.
③ 杨天宇. 礼记译注（下）. 上海：上海古籍出版社，2004：457.
④ 杨天宇. 礼记译注（下）. 上海：上海古籍出版社，2004：460.
⑤ 杨天宇. 礼记译注（下）. 上海：上海古籍出版社，2004：460.
⑥ 杨天宇. 礼记译注（下）. 上海：上海古籍出版社，2004：460.
⑦ 杨天宇. 礼记译注（下）. 上海：上海古籍出版社，2004：461.
⑧ 杨天宇. 礼记译注（下）. 上海：上海古籍出版社，2004：462.
⑨ 杨天宇. 礼记译注（下）. 上海：上海古籍出版社，2004：459.
⑩ 杨天宇. 礼记译注（下）. 上海：上海古籍出版社，2004：458.
⑪ 杨天宇. 礼记译注（下）. 上海：上海古籍出版社，2004：460.

君子对学习应有的态度是“藏焉，修焉，息焉，游焉，夫然故，安其学而亲其师，乐其友而信其道，是以虽离师辅而不反”①。也就是说，君子对学习要心怀学习之志，不断地进修学业，休息、游观时也不忘学习，这样才能学好。同时，君子要亲爱老师，喜欢学友，笃信所学。

君子对教育所持的观点是“君子既知教之所由兴，又知教之所由废，然后可以为人师也。故君子之教喻也，道而弗牵，强而弗抑，开而弗达。道而弗牵则和，强而弗抑则易，开而弗达则思。和易以思，可为善喻矣”②。君子既要知道教育兴盛的方法，也要知道教育失败的原因，然后就可以为人师表了。所以君子教育学生时，要引导而不是牵制，鼓励而不是抑制学生的进取，要启发学生独立思考，但不要说透。能够使学生无抵触情绪，易于领会接受，又能独立思考，就可以称得上会教育了。也就是说，君子在教育过程中要学会启发和引导。

君子知至学之难易，而知其美恶，然后能博喻。能博喻然后能为师，能为师然后能为长，能为长然后能为君。故师也者，所以学为君也。是故择师不可不慎也。③

君子要知道做学问有难有易，学生的资质有高有低，然后广泛地因材施教。能广泛地因材施教，才能为人师表；能为人师表，才能做官；能做官，才能做国君。因此学习做老师就是学习做国君。

君子：“大德不官，大道不器，大信不约，大时不齐。察于此四者，可以有志于学矣。”④

在君子看来，道行最高的人，不限于担任一种官职；懂得大道理的人，不局限于一定的用处；最讲诚信的人不必靠立约来约束；能把握重要时机的人，不要求一切行动都整齐划一。懂得这些，就能明确学习的志向。

总而言之，《礼记·学记》从教育者的角度对君子提出了一些要求：既要懂得学与教的意义，也要把握教育原则；既要懂得教育兴盛对整个国家、民族的重要性，也要从自身出发，让自己博学、品德高尚、志向远大。

---

① 杨天宇. 礼记译注（下）. 上海：上海古籍出版社，2004：459.

② 杨天宇. 礼记译注（下）. 上海：上海古籍出版社，2004：461.

③ 杨天宇. 礼记译注（下）. 上海：上海古籍出版社，2004：462.

④ 杨天宇. 礼记译注（下）. 上海：上海古籍出版社，2004：465.

（十）《礼记·乐记》

《礼记·乐记》主要阐述了乐的形成与功能，论述了礼、乐的关系及其影响，并把礼乐之精神与内涵传递给君子，让君子宽厚沉静、温柔正直、心胸宽广、恭顺节俭、廉洁谦虚、率直慈爱、温良且善于决断。

唯君子为能知乐，是故审声以知音，审音以知乐，审乐以知政，而治道备矣……知乐，则几于礼矣。礼乐皆得，谓之有德。德者，得也。①

只有君子能够懂得“乐”，通过审察声就可以懂得音，审察音就可以懂得乐，审察乐就可以懂得政治，这样就懂得了治理国家的道理。因此，不懂得声，就不能和他谈论音，不懂得音，就不能和他谈论乐，懂得乐就等于懂得礼了。对于君子而言，懂得了乐，就差不多懂得了礼，礼和乐都懂得了，称为“有德”。

君子动其本，乐其象个，然后治其饰。②

君子内心有所感动，喜欢用音乐来表现，然后加上文采节奏，达到的效果是“是故情见而义立，乐终而德尊，君子以好善，小人以听过，故曰‘生民之道，乐为大焉’”③，即乐使感情得到表现、道义得到确立、德行受到尊崇，小人也因此发现自己的过失。

君子听钟声，则思武臣。

君子听磬声，则思死封疆之臣。

君子听琴瑟之声，则思志意之臣。

君子听竽笙管之声，则思畜聚之臣。

君子听鼓鼙之声，则思将帅之臣。

君子之听音，非听其铿铃而已也，彼亦有所合之也。④

君子听到钟声铿锵，就会想到武臣；君子听到石声磬磬，就会想到为守卫疆土而死的将士；君子听到琴瑟之声，就会想到立志守义之臣；君子听到竽笙箫管之声，就会想到容纳安抚百姓之臣；君子听到鼓鼙之声，就会想到能够统

① 杨天宇. 礼记译注（下）. 上海：上海古籍出版社，2004：470.

② 杨天宇. 礼记译注（下）. 上海：上海古籍出版社，2004：487.

③ 杨天宇. 礼记译注（下）. 上海：上海古籍出版社，2004：487.

④ 杨天宇. 礼记译注（下）. 上海：上海古籍出版社，2004：496.

领军队的将帅之臣。君子听音乐不仅仅是听乐器的铿锵声，而是能够从音乐中听出与心灵相契合的东西。也就是说，君子本身具有忧国忧民、居安思危的家国情怀。

君子曰：“礼乐不可以斯须去身。”致乐以治心，则易、直、子、谅之心，油然生矣。易、直、子、谅之心生则乐，乐则安，安则久，久则天，天则神。[①]

君子认为，礼乐片刻都不能离开身心。详细审视礼乐的作用以加强内心修养，那么平易、正直、慈爱、诚信之心就会油然而生。具有平易、正直、慈爱和诚信之心，就会感到精神快乐，精神感到快乐，就会心灵安宁，心灵安宁，就会持久地自我休养生息，持久则能成自然，自然就可达到神的境界。作为君子就应该有良好的修养，即平易、正直、慈爱、诚信。

总之，《礼记·乐记》是希望培养出宽厚沉静、温柔正直、心胸宽广、恭顺节俭、廉洁谦虚、率直慈爱、温良而善于决断的君子。对于君子个人而言，就要有谦卑的态度、先见之明、宽广的胸怀，能克服视域中的遮蔽现象。

（十一）《礼记·杂记》

《礼记·杂记》的内容以丧礼为主，尤其是记载了丧礼中出现意外情况时，应当如何办丧事、穿丧服等。例如，诸侯在出国访问时，突然死于路途或驿站，该如何招魂、运送尸体回家？大夫、士出门在外，死于路途或驿站，该如何招魂、运送尸体回家？国君、国君夫人和臣子、臣子的父母等死后，如何向他国国君和本国国君报丧？身为大夫或士，如何为家人服丧？招魂用什么衣服？妇人的丧事如何办理？不同级别的人如何参加别人的丧事并赠送助葬礼物？为父亲服丧期间，母亲突然去世怎么办？凡类似这样的情况，《杂记》都一一做了解答。同时，它还记载了翼庙礼、诸侯出夫人之礼和一般的出妻礼、妇见舅姑之礼、女子笄礼和禅制等。

君子上不僭上，下不偪下。[②]

---

① 杨天宇. 礼记译注（下）. 上海：上海古籍出版社，2004：502.

② 杨天宇. 礼记译注（下）. 上海：上海古籍出版社，2004：553.

君子的行为要与身份相匹配，既不能冒犯上级，也不能逼迫下级。也就是说，君子对上下级之间关系的处理要保持不逾越的态度，把握与摆正自己的态度，时刻注意行为与环境相称。

（十二）《礼记·丧大记》

《礼记·丧大记》是以记载丧礼为主，与《礼记·丧服小记》《礼记·杂记》比较，其内容更为详细、宽泛，尤其是比较清晰地记载了国君、大夫、士临死前，为其更衣、属纩和始死、小敛、大敛、殡葬的全过程。

丧礼的存在强调对个体生命归宿的尊重，对个体生命价值的肯定，同时也包含着对个体生命一生行为品质的总结。丧礼表达的是生命终结时的恭送情怀，丧礼的重要特征是体现道德，这也是君子品德的重要体现，所以通过丧礼的形式来要求君子时刻注重礼仪、礼节，并注重在整个丧葬礼仪中保持君子该有的品德，如孝顺、恭敬、谨言慎行、内外兼修、忠信笃敬等。

（十三）《礼记·祭统》

祭礼是吉、凶、宾、军、嘉“五礼”中最重要的礼仪。

凡治人之道，莫急于礼。礼有五经，莫重于祭。①

它从贤者之祭、孝子之祭、准备祭物、祭祀之诚信、祭前斋戒、夫妇亲自参加祭祀、祭祀时贡献祭品和歌舞及祭祀之后给下人施以恩惠，最后指出祭祀的教化作用，即“祭者，教之本也”②。祭祀有四时的区别，即春礿、夏禘、秋尝、冬烝，其中以禘、烝最为重要，“治国之本也”。铭文是祭祀祖先的一种方式。《礼记·祭统》记录了鼎上铭文的性质、内容和意义。该篇以孔悝铭文为例，说明了撰写铭文应当真实可信，使祖先芳名流传后世，最后记鲁国因周公功德卓著，可以用天子礼乐。

及时将祭，君子乃齐。齐之为言齐也，齐不齐，以致齐者也。是以君子非有大事，非有恭敬也，则不齐。不齐则于物无防也，嗜欲无止也。及其将齐也，防

---

① 杨天宇. 礼记译注（下）. 上海：上海古籍出版社，2004：631.

② 杨天宇. 礼记译注（下）. 上海：上海古籍出版社，2004：638.

其邪物，讫其嗜欲，耳不听乐，故《记》曰：“齐者不乐。”言不敢散志也。心不苟虑，必依于道。手足不苟动，必依于礼。是故君子之齐也，专致其精明之德也。故散齐七日以定之，至齐三日以齐之。定之之谓齐。齐者，精明之至也，然后可以交于神明也。①

到了将要举行祭祀的时候，君子就要斋戒。斋戒也可以说是整齐的意思，就是把身上和心里不整齐的东西整理一下以求达到整齐。所以，君子在不从事于祭祀，不需要恭敬的场合，就不斋戒。不斋戒，做事就没有禁忌，嗜欲也没有限制。但到了要斋戒的时候，禁忌之事就不能再做，嗜欲也要加以限制，耳不听音乐。所以古书上说：“斋戒的人不举乐。”也就是说，斋戒的时候，不敢分散心思。心无杂念，所思所想必然合乎正道；手足不乱动，抬手动脚必然合乎规矩。所以君子的斋戒，其目的就在于达到身心的纯洁。

是故君子之祭也，必身自尽也。②

君子举行祭祀，一定要亲自尽心尽力去做，这样才能表明敬仰神灵的心志，即君子既要重视祭祀，也要重视自身的身清明净。

古之君子，论撰其先祖之美，而明著之后世者也，以比其身，以重其国家如此。子孙之守宗庙、社稷者，其先祖无美而称之，是诬也；有善而弗知，不明也；知而弗传，不仁也。此三者，君子之所耻也。③

古代的君子会写文论述先祖的美德，而使其昭著于后世，并将自己的名字附于其下，这说明他是如此看重自己的国家。子孙们守卫着自己的宗庙、社稷，如果说其先祖没有美德可以称颂，那是诬枉；如果先祖有美德自己却不知道，那就是愚暗；知道自己先祖的美德而不能使之流传于后世，那就是不仁。对于这三种情形，君子都应该感到耻辱。这就体现了君子对祭祀与传承的重要性的认识，致敬而广其义也。

总体而言，《礼记·祭统》通过对整个祭祀礼的阐述，让君子能够体会到祭祀与传承的意义和价值，领悟儒家伦理道德。

① 杨天宇. 礼记译注（下）. 上海：上海古籍出版社，2004：634.
② 杨天宇. 礼记译注（下）. 上海：上海古籍出版社，2004：636.
③ 杨天宇. 礼记译注（下）. 上海：上海古籍出版社，2004：647.

（十四）《礼记·经解》

《礼记·经解》主要解释《诗经》《尚书》《礼》《乐经》《易经》《春秋》对人的教化作用。《诗经》教人温柔厚道，《尚书》教人知书通达，《礼》教人恭敬、节俭又庄重，《乐经》教人豁达、平易且善良，《易经》教人纯洁、文静、细心，《春秋》教人判断是非。对于君子而言，这些品德都要具有，并且一直以来，《诗经》《尚书》《礼》《乐经》《易经》《春秋》都是君子需要研读的优秀著作，需要君子具备知书达礼、温柔厚道、平易善良、文静细心、恭敬节俭等品德。该篇还着重论述了“礼”的重要性。

故礼之教化也微，其止邪也于未形，使人日徙善远罪而不自知也，是以先王隆之也。①

《易》曰：“君子慎始。差若毫釐，谬以千里。”此之谓也。②

礼的教化作用是细微且隐性的，它能在邪恶形成或产生之前起到预防作用，让人在不知不觉中日趋善良，远离罪恶，因此先王特别重视它。也就是说，君子自始至终都要明礼、懂礼，并懂得如何用礼。

（十五）《礼记·哀公问》

《礼记·哀公问》是鲁哀公与孔子问答之辞，是用鲁哀公问、孔子答的形式记录的。具体来说，所问所答者乃关于礼、政两件事。鲁哀公先问：大礼是怎样的？君子谈到礼时，为什么态度那样恭敬？孔子回答说：礼是人生中最重要的事。

非礼无以节事天地之神也，非礼无以辨君臣、上下、长幼之位也，非礼无以别男女、父子、兄弟之亲，昏姻、疏数之交也。君子以此之为尊敬然，然后以其所能教百姓，不废其会节。③

鲁哀公又问：人生之中何事最为重大？怎样为政？孔子回答：人生之政务是最重大的。

① 杨天宇. 礼记译注（下）. 上海：上海古籍出版社，2004：653.

② 杨天宇. 礼记译注（下）. 上海：上海古籍出版社，2004：653.

③ 杨天宇. 礼记译注（下）. 上海：上海古籍出版社，2004：655.

政者，正也。君为正，则百姓从政矣。君之所为，百姓之所从也。君所不为，百姓何从？①

为政时，要恭敬爱人，依礼而行，其中国君的“大昏礼”很重要，重视它，才能爱敬。同时，还要尊敬自身，成就双亲名声，尊重天道，等等。

在该篇中，要求君子有人格担当，用“古之君子，过则改之；今之君子，过则顺之”②这样一种现象，来反映君子的一些陋习，以及不可为现象，进而要求君子要凡事不逾越事理，成就自身。

（十六）《礼记·仲尼燕居》

《礼记·仲尼燕居》主要记录了孔子与其三个学生子张、子贡、子游关于礼及其与社会、行政的关系的讨论。在场弟子与孔子之间的问答之辞，孔子阐述了礼的内容、本质和作用，行礼的意义，违背礼的弊端，以及礼与乐、德、行政等的关系。尤其强调礼之实践，故曰：“制度在礼，文为在礼，行之其在人乎。”③“言而履之，礼也。行而乐之，乐也。君子力此二者，以南面而立，夫是以天下大平也。”④君子要规范事物，去恶扬善，遵从礼制，发扬礼制。

（十七）《礼记·孔子闲居》

《礼记·孔子闲居》记录了子夏与孔子之间的问答之辞，阐述了如何修身才能成为民之父母。孔子认为，要成为百姓的“父母”，一定要通晓礼乐的本源，达到“五至”，做到“三无”，并将其试行于天下。三无即“无声之乐，无体之礼，无服之丧”，孔子说“‘夙夜其命宥密’，无声之乐也。‘威仪逮逮，不可选也’，无体之礼也。‘凡民有丧，匍匐救之’，无服之丧也”⑤，即日日夜夜谋政经营，让人宽和宁静；君之仪态娴雅安详，人们学习效仿；凡别人家有了丧事，应尽力去帮忙。

---

① 杨天宇. 礼记译注（下）. 上海：上海古籍出版社，2004：657.

② 黄文娟，许海杰. 孟子. 北京：西苑出版社，2011：54.

③ 杨天宇. 礼记译注（下）. 上海：上海古籍出版社，2004：666.

④ 杨天宇. 礼记译注（下）. 上海：上海古籍出版社，2004：667-668.

⑤ 杨天宇. 礼记译注（下）. 上海：上海古籍出版社，2004：671.

（十八）《礼记·坊记》

《礼记·坊记》主要记载了怎样防范人们出现违礼违德、不忠不孝、贪利忘义等方面的言论。

子言之："君子之道，辟则坊与，坊民之所不足者也。大为之坊，民犹逾之。故君子礼以坊德，刑以坊淫，命以坊欲。"①

也就是说，君子之道，以防为主，君子用礼法来防范道德上的缺失，用刑罚来防范淫邪，用政令来防范贪欲。

君子辞贵不辞贱，辞富不辞贫，则乱益亡。故君子与其使食浮于人也，宁使人浮于食。②

君子要以维持社会稳定为己任，不要执着于个人富贵。君子与其使俸禄高过自己的德才，不如使德才高过自己的俸禄。这样可以使人们不争富贵，安于贫贱，体现了君子的高尚品格。

君子贵人而贱己，先人而后己，则民作让。③

这要求君子做到先人后己，从而形成谦让之风，进而构建礼乐社会。

故君子信让以莅百姓，则民之报礼重。④

君子用诚信谦让的态度来对待百姓，民众就会用重礼来报答他，即君子要尊重人才，体察民意。

子云："有国家者，贵人而贱禄，则民兴让；尚技而贱车，则民兴艺。故君子约言，小人先言。"⑤

孔子认为，掌管国家的人，如果以人为尊贵而以爵禄为轻贱，那么礼让人才的社会风气就会兴起；如果以技艺为高尚而以车马为轻贱，那么人们学习技艺的风气就会兴起。所以，小人是没做事就先说大话，君子是说得少而做得多，即君子要少说多做。

君子弛其亲之过而敬其美……从命不忿，微谏不倦，劳而不怨，可谓

---

① 杨天宇. 礼记译注（下）. 上海：上海古籍出版社，2004：675.

② 杨天宇. 礼记译注（下）. 上海：上海古籍出版社，2004：677.

③ 杨天宇. 礼记译注（下）. 上海：上海古籍出版社，2004：678.

④ 杨天宇. 礼记译注（下）. 上海：上海古籍出版社，2004：679.

⑤ 杨天宇. 礼记译注（下）. 上海：上海古籍出版社，2004：678.

孝矣。①

这里说明了一个君子对待父母应有的态度，如忘记父母的过错、敬仰父母的美德等，只有做到这些，才是履行了孝道。

子云：“礼之先币帛也，欲民之先事而后禄也。先财而后礼则民利，无辞而行情则民争。故君子于有馈者，弗能见，则不视其馈。”②

与人相见要先行见面之礼，再奉上币帛等礼物，这是希望民众懂得先做事后受禄的道理。如果先奉上见面礼然后再行礼，民众就会贪利，不加推辞就径直接受礼物，民众就会争利。对于君子而言，如果有原因不能行相见之礼，那就不要接受别人的馈赠，这体现了君子高贵的人格及对他人的尊重。

子云：“君子不尽利以遗民。”③

君子仕则不稼，田则不渔，食时不力珍，大夫不坐羊，士不坐犬。④

君子不能把利益都占尽，要把一些利益留给民众。君子如果做官，就不要种庄稼，种田就不要打鱼，吃饭不讲求山珍海味，大夫（高级官员）不无故杀羊，士（低级官员）不无故杀狗。也就是说，在任何时候，君子都不要忘记道义。

《礼记·坊记》从“防”的角度出发，论述了要防止人们失德、淫乱及贪欲，希望君子德行高尚，不争不抢，不忘道义，对待父母孝顺，对待朋友和善且有礼。

（十九）《礼记·表记》

《礼记·表记》主要论述了儒家君子的各种表率行为，包括明君子持身庄敬、恭敬之道等。

子言之：“归乎！君子隐而显，不矜而庄，不厉而威，不言而信。”子曰：“君子不失足于人，不失色于人，不失口于人。是故君子貌足畏也，色足惮也，言足信也。”⑤

---

① 杨天宇. 礼记译注（下）. 上海：上海古籍出版社，2004：680.

② 杨天宇. 礼记译注（下）. 上海：上海古籍出版社，2004：686.

③ 杨天宇. 礼记译注（下）. 上海：上海古籍出版社，2004：686.

④ 杨天宇. 礼记译注（下）. 上海：上海古籍出版社，2004：687.

⑤ 杨天宇. 礼记译注（下）. 上海：上海古籍出版社，2004：714.

君子即使身在幽隐之处，也能声名显著，不用自我矜持就能得到人们的尊敬，不用严厉就有威仪，不用说话就能得到人们的信任。君子的行为举止、神情容貌、言语表达对人均不失礼仪，所以其容貌令人敬惧，神色令人畏惮，言语令人信服。

子曰：“君子慎以辟祸，笃以不揜，恭以远耻。”子曰：“君子庄敬日强，安肆日偷。君子不以一日使其躬儳焉，如不终日。”①

君子因为为人谨慎而可避免灾祸，因为为人厚道而可不受困窘，因为为人恭敬而可远离耻辱。君子也因为端庄恭敬而德行日益增强；小人安乐放肆，日益苟且偷安。所以君子不可以使自己表现出轻浮不庄的样子，即君子要谨慎修身，庄敬自强。

子曰：“以德报德则民有所劝，以怨报怨则民有所惩。”②

用恩惠报答恩惠，人们就会努力做好事，用仇怨来报复仇怨，人们就会有所惩戒，所以君子要学会知恩图报、利益分享。

恭近礼，俭近仁，信近情。敬让以行，此虽有过，其不甚矣。③

恭敬接近于礼，节俭接近于仁，诚信接近于情。如果能够做到恭敬、节俭和诚信，并且在行动中表现出敬意和谦让，那么即使有错误，也不会太严重。故而君子要恭敬、仁爱、节俭、诚信。

是故君子服其服，则文以君子之容；有其容，则文以君子之辞；遂其辞，则实以君子之德。④

如果君子穿上君子的衣服，就要配饰君子的仪容，有了君子的仪容，就要配饰君子的言辞，有了君子的言辞，就要有君子的品德，要注重言行一致、内外兼修、表里如一。

是故君子恭俭以求役仁，信让以求役礼，不自尚其事，不自尊其身，俭于位而寡于欲，让于贤，卑己而尊人，小心而畏义，求以事君，得之自是，不得自

① 杨天宇. 礼记译注（下）. 上海：上海古籍出版社，2004：715.

② 杨天宇. 礼记译注（下）. 上海：上海古籍出版社，2004：716.

③ 杨天宇. 礼记译注（下）. 上海：上海古籍出版社，2004：719.

④ 杨天宇. 礼记译注（下）. 上海：上海古籍出版社，2004：720.

是，以听天命。①

君子要恭敬节俭以实践仁德，诚信谦让以实践礼仪，不夸大自己的功劳，不尊崇自己的身份，在职位上约束自己，在欲望上节制自己，见到贤人就谦让，尊敬他人，时刻注意小心谨慎，不要违背道义，对待君主要忠心耿耿，得到君主的信任后要忠心，得不到君子的信任依旧要忠心。也就是说，君子要恭敬节俭、诚信谦让、始终如一。

君子不自大其事，不自尚其功，以求处情；过行弗率，以求处厚；彰人之善，美人之功，以求下贤。是故君子虽自卑而民敬尊之。②

君子做事要实事求是，不要夸大自己做的事，也不要抬高自己的功劳；做人要仁厚，有了错误，立马改正；要尊重贤人，多宣扬别人做的好事，赞美别人的功劳。这样虽然君子自我贬抑，但民众依然尊敬他，即君子要低调、不夸大，尊贤仁厚。

《小雅》曰：“靖共尔位，正直是与。神之听之，式谷以女。”③

对于君子而言，要把恭敬地奉行视为自己的职责，正直的人就与他相处，如果神明看到你的所作所为，就会把好运传给你，因而君子要恭敬、正直。

子曰：“君子不以辞尽人。故天下有道，则行有枝叶；天下无道，则辞有枝叶。”④

君子不能仅凭言辞去评判人。在天下有道的情况下，人们的行为就像树木的枝叶一样丰富且有意义，体现出了真正的仁爱和智慧。在天下无道的情况下，人们的言辞则可能变得华丽空洞，缺乏真实的内容和行动的支持。所以君子要淡泊交往，行动重于言词。

子曰：“君子不以口誉人，则民作忠。故君子问人之寒则衣之，问人之饥则食之，称人之美则爵之。”⑤

君子不用空话赞誉人，这样百姓就会形成忠实诚信、不说虚话的风气，所以

① 杨天宇. 礼记译注（下）. 上海：上海古籍出版社，2004：721.
② 杨天宇. 礼记译注（下）. 上海：上海古籍出版社，2004：722.
③ 杨天宇. 礼记译注（下）. 上海：上海古籍出版社，2004：726.
④ 杨天宇. 礼记译注（下）. 上海：上海古籍出版社，2004：729.
⑤ 杨天宇. 礼记译注（下）. 上海：上海古籍出版社，2004：730.

君子要是询问人家冷不冷，就要把自己的衣服送给他人穿；询问人家饿不饿，就要把自己的食物送给他人吃；称赞他人的美行，就要授爵位给他。总之，君子要表里如一，心口如一。

子曰："君子不以色亲人。情疏而貌亲，在小人则穿窬之盗也与。"子曰："情欲信，辞欲巧。"①

君子不用装模作样地以好脸色与人亲近。感情疏远而表面亲热，不是君子的行为。因此，君子对待感情要实，言词要美好。

总之，《礼记·表记》通过对儒家君主各种言行的记录，告诫君子要谨慎修身，庄敬自强；任重道远，勉力践行；表里如一，内外兼修；人性易变，以礼节制；躬行孝道，驰过敬美；认清角色，端正言行。

（二十）《礼记·缁衣》

《礼记·缁衣》详细论述了君臣关系、君化民之道，也论及了君子的交友之道与言行准则。

故君民者，子以爱之，则民亲之；信以结之，则民不倍；恭以莅之，则民有孙心。②

为上者，一定要注意自己的一言一行，必须言行一致，只有亲信臣下，才能做百姓的表率。因为"下之事上也，不从其所令，从其所行。上好是物，下必有甚者矣"③，"王言如丝，其出如纶；王言如纶，其出如綍"，"故大人不倡游言"④。

上人疑，则百姓惑；下难知，则君长劳。故君民者，章好以示民俗，慎恶以御民之淫，则民不惑矣。⑤

可言也不可行，君子弗言也；可行也不可言，君子弗行也。则民言不危行，而行不危言矣。⑥

---

① 杨天宇. 礼记译注（下）. 上海：上海古籍出版社，2004：730.
② 杨天宇. 礼记译注（下）. 上海：上海古籍出版社，2004：734.
③ 杨天宇. 礼记译注（下）. 上海：上海古籍出版社，2004：734.
④ 杨天宇. 礼记译注（下）. 上海：上海古籍出版社，2004：735.
⑤ 杨天宇. 礼记译注（下）. 上海：上海古籍出版社，2004：737.
⑥ 杨天宇. 礼记译注（下）. 上海：上海古籍出版社，2004：735.

君子要学会谨言慎行，如果是可以说但不可以做的事，君子一定不要说，如果是可以做但不可以说的事，君子千万不要做。

子曰：“君子道人以言，而禁人以行。故言必虑其所终，而行必稽其所敝，则民谨于言而慎于行。”①

君子要学会用自己的语言去引导人向善，用自己的行动来防止人做坏事，所以说话必须考虑后果，行动前必须考察是否有弊病，如此民众才会谨言慎行。对于君子而言，要谨言慎行，做好表率。

君子多闻，质而守之；多志，质而亲之；精知，略而行之。②

君子要见闻广博，确定了原则，就要始终如一地坚守；君子交际要广泛，对于交朋友而言，要做到少而精，并能向他们学习，对知识的学习要深思熟虑，选取其中最精要的部分加以实行。也就是说，君子要多听、多学、多思考。

君子寡言而行以成其信，则民不得大其美而小其恶。③

君子要少说话多做事，用实际行动来成就自己的诚信，这样的话，民众就不能夸大自己的善良而缩小自己的丑恶。

（二十一）《礼记・投壶》

《礼记・投壶》记载了古代投壶礼的详细流程、规则和文化内涵，是了解中国古代礼仪文化的重要文献。它体现了古人对个人修养的重视，投壶之礼的产生强调君臣长幼之间彬彬有礼的状态，更注重对人言行举止的约束，从而达到维护儒家伦理道德的功用。对于君子而言，也要注重礼仪与礼节，以此彰显君子的文质彬彬、端庄有礼。

（二十二）《礼记・儒行》

《礼记・儒行》主要记录了儒者之德行，如与人不争、特立独行。鲁哀公问孔子儒者的品德行为有哪些特点？孔子依次阐述了儒者（也是君子）应该具备的

---

① 杨天宇. 礼记译注（下）. 上海：上海古籍出版社，2004：736.

② 杨天宇. 礼记译注（下）. 上海：上海古籍出版社，2004：742.

③ 杨天宇. 礼记译注（下）. 上海：上海古籍出版社，2004：743.

一系列品行。

首先，对于自身，儒者要修身自立，做事谨慎，刚毅自强，操守自立，温和善良，重视谦让。

夙夜强学以待问，怀忠信以待举，力行以待取。①

儒者早晚努力学习，等待别人的询问；心怀忠信，等待别人的举荐；身体力行，等待别人的录用。

儒有居处齐难，其坐起恭敬，言必先信，行必中正，道涂不争险易之利，冬夏不争阴阳之和，爱其死以有待也，养其身以有为也：其备豫有如此。②

儒者平时的住所是庄重严肃的，站起、坐下都恭恭敬敬，说话首先要诚信，做事要中正，不为了利己而与人争抢平抑之地，进而躲避险阻；冬天不与人争抢温暖的地方，夏天不与人争抢凉快的地方；他们保护自己的身体以备有所作为。

儒有忠信以为甲胄，礼义以为干橹，戴仁而行，抱义而处，虽有暴政，不更其所：其自立有如此者。③

儒者把忠信作为“铠甲”，把礼仪当作“盾牌”，头戴着仁出行，怀抱着义独居，即使遇到暴政，也不会改变自己的意志操守。

儒有委之以货财，淹之以乐好，见利不亏其义；劫之以众，沮之以兵，见死不更其守；鸷虫攫搏不程勇者，引重鼎不程其力；往者不悔，来者不豫；过言不再，流言不极，不断其威，不习其谋：其特立有如此者。④

对于儒者，即使把金钱财物送给他，用玩乐的方法沉溺他，用利益去诱惑他，他也不会忘记道义；用人多势众来威胁他，用兵器武力来恐吓他，即使面对死亡，他也不会改变自己的操守；儒者在和猛兽凶禽搏斗和牵引重鼎时表现出毫不退缩的精神和无畏的气概；他对过去做错的事不后悔，对将来还未预料到的事不提前预备，容貌举止敬畏而又不失威严，说话直率，表明观点。

儒有可亲而不可劫也，可近而不可迫也，可杀而不可辱也。其居处不淫，其

① 杨天宇. 礼记译注（下）. 上海：上海古籍出版社，2004：792.

② 杨天宇. 礼记译注（下）. 上海：上海古籍出版社，2004：792-793.

③ 杨天宇. 礼记译注（下）. 上海：上海古籍出版社，2004：794.

④ 杨天宇. 礼记译注（下）. 上海：上海古籍出版社，2004：793.

饮食不溽，其过失可微辨而不可面数也。[①]

儒者可以亲近但不可以劫持，可以接近但不可以强迫，可以杀掉但不可以侮辱。儒者的居所不奢侈，饮食不丰厚，有了过错可以委婉地辨明，但不可以当面指责。

儒者澡身而浴德，陈言而伏，静而正之，上弗知也；粗而翘之，又不急为也；不临深而为高，不加少而为多；世治不轻，世乱不沮；同弗与，异弗非也。[②]

儒者常以道德沐浴身心，陈述自己的建议而伏听君命，安静地恪守正道，如果国君对自己的建言不理解，就稍加启发，而不急于实行；不在地位低的人面前炫耀，以显示自己的高大，也不夸大、吹嘘自己的成绩，社会治理得好，知道自重，社会混乱也不沮丧；对于相同意见，不相互谄媚、阿谀结党，对于不同意见，也不加以诋毁，在任何时候都要有自己的行事准则。

儒有上不臣天子，下不事诸侯，慎静而尚宽，强毅以与人，博学以知服，近文章，砥厉廉隅，虽分国，如锱铢，不臣不仕。[③]

儒者中有上不臣于天子，下不侍奉诸侯；谨慎安静且崇尚宽大，坚强刚毅且善于与人交往，学问广博且敬服先人，喜欢学习文章，磨砺刚毅品格，即使有国君将土地分给他，他也将其视为锱铢小事并不看重，不称臣也不做官，特立独行。

其次，在待人处事方面，儒者注重道义，做事与众不同，本着忠信的美德，效法和柔，仰慕贤能而能包容群众，故而胸襟宽广。

儒有不宝金玉，而忠信以为宝；不祈土地，立义以为土地；不祈多积，多文以为富；难得而易禄也，易禄而难畜也。非时不见，不亦难得乎？非义不合，不亦难畜乎？先劳而后禄，不亦易禄乎？[④]

儒者不把金玉作为宝贝，而把忠信作为宝贝，不期待自己有很多土地，而是将树立道义作为自己的土地；不祈望自己能有很多财富，而是把多学文章技艺作为自己的财富；儒者不容易得到却很容易供养，容易供养但难以驯服，不遇到政

① 杨天宇. 礼记译注（下）. 上海：上海古籍出版社，2004：794.
② 杨天宇. 礼记译注（下）. 上海：上海古籍出版社，2004：797.
③ 杨天宇. 礼记译注（下）. 上海：上海古籍出版社，2004：797.
④ 杨天宇. 礼记译注（下）. 上海：上海古籍出版社，2004：793.

治清明就隐居不出现，这就是难以得到；如果君王不合道义，儒者就不会合作，这就是难以驯服；儒者都是先劳作后获得俸禄，这就是难以供养，这反映了儒者做事的与众不同。

儒有博学而不穷，笃行而不倦，幽居而不淫，上通而不困，礼之以和为贵，忠信之美，优游之法，慕贤而容众，毁方而瓦合：其宽裕有如此者。①

儒者博学多才且永不满足于现有的知识，会持续不断地学习；他们切实地践行所学，且不会感到疲倦；即便身处偏僻幽静之地，也能坚守自我，不会放纵堕落；当被国君任用、身处高位时，能应对自如，不会被政务所困住。在遵循礼仪方面，他们以和为贵；注重忠信这一美德；行事采用和柔的方法；他们仰慕贤人，同时又能包容众人，如同舍弃自己方正的棱角，与形态各异的人融合在一起。这说明了儒者待人宽容大度。

儒有合志同方，营道同术，并立则乐，相下不厌，久不相见，闻流言不信。其行本方立义，同而进，不同而退：其交友有如此者。②

儒者的朋友，有的意志相和，为学之法也相同；有的经营道义，艺术之路也一样；能跟朋友在一起相处就很快乐，相互谦让而不厌烦；即使长久不见，听到不利于对方的言语，也不会相信；所作所为都是基于方正，所立所言都是根据道义，理念相同就深交，理念不同就疏远。

儒有闻善以相告也，见善以相示也，爵位相先也，患难相死也，久相待也，远相致也：其任举有如此者。③

儒者之间，听到了利益就相互告知，见到了有益的事情就相互传示；有了爵位利益，就先让给朋友；有了祸患灾难，愿意为朋友而死；如果朋友不被任用，就等着他晋升；如果朋友在他国不能入仕，就设法招他来一同做官。

最后，在对待国家方面，儒者有家国情怀、忧国忧民意识，为官公正廉洁，不谄媚，时刻注意规范自己的言行，还要举荐贤能。

上答之，不敢以疑；上不答，不敢以谄。④

① 杨天宇. 礼记译注（下）. 上海：上海古籍出版社，2004：796.

② 杨天宇. 礼记译注（下）. 上海：上海古籍出版社，2004：798.

③ 杨天宇. 礼记译注（下）. 上海：上海古籍出版社，2004：796.

④ 杨天宇. 礼记译注（下）. 上海：上海古籍出版社，2004：795.

儒者对君主提出建议，得到君主的回答和任用，就尽心竭力，绝不敢对君主有怀疑或二心；提出建议得不到君主的回答和采纳，就静默不语，不敢谄媚觐见。这体现了儒者对入仕做官的态度。

儒有今人与居，古人与稽；今世行之，后世以为楷；适弗逢世，上弗援，下弗推，谗谄之民有比党而危之者，身可危也，而志不可夺也；虽危，起居竟信其志，犹将不忘百姓之病也。①

儒者同现代的人生活在一起，却和古人志趣相同；他们今世的行为将成为后世的楷模；如果恰巧生不逢时，上不能为君王伸以援手，下没有众人给予帮助，谄媚的人结党陷害他，他们虽然伤害自己的身体，但绝不会改变自己的志向；即使身处险境，也要通过行动展示自己的抱负，还时时不忘百姓之疾苦，体现了儒者的忧国忧民情怀。

儒有内称不辟亲，外举不辟怨，程功积事，推贤而进达之。不望其报，君得其志；苟利国家，不求富贵：其举贤援能有如此者。②

儒者推荐人才时，对内不避讳自己的亲属，对外也不回避自己的仇家，举荐贤才，不期望得到对方的回报，只希望国君能如愿得志，只要有利于国家，不求个人富贵。

儒有不陨获于贫贱，不充诎于富贵，不慁君王，不累长上，不闵有司，故曰“儒”。③

总之，儒者不会因为贫困而丧失志向，不会因为富贵骄奢而丧失节操，不受君王困辱，不受长上束缚，不受官立刁难。同时，君子要有尊让之德与担当之行，尊让之德是温良、敬慎、宽裕、孙接；担当之行是忧思、自立、刚毅、特立独行、举贤授能。苟利国家，不求富贵；不污其义，不更其守。

（二十三）《礼记・乡饮酒义》

《礼记・乡饮酒义》主要是说明乡饮酒礼的意义，并通过乡饮酒礼来促使个

---

① 杨天宇. 礼记译注（下）. 上海：上海古籍出版社，2004：795.

② 杨天宇. 礼记译注（下）. 上海：上海古籍出版社，2004：796.

③ 杨天宇. 礼记译注（下）. 上海：上海古籍出版社，2004：798.

体认识到尊卑长幼、慕贤尚齿的作用，以及对社会政教的重要影响。

尊让、絜、敬也者，君子之所以相接也。君子尊让则不争，絜、敬则不慢，不慢、不争，则远于斗辨矣。不斗辨，则无暴乱之祸矣。[①]

君子之间相互尊重、谦让，就没有斗争；君子保持洁净，互相尊敬，就没有怠慢与轻视，没有怠慢轻视和争斗，也就没有暴力动粗和争辩吵闹，当然也就不会发生暴乱的祸患，这就是君子为什么能够避免争斗吵架。

（二十四）《礼记·射义》

射礼是中华礼仪文化的重要形式，指以射箭活动为载体，集礼仪、道德、音乐等于一体的礼仪活动，蕴含着丰富的文化内涵。第一，论述了射礼的重要性。古代诸侯举行大射礼前，一定要先举行燕礼；卿、大夫、士举行射礼前，一定要先举行乡饮酒礼。这样做的目的是明君臣之义、长幼之序。天子、诸侯、卿大夫、士在举行射礼时，用《驺虞》《狸首》《采蘋》《采蘩》等不同的音乐节奏，观察一个人的德行，所以人们很重视射礼。天子通过射礼考试考察诸侯推荐的士，以射中次数的多少来确定诸侯的赏罚及加封土地或削减土地，这是天子管理诸侯的一种好办法。孔子举行射礼活动时，败军之将、亡国大夫、自愿做别人后嗣者、不洁身自好者、不勤学好礼者都不能参与，可见射礼极其看重品德。

第二，阐述了别礼的意义。射者，绎也，舍也。绎者，寻绎也；舍者，处也，中也。射箭时，只有心平气和、身体端正，才能持弓矢稳固并射中目标。天子之大射叫射侯，射侯就是用射礼检验自己是否为合格的诸侯，射中目标就配当诸侯，不中者不配当诸侯。因此，天子举行祭祀时，就要通过射礼来选择助祭者；男孩出生后，就要用桑木之弓、蓬草之矢六枝射向天地四方，表示自己的雄心壮志，然后才敢用款物，即可以吃饭。所以，射箭是求仁之道。射箭时，射箭者要求自己身心端正而射，即使射不中，也不嫉妒射中者。

《礼记·射义》通过简单的射礼，阐述了儒家对参与射礼者的要求，以及对君子的要求，指出君子要洁身自好、勤学好礼。

---

① 杨天宇. 礼记译注（下）. 上海：上海古籍出版社，2004：822.

（二十五）《礼记·聘义》

《礼记·聘义》主要是解释聘礼的意义，讲述了射、聘礼是大礼，只有身强力壮者才可以完美无缺地行完这两种礼。另外，其还记述了孔子为子贡讲玉的美德，君子看重玉，因为玉温和润泽，君子温润如美玉。

介绍而传命，君子于其所尊弗敢质，敬之至也。①

一个接一个地传达聘君的话，表明君子对尊敬的人不敢敷衍了事，以及君子对上的尊敬。

敬让也者，君子之所以相接也。②

这里是说恭敬谦让是君子交往的方式。

（二十六）《礼记·丧服四制》

《礼记·丧服四制》是《礼记》中的重要篇章，其核心在于论述丧服制度所遵循的恩、理、节、权四项基本原则，并认为这些原则应符合仁、义、礼、智四种德行。它首先提出了制定礼的总原则，即"凡礼之大体，体天地，法四时，则阴阳，顺人情，故谓之礼。訾之者，是不知礼之所由生也"。"夫礼，吉凶异道，不得相干，取之阴阳也。丧有四制，变而从宜，取之四时也。有恩，有理，有节，有权，取之人情也。恩者仁也，理者义也，节者礼也，权者知也。仁、义、礼、制，人之道具矣。"③然后，它结合丧服制度、丧葬礼，对关乎人情的恩、理、节、权四项原则和与之对应的仁、义、礼、智四种德行做了阐述。仁、义、礼、智四种德行，也是君子必须具备的品质。

二、《礼记》之君子教育思想分析

《礼记》中记载的儒家君子担当的责任与他们具备的素养、品德是相辅相成的，这对现代社会有着极其重要的作用。《礼记·聘义》中说："日莫人倦，齐庄

① 杨天宇. 礼记译注（下）. 上海：上海古籍出版社，2004：846.

② 杨天宇. 礼记译注（下）. 上海：上海古籍出版社，2004：848.

③ 杨天宇. 礼记译注（下）. 上海：上海古籍出版社，2004：854.

正齐，而不敢解惰，以成礼节，以正君臣，以亲父子，以和长幼，此众人之所难，而君子行之，故谓之有行。”[①]在众人都懈怠疲惫坚持不下去之时，唯有君子依然严格恭敬地行“礼”，君子的这种精神，让人从心底敬佩。践行《礼记》中的君子教育，对当今社会的发展具有重要意义。

《礼记》的君子教育无处不在。孔子说君子做事没有一件不是按照“礼”的规定而来的，这就决定了“礼”不仅决定了君子的使命，更是贯穿于君子的一生，如影随形。《聘义》中说“礼”是合乎万物的，正因为如此，儒家的“天命”与“礼”就更好地融合在一起，万事万物都与“礼”相结合，君子对“礼”的践行也无处不在。我们既要研究《礼记》中的君子人物，又要树立当代君子形象；既要弘扬《礼记》中的君子品德，又要革新当代君子精神；既要继承《礼记》中的君子精神，又要重塑当代君子文化。

（一）君子要有崇高的品格

“崇高”是指君子在精神或道德上能达到统揽全局的无私奉献精神。在古代的君子看来，物欲引人作恶，放纵自我的情欲，结果必然与神圣的道德规范发生冲突，从而引发他人和社会的谴责，并且会使人走向痛苦的深渊，没有半点幸福可言；而人们若专注于精神上的道德修养，就会有纯洁的心灵，说当说之话，做当做之事，道德品质就会生发为道德品质，因而有“君子坦荡荡，小人长戚戚”。所以“崇高”能够丰富和提升人性，一直以来“崇高”都是仁人志士的坚守，也是教育一代又一代君子必须要坚守的。

“崇高”精神在《礼记》中的君子思想中也被阐释的淋漓尽致。如《礼记·檀弓（上)》讲述了子柳的母亲去世后兄弟二人对待置办葬礼器具的故事。子柳对于置办母亲的器具以君子自居，讲求一个从不从他人那里夺取、二不从属于自己的钱中扣出的原则。这样一个大公无私的形象正是君子人格中的“崇高”的体现。君子的“崇高”讲求积淀自己的能量，不通过不正当手段、厚积薄发，充分使用“礼”来展现自身价值，脚踏实地地换取自己应得的生活。

---

① 杨天宇. 礼记译注（下）. 上海：上海古籍出版社，2004：851.

《礼记・射义》中记载：“射者，仁之道也。射求正诸己，己正而后发，发而不中，则不怨胜己者，反求诸己而已矣。孔子曰：‘君子无所争，必也，射乎。揖让而生，下而饮，其争也君子。’”[①]告诫君子要“无不争”，《礼记・聘义》中记载：“敬让也者，君子之所以相接也。”[②]恭敬谦让，是君子用以相互交接的方式。《礼记・坊记》中记载：“君子辞贵不辞贱，辞富不辞贫，则乱益亡。故君子与其使食浮于人也，宁使人浮于食。”[③]这样可以使人们不争富贵，安于贫贱，体现了君子的高尚品格。还有“礼之先币帛也，欲民之先事而后禄也。先财而后礼则民利，无辞而行情则民争。故君子于有馈者，弗能见，则不视其馈”[④]。行相见礼先于赠送币帛，这是希望人们以国事为先而利禄为后。

总之，“崇高”是君子要坚守的思想品德之一，要以“崇高”之精神应对人与事，用“崇高”之品德严格要求自己。

（二）君子要有使命感与担当精神

使命感是一个人对自我天生属性的寻找与实现，自古以来，“天命”与“天命论”就是我国传统哲学政治的重要引导理念。曾子曰：“士不可以不弘毅，任重而道远。仁以为己任，不亦重乎？死而后已，不亦远乎？”[⑤]孟子曰：“如欲平天下，当今之世舍我其谁也？”[⑥]这都体现了古人冲天的豪气和胸怀天下的责任感，《礼记》中也处处体现了君子要有使命感。“担当”精神，就是敢于承担、奋发有为的责任意识，迎难而上、百折不挠的攻坚意识，以及雷厉风行、认真负责的执行意识。顾炎武的“天下兴亡，匹夫有责”，林则徐的“苟利国家生死以，岂因祸福避趋之”，文天祥的“人生自古谁无死，留取丹心照汗青”，这些耳熟能详的话语，都向我们展示了“担当”的重要性。

《礼记》也传递出了要教育君子要时刻牢记“使命”之责，不忘“担当”之

---

① 杨天宇. 礼记译注（下）. 上海：上海古籍出版社，2004：839.

② 杨天宇. 礼记译注（下）. 上海：上海古籍出版社，2004：848.

③ 杨天宇. 礼记译注（下）. 上海：上海古籍出版社，2004：677.

④ 杨天宇. 礼记译注（下）. 上海：上海古籍出版社，2004：686.

⑤ 金良年. 论语译注. 上海：上海古籍出版社，2004：85.

⑥ 金良年. 孟子译注. 上海：上海古籍出版社，2004：98.

义。例如，《礼记・檀弓上》载："谋人之军师，败则死之；谋人之邦邑，危则亡之。"[①]君子时刻要对自己有高要求，牢记自己的使命与担当。为别人指挥军队作战，如果打了败仗就会以身殉职；为别人治理国家都邑，如果出现危乱就要自我放逐。把个人荣辱与家国重事融为一体，强调了君子要时刻牢记自己的使命与担当。《礼记・表记》强调为人师表，贵不三失。"子言之：'归乎！君子隐而显，不矜而庄，不厉而威，不言而信。'""子曰：君子不失足于人，不失色于人，不失口于人。是故君子貌足畏也，色足惮也，言足信也。《甫刑》曰：'敬忌而罔有择言在躬。'"[②]道德表率首先应该具有良好的仪表，这种仪表的特征是外在庄重，仪表威严，言语足信，而且声名远扬，让人敬仰，内心悦服，真诚信赖，内外兼修，一言一行都要追求德行的完美。何为完美？即不失足于人，不失色于人，不失口于人。对于自身要谨慎修身，庄敬自强。"子曰：'君子慎以辟祸，笃以不揜，恭以远耻。'子曰：'君子庄敬自强，安肆日偷。君子不以一日使其躬儳焉，如不终日。'"[③]也就是说，一个有德行的君子要学会"弊害""远耻"，爱惜自己的名誉，学会立德、立功、立言。同时，君子要谨慎修身，庄敬自强，表里如一，内外兼修。"是故君子恭俭以求役仁，信让以求役礼，不自尚其事，不自尊其身，俭于位而寡于欢，让于贤，卑己而尊人，小心而畏义，求以事君，得之自是，不得自是，以听天命。"[④]"是故君子服其服，则文以君子之容；有其容，则文以君子之辞；遂其辞，则实以君子之德。是故君子耻服其服而无其容，耻有其容而无其辞，耻有其辞而无其德，耻有其德而无其行。是故君子衰、绖则有哀色，端、冕则有敬色，甲、胄则有不可辱之色。"[⑤]这里是说用礼来节制人，用诚信来团结人，用仪容面貌来装饰，用衣服来改变，让朋友相互鼓励，希望民众一心向善。君子应把天当作万事万物的中心，任何时候都受到天的监督，所以身负重任，丝毫不敢懈怠。正如《礼记・乐记》中讲到君子听钟声，则思武臣；君子

---

① 杨天宇. 礼记译注（上）. 上海：上海古籍出版社，2004：80.
② 杨天宇. 礼记译注（下）. 上海：上海古籍出版社，2004：714.
③ 杨天宇. 礼记译注（下）. 上海：上海古籍出版社，2004：715.
④ 杨天宇. 礼记译注（下）. 上海：上海古籍出版社，2004：721.
⑤ 杨天宇. 礼记译注（下）. 上海：上海古籍出版社，2004：720.

听磬声，则思死封疆之臣；君子听琴瑟之声，则思志意之臣；君子听竽笙管之声，则思畜聚之臣；君子听鼓鼙之声，则思将帅之臣；君子之听音，非听其铿锵而已也，彼亦有所合之也。①君子听到不同的音乐声，就会想到不同的为国家付出的人，即君子时刻都应该有一种忧国忧民、居安思危的责任意识与家国担当的情怀。

（三）君子要“仁爱”

仁爱，即宽仁慈爱、爱护、同情，这是孔子认为的理想人格，为历代儒客所推崇。如孟子所言：“爱人者，人恒爱之；敬人者，人恒敬之。”要学会施以“仁爱”，君子的“仁爱”不仅仅表现为对他人的关心和尊重，更重视与他人情感和思想上的理解与共鸣，也注重君子的以德服人、择善而行。因为君子以仁存心，以礼存心，充满慈爱之心，以博大的胸襟去爱人，人与人之间的关系就会互尊、互爱、互信。《礼记》中也教育君子时刻都要施以“仁爱”之心。

例如，《礼记·王制》讲述了中国古代先贤渴望建立一个自由、平等、诚信、有序、祥和的国家。在这样一个国家，不仅要求君主爱民如子，更要求君子亲亲爱人，以一颗博爱的心来爱民众，与他人互敬互爱，以此来做社会的表率，体现了君子的博爱。《礼记·文王世子》中记录了文王、武王作为世子及周公教导成王之事，古之君子举大事必慎其终始，而众安得不喻焉？②以此要求君子要有仁爱、有德行、有担当，进而能够以德立德，弘扬真善美。《礼记·礼运》描述了大同社会与小康社会，为了建立这样的社会，不仅要求君主礼贤下士，更要求君子彰明道义、照察过失、仁爱、谦让、重情义。

在《礼记》中，还有很多内容专门描述了君子要“仁爱”。例如，《礼记·玉藻》中有“君子远庖厨，凡有血气之类，弗身践也”③，即君子不愿意看见动物被当场宰杀的惨烈场景，因为君子有“仁”，即君子能够体恤万事万物的不易，时常保持“仁爱”之心。《礼记·曲礼》中有“博闻强识而让，敦善行而不怠，

---

① 杨天宇. 礼记译注（下）. 上海：上海古籍出版社，2004：496.
② 杨天宇. 礼记译注（上）. 上海：上海古籍出版社，2004：263.
③ 杨天宇. 礼记译注（上）. 上海：上海古籍出版社，2004：363.

谓之君子”[①]，君子要时刻多做好事而不懈怠，体现了君子的仁爱精神。《礼记·孔子闲居》中要求君子做到“五至”，即要内心同情且大悲，仁爱施及四方，以孝道抚恤万国；德行高尚，仁爱延及子孙万代。《礼记·儒行》载：“温良者，仁之本也；敬慎者，仁之地也；宽裕者，仁之作也；孙接者，仁之能也；礼节者，仁之貌也；言谈者，仁之文也；歌乐者，仁之和也；分散者，仁之施也。儒皆兼此而有之，犹且不敢言仁也：其尊让有如此者也。”[②]这段话强调了儒者的“仁”，即要温柔善良、恭敬谨慎、谦逊。另外，“仁”的外在表现就是要有礼貌、注重言谈举止等。“君子曰：‘礼乐不可以斯须去身。’致乐以治心，则易、直、子、谅之心，油然生矣。易、直、子、谅之心生则乐，乐则安，安则久，久则天，天则神。”[③]礼乐一会儿也不能离开身边，因为研究礼乐可以提高内心的修养，平易、正直、慈爱、诚信之心就会产生。《礼记·乐记》就是希望通过“乐”来让君子变得宽厚沉静、温柔正直、率直慈爱，要把“仁爱”教育贯穿于君子的一生。

仁爱的实行要依附于“礼”，依“礼”而存，以“礼”相待。如《礼记·礼器》载：“先王之立礼也，有本，有文。忠信，礼之本也；义理，礼之文也。无本不立，无文不行。”[④]古时候，君子通过制定“礼”来实践仁爱，既有内在实质，又有外在形式。忠信是仁爱思想内在的实质体现，而合宜是行“礼”的外在形式体现，没有实质体现，仁爱就无法成立；没有形式，“礼”就无法施行。总之，《礼记》中处处强调君子要有仁爱精神。

（四）君子要“自律”

自律即遵循法度、自我约束。自古以来，自律就是很多仁人志士坚守的品格。荀子的“君子博学而日参省乎己，则知明而行无过矣”，张九龄《贬韩朝宗洪州刺史制》中的“不能自律，何以正人”，苏辙的《西掖告词》中的“朕方以

---

① 杨天宇. 礼记译注（上）. 上海：上海古籍出版社，2004：24.

② 杨天宇. 礼记译注（下）. 上海：上海古籍出版社，2004：798.

③ 杨天宇. 礼记译注（下）. 上海：上海古籍出版社，2004：502.

④ 杨天宇. 礼记译注（上）. 上海：上海古籍出版社，2004：284.

恭俭自居，以法度自律，宜得慎静之吏，以督缮治之功”，明李东阳《石公墓志铭》：“虽居官久，家无赢赀，亦以俭自律，不少变”，周敦颐的“出淤泥而不染，濯清涟而不妖”，无不诠释着自律精神。通过对《礼记》的分析，我们可以发现有多处关于君子在各处克制自己身心言行的记录，强调君子要时刻保持警惕并严以律己。

《礼记·礼器》中有“是故君子慎其独也”[①]，君子“自律”就是做到了“慎独”，君子“慎独”就是时时刻刻注意“自律”。君子能够保持谨慎，时刻提醒自己不逾越不合适的度，不做不合适的事情，这样才能逐渐练就自我。《礼记·杂记下》中的“君子上不僭上，下不偪下”[②]，强调君子要时刻摆正自己的态度，注意与上下级的关系。《礼记·乐记》中有“礼乐不可斯须去身”，知“乐”就近乎于知“礼”，所以君子不敢懈怠，“礼”“乐”都要遵守。《礼记·祭统》载：“君子议道自己。”对于祭祀，君子非常重视自身的身清明净，《礼记·中庸》中有“君子素其位而行，不愿乎其外”，可以看出，“律己”这一行为贯穿君子的一生。

首先，在言行举止上，《礼记》中要求君子谨言慎行，如《礼记·礼器》中的“是故君子之行礼也，不可不慎也，众之纪也，纪散而众乱”[③]，即君子要重视自身的品德修养，严以律己。《大戴礼记》中有君子“见利思辱”，君子见到利益就会想到其中有没有不光彩、不该做的成分可能会让自己受到侮辱。[④]因此，君子在立身处世之时，总是会战战兢兢，如履薄冰，即“君子求诸己”。《礼记·哀公问》描述了君子如果说错话与做错事就会被百姓效仿，所以君子要重视自己的言行举止，自己的言行举止要配得上“君子”这个称号，同时也要让百姓看到自己更多的优秀品质。《礼记·表记》载：“归乎！君子隐而显，不矜而庄，不厉而威，不言而信……不失足于人，不失色于人，不失口于人。是故君子貌足畏也，色足惮也，言足信也。”[⑤]君子在任何时候都要注意进退有度，外貌让人敬

① 杨天宇. 礼记译注（上）. 上海：上海古籍出版社，2004：291.
② 杨天宇. 礼记译注（下）. 上海：上海古籍出版社，2004：553.
③ 杨天宇. 礼记译注（上）. 上海：上海古籍出版社，2004：291.
④ 钱念孙，等. 君子格言选释. 合肥：黄山书社，2016：79.
⑤ 杨天宇. 礼记译注（下）. 上海：上海古籍出版社，2004：714.

畏，容色让人忌惮，话语让人信服。《礼记・缁衣》载："可言也不可行，君子弗言也；可行也不可言，君子弗行也。则民言不危行，而行不危言矣。"[①]对于君子而言，如果是可以说但不可以做的事，君子一定不要做；如果是可以做但不可以说的事，君子千万不要说，也就是要谨言慎行。同时，《礼记・文王世子》《礼记・檀弓下》都记录了古时君子在举行大典或担负重任的时候，始终保持谨慎的态度，这样一来，众人都会效仿，并且君子要时刻依靠自己，控制自己，言行统一，进而实现自我人格的统一。

其次，在仪表仪态上，《礼记・玉藻》对君子的服饰和仪容及日常起居做了记述。日常生活中，卧居的地方总是对着室门外，睡觉的时候总是头朝东，在遇到疾风、迅雷、大雨时，就需要改变常规，这时也要穿衣、戴冠而坐。另外，它还对君子每天的洗手、洗脸、梳头做了详细的记录，包括出门登车都要保持神采奕奕的状态，这就体现了君子对自己仪容仪表的重视，而这都离不开君子的自律精神。

总之，君子不仅要在内在上对自己严加要求，还要对外时刻表现出谦谦君子的形象，进而实现内外兼修、文质统一。

（五）君子要"节制"

节制就是限制、不使过度，内在是人的理性对欲望的控制，同时可以延伸为个人的德性，外在是对社会对人提出的要求，可以延伸为法律。它以善为根本目的，表现为一种良好的秩序，以伟大的理性、公正的身份调节着人与人、人与自身、人与社会之间的关系。孔子曰："礼之用，和为贵……有所不行，知所而和，不以礼节之亦不可行也。"[②]苏格拉底认为，人的无穷尽的欲望就像一个布满漏洞的筛子，绝不可能把它填满，也绝不可能使它满足。除非我们的欲望是受到限定的，否则它们是不能得到满足的。[③]这两位伦理学者从社会与个人两个方面阐释了节制的作用。

---

① 杨天宇. 礼记译注（上）. 上海：上海古籍出版社，2004：735.

② 金良年. 论语译注. 上海：上海古籍出版社，2004：7.

③ [美]阿拉斯代尔・麦金太尔. 伦理学简史. 龚群，译. 北京：商务印书馆，2003：59.

《礼记》中也要求君子要时刻保持"节制"精神。例如,《礼记・曲礼上》载:"敖不可长,欲不可从,志不可满,乐不可极。"[①]君子不要过度增长自己的娇气与欲望,志气不要太满,享乐也不要过度,即君子要节制,不仅从控制脾气出发,也要把握做事的准则,即"节制"。《礼记・檀弓上》载:"丧事欲其纵纵尔,吉事欲其折折尔。故丧事虽遽不凌节,吉事虽止不怠。故骚骚尔则野,鼎鼎尔则小人,君子盖犹犹尔。"[②]君子在办丧事时要显示出匆匆忙忙的样子,办吉事时要显示出从容不迫的样子,丧事虽急但不乱,吉事虽慢但不懈怠,这就要求君子对自我有一种约束,无论外在与内在都要时刻融为一体,这就体现出了君子的节制。《礼记・坊记》主要是记载怎样防范人们出现违礼违德、不忠不孝、贪利忘义等方面的言论,对于君子而言,就是要时刻保持节制,不争不抢,不忘道义。《礼记・表记》论述了儒家君子的各种表率行为,有谨慎修身、庄敬自强、知恩图报、利益共享、内外兼修、表里如一、恭敬谦让、诚信节俭、淡泊交往、注重行动,这一系列行为的背后都离不开"节制"。因此,君子在任何时候都要把"节制"作为自己的行事准则。

(六)君子要尊"孝道"

传统的"孝"是以"善事父母"为核心内容的伦理理念。百善孝为先,孝是尊礼的要求和体现,也是仁之根本,其精神实质是"敬",要求做到"顺"。《礼记》在全面继承先秦儒家"孝亲"学说的基础上,将它发展成为一种重要的伦理原则,也是君子必须做到的。

《礼记・祭义》载,"曾子曰:'身也者,父母之遗体也,行父母之遗体,敢不敬乎'"。"众之本教曰孝。其行曰养。养可能也,敬为难。敬可能也,安为难。安可能也,卒为难。父母既没,慎行其身,不遗父母恶名,可谓能终矣。"[③]曾子提出了"敬身"的孝道观,主张全身以不侮辱身体为孝,求个体生命之整全,不致贻父母之羞。《礼记・文王世子》载:"是故圣人之记事也,虑之以大,

---

① 杨天宇. 礼记译注(上). 上海:上海古籍出版社,2004:1.

② 杨天宇. 礼记译注(上). 上海:上海古籍出版社,2004:82.

③ 杨天宇. 礼记译注(下). 上海:上海古籍出版社,2004:621.

爱之以敬，行之以礼，修之以孝养，纪之以义，终之以仁。”[①]圣人在处理事情的时候，往往要先将孝敬之礼做好，方能达到为人处世之“仁”的境界，可见孝之重要。孝作为一种核心伦理，还具有教化作用。《礼记·祭义》载：“居处不庄，非孝也。事君不忠，非孝也。莅官不敬，非孝也。朋友不信，非孝也。战阵无勇，非孝也。五者不遂，裁及于亲，敢不敬乎。”[②]《礼记·祭统》载：“是故孝子之事亲也，有三焉：生则养，没则丧，丧毕则祭。养则观其顺也，丧则观其哀也，祭则观其敬而时也。尽此三道者，孝子之行也。”[③]父母在世时，赡养以尽敬顺之心；父母去世时，以丧礼葬之举起哀思；三年之丧毕，则祭祀之，以表其对父母永久的虔敬。这三个原则贯穿了个体生命整个过程并延续到死后。《礼记·坊记》载：“君子弛其亲之过而敬其美。”“从命不忿，微谏不倦，劳而不怨，可谓孝矣。”[④]所谓的孝顺是什么？就是忘记双亲的过错而尊崇父母的美德，君子对父母的命令不会不满，对父母的过错委婉劝诫，对父母要不辞辛劳，无怨无悔，这就是孝，并且是上孝，也是对每一位君子的要求。

曾子认为，孝的内涵并不止于“孝亲忠君”“立德治功”，还有更高的追求，即大孝。在《礼记·祭义》中，曾子认为，“孝有三：大孝尊亲，其次弗辱，其下能养”。又说“孝有三：小孝用力，中孝用劳，大孝不匮。思慈爱忘劳，可谓用力矣。尊仁安义，可谓用劳矣。博施备物，可谓不匮矣……树木以时伐焉，禽兽以时杀焉。”夫子曰：“断一树，杀一兽，不以其时，非孝也。”[⑤]曾子将孝分为三等，各有境界。其中，所谓“能养”，即能够在日常生活中尽心奉养父母；所谓“弗辱”，即不让父母的名声受辱；所谓“尊亲”，即父母都能受人尊敬。能从“能养”而“不辱”，达到最高层次的孝——“尊亲”，即大孝。孝的理想境界是时刻以知恩报恩之心，努力去做一个“己欲立而立人，己欲达而达人”的“仁者”，既“成己”又“成物”，“亲亲而仁民，仁民而爱物”，在成就自己事业的同时，也成就了他人、他物，使自己与他人、他物共同臻于完善的理想境界，达到

---

① 杨天宇. 礼记译注（下）. 上海：上海古籍出版社，2004：263.
② 杨天宇. 礼记译注（下）. 上海：上海古籍出版社，2004：621.
③ 杨天宇. 礼记译注（下）. 上海：上海古籍出版社，2004：632.
④ 杨天宇. 礼记译注（下）. 上海：上海古籍出版社，2004：680.
⑤ 杨天宇. 礼记译注（上）. 上海：上海古籍出版社，2004：621-622.

“万物皆备于我”“上下与天地同流”的极致人生，从而使父母的生命在自己“立德”“立功”“立言”的努力中实现不朽，实现成己成物之美。因此，君子要时刻牢记“孝道”，不忘父母与先辈之恩。

（七）君子要“恭敬谦让”

恭敬谦让既是一种生活准则，也是一种生活智慧。荀子说：“高上尊贵不以骄人，聪明圣智不以穷人，齐给速通不以先人，刚毅勇敢不以伤人。不知则问，不能则学，虽能必让，然后为德。遇君则修臣下之义，遇乡则修长幼之义，遇长则修子弟之义，遇友则修礼节辞让之义，遇贱而少者则修告导宽容之义。无不爱也，无不敬也，无与人争也，恢然如天地苞万物。如是则贤者贵之，不肖者亲之。”孟子曰：“爱人者，人恒爱之；敬人者，人恒敬之。”也就是说，做人要虔诚恭敬、谦和礼让。

《礼记》也在很多地方强调了君子要“恭敬谦让”。《礼记·曲礼上》讲述了作为君子应当持“敬”的态度，外表端庄，若有所思，说话安详，如此才能使人感到安宁，进而教人应当廉恭节俭，以爱敬之道为人处世，依礼而行，入乡随俗。比如，“若夫坐如尸，立如齐，礼从宜，使从俗”①，即坐就要矜庄，站就要像斋戒那样恭敬，礼仪要顺从时宜，出使要顺从别国风俗，体现了君子的依礼而行、入乡随俗；“是以君子恭敬、撙节、退让以明礼”②，即态度恭敬、做事有节制、对人谦和有礼，还有谋于长者，必操几杖以从之；“长者问，不辞让而对，非礼也”③，即在与长者交流时，一定要拿着几和杖到长者跟前去，如果长者问话，要懂得谦让，以此体现出对长者的敬重及体贴照顾。在做事时，君子也要注意谦让，让谦让之风盛行，“君子贵人而贱己，先人而后己，则民作让”④。君子要先别人后自己，尊重别人贬抑自己，由此社会就会形成谦让的风气。

《礼记·表记》载：“恭近礼，俭近仁，信近情。敬让以行，此虽有过，其

---

① 杨天宇. 礼记译注（上）. 上海：上海古籍出版社，2004：2.

② 杨天宇. 礼记译注（上）. 上海：上海古籍出版社，2004：2-3.

③ 杨天宇. 礼记译注（上）. 上海：上海古籍出版社，2004：5.

④ 杨天宇. 礼记译注（下）. 上海：上海古籍出版社，2004：678.

不甚矣。”[①]恭敬近于礼，节俭近于仁，诚信近于真情，所以君子要有恭敬、仁爱、节俭、诚信之心。“是故君子恭俭以求役仁，信让以求役礼，不自尚其事，不自尊其身，俭于位而寡于欲，让于贤，卑己而尊人，小心而畏义，求以事君，得之自是，不得自是，以听天命。”[②]君子应恭敬节俭以求仁，诚信谦让以求礼，不抬高自己做的事情，也不夸大自己，做官学会清心寡欲，礼让贤人，无论升迁与否，对待君主都要忠心耿耿。《礼记·儒行》载：“温良者，仁之本也；敬慎者，仁之地也。”[③]温柔善良是仁的根本，恭敬谨慎是仁的实践，作为君子，在为人处世上，要恭敬谦让。《礼记·乡饮酒义》通过乡饮酒礼来促使个体体认尊卑长幼、慕贤尚齿的作用。其强调尊敬、谦让、恭敬是君子的结交原则，君子之间相互敬重、谦让就不会争执，清洁、恭敬就不会怠慢。《礼记·聘义》把恭敬谦让作为君子相互结交的方式，即“敬让也者，君子之所以相接也”[④]。

纵观整部《礼记》，君子无论是与人交往还是独处，都要注重“恭敬谦让”，并把它当作一种行事准则运用到自己的日常生活中。

（八）君子要“内外兼修”

内外兼修是指人的修养从内外两个层面进行的全面提升。“内”指道德修养、内涵，这需要长年累月的积淀，不断锤炼；“外”指人表现出的行为举止、言语表情，只有内外兼修才会形神兼备，不至于空洞且虚有其表。所谓“内外兼修”，即外在合乎礼仪，内在注重道德修养提升。

《礼记》将君子修身的伦理思想表述得很细致。在孔子看来。治国就需要先修身，将修身放在第一位。《礼记》强调君子要注重仪容，注重言语，注重道德，奖励以实，口惠招灾，如《表记》载：“君子不以口誉人，则民作忠。故君子问人之寒则衣之，问人之饥则食之，称人之美则爵之。”[⑤]《礼记·玉

---

① 杨天宇. 礼记译注（下）. 上海：上海古籍出版社，2004：719.
② 杨天宇. 礼记译注（下）. 上海：上海古籍出版社，2004：721.
③ 杨天宇. 礼记译注（下）. 上海：上海古籍出版社，2004：798.
④ 杨天宇. 礼记译注（下）. 上海：上海古籍出版社，2004：848.
⑤ 杨天宇. 礼记译注（下）. 上海：上海古籍出版社，2004：730.

藻》要求君子不仅要注重自己的服饰，更要注重仪容之礼，即内外统一。《礼记·大学》在开篇就讲述了大学之道的办法，即“明明德、亲民、止于至善”三纲领与“格物、致知、诚意、正心、修身、齐家、治国、平天下”八条目，通过“明德”来“止于至善”。《大学》整个篇章都是讲述君子要如何追求个人本身的完善，以此来促进个人与国家的统一，达到“修身、治国、平天下”，即内外兼修。

（九）君子要“谨言慎行”

谨言慎行是指言语和行动小心谨慎。其出处就来源于《礼记·缁衣》：“君子道人以言，而禁人以行。故言必虑其所终，而行必稽其所敝，则民谨于言而慎于行。”①对于君子而言，要谨言慎行，做好表率。一直以来，“谨言慎行”都是我国古代许多仁人志士的坚守，孔子说“敏于事而慎于言”，王懋竑的《书座右二章》中有“长堤溃蚁穴，君子慎其微”，班昭的《东征赋》记载“贵贱贫富，不可求兮。正身履道，以俟时兮……敬慎无怠，思嗛约兮”，这都证明了谨言慎行的重要性。

《礼记》也教育君子要谨言慎行。《礼记·檀弓上》载：“丧具，君子耻具。一日二日而可为也者，君子弗为也。”②对于丧葬用的物品，君子以早日具备为耻，时刻注意可为与不可为，以此来显示对生者的敬重，这就体现出了君子的“慎行”。《礼记·礼器》载：“礼之以少为贵者，以其内心者也。德产之致也精微，观天下之物，无可以称其德者，如此则得不以少为贵乎？是故君子慎其独也。”③君子行礼谨慎地用少物来体现德，要谨小慎微，因事而动，这样就不致有过失。《礼记·表记》载：“归乎！君子隐而显，不矜而庄，不厉而威，不言而信。”“不失足于人，不失色于人，不失口于人。”④教育君子在人面前要进退有度，要有矜持的容色，注意把握说话的分寸，即时时注意心存警戒。“君子慎以

---

① 杨天宇. 礼记译注（下）. 上海：上海古籍出版社，2004：736.

② 杨天宇. 礼记译注（上）. 上海：上海古籍出版社，2004：82.

③ 杨天宇. 礼记译注（上）. 上海：上海古籍出版社，2004：291.

④ 杨天宇. 礼记译注（下）. 上海：上海古籍出版社，2004：714.

辟祸，笃以不揜，恭以远耻。”“君子庄敬日强，安肆日偷。君子不以一日使其躬僀焉，如不终日。”[①]君子时刻都要注意谨慎修身，庄敬自强，用谨慎来躲避祸事，用笃行善道使自己不困窘，不要让自己表现出轻浮不庄的样子。“君子不自大其事，不自尚其功，以求处情；过行弗率，以求处厚；彰人之善，美人之功，以求下贤。是故君子虽自卑而民敬尊之。”[②]教育君子不夸大自己所做的事，不抬高自己所立的功劳，不自我贬抑，要表扬别人，这就体现了君子的“慎行”精神。在《礼记·缁衣》中，整个小节都在谈论君子的交友之道及言行准则，要求君子谨言慎行，做好表率。“可言也不可行，君子弗言也；可行也不可言，君子弗行也。则民言不危行，而行不危言也。”[③]君子对于自己的言行，不该说的话不要说，不该做的事不要做，谨慎自己的言行。要做到“君子多闻，质而守之；多志，质而亲之；精知，略而行之”[④]，要多听取意见，正确的就坚持，多学习知识，正确的学问要不厌其烦，多听、多学、多思考。君子一定要言必慎、行必正，言行一致，并能谨言慎行。

（十）君子要“忠信笃敬”

“忠信笃敬”是指言语忠诚老实，行为忠诚厚道又严肃认真，多指做人要诚信。孔子曰：“言忠信，行笃敬，虽蛮貊之邦行矣；言不忠信，行不笃敬，虽州里行乎哉？”[⑤]也就是说，言语忠诚老实，行为敦厚严肃，即使到了别的地方，也行得通。言语欺诈虚伪，行为轻浮狂妄，就是在本乡本土，难道行得通吗？因此，无论何时何地，都要忠信笃敬。《荀子·王制》载：“选贤良，举笃敬，兴孝弟，收孤寡，补贫穷，如是，则庶人安政矣。”[⑥]选拔贤能的人，推举忠厚恭敬的人，提倡孝敬和友爱，收养孤寡之人，补助贫穷的人，这样平民百姓就会安心于政事政局。《礼记》中也要求君子做到忠信笃敬。《礼记·礼器》载：“故君子有

---

① 杨天宇. 礼记译注（下）. 上海：上海古籍出版社，2004：715.
② 杨天宇. 礼记译注（下）. 上海：上海古籍出版社，2004：722.
③ 杨天宇. 礼记译注（下）. 上海：上海古籍出版社，2004：735.
④ 杨天宇. 礼记译注（下）. 上海：上海古籍出版社，2004：742.
⑤ 金良年. 论语译注. 上海：上海古籍出版社，2004：184.
⑥ （战国）荀子著，孙安邦、马银华译注. 荀子. 太原：山西古籍出版社，2003：103.

礼，则外谐而无内怨，故物无不怀仁，鬼神飨德。”①对于君子而言，“礼”的施行，会让身边的人感到舒服并且和谐，那么人们就会认为有仁德，鬼神也很乐意享受有德者的祭祀，故而告诫君子要有诚敬之道、忠信之德。君子曰：“无节于内者，观物弗之察矣。欲察物而不由礼，弗之得矣。”②在君子看来，内心如果没有礼仪的检验标准，观察事物就不能明辨是非高下，所以君子在任何时候都要有一个行事准则和判断标准，即“笃敬”。君子曰：“甘受和，白受采，忠信之人，可以学礼。苟无忠信之人，则礼不虚道。是以得其人之为贵也。”③只有忠信的人才可以教他礼，即“忠信”这一品质很重要，这就要求君子要“忠信笃敬”。《礼记·表记》载：“是故君子恭俭以求役仁，信让以求役礼，不自尚其事，不自尊其身，俭于位而寡于欲，让于贤，卑己而尊人，小心而畏义，求以事君，得之自是，不得自是，以听天命。”④《小雅》曰：“靖共尔位，正直是与。神之听之，式谷以女。”⑤君子要恭敬节俭以求仁，诚信谦让以求礼，不抬高自己做的事，不夸大自己的身份，为官清心寡欲，见到贤人就谦让，谦卑自己，尊敬他人，时刻注意小心谨慎，不要违背道义；对待君主要忠心耿耿，得到君主的信任要忠心，得不到君主的信任依旧要忠心，只要能认真履行自己的职责，恭敬地对待任何人和事，神明会看到的，并且会把好运给你，故而君子要恭敬节俭、诚信谦让、始终如一，也就是要把“忠信笃敬”作为自己的行事准则。

（十一）君子要“不忘道义”

“道义”是指道德和正义，一直以来，道义精神都是我国很多仁人志士的坚守，并且因为一直有道义担当，才涌现出了一批又一批先进个人与集体，为了国家和民族的命运，在不同的领域做着不同的贡献。

《礼记》中也对君子的教育提出了要求，要求君子“不忘道义”。君子曰：

---

① 杨天宇. 礼记译注（上）. 上海：上海古籍出版社，2004：284.

② 杨天宇. 礼记译注（上）. 上海：上海古籍出版社，2004：297-298.

③ 杨天宇. 礼记译注（上）. 上海：上海古籍出版社，2004：302.

④ 杨天宇. 礼记译注（下）. 上海：上海古籍出版社，2004：721.

⑤ 杨天宇. 礼记译注（下）. 上海：上海古籍出版社，2004：726.

“谋人之军师，败则死之；谋人之邦邑，危则亡之。”①为人指挥军队作战，打了败仗就以身殉职，为人治理都邑，出现危乱就自我放逐。这种行为就是源于君子本身的道义与担当。《礼记·曲礼》载“君子不亲恶”②，即君子绝不亲近有罪恶的人，这种本能的抵触，就源自君子的“道义”精神。《礼记·儒行》载，“儒有忠信以为甲胄，礼仪以为干橹，戴仁而行，抱义而处，虽有暴政，不更其所：其自立有如此者”③。儒者把忠信作为自己的盔甲，把礼仪作为自己的盾牌，不管走到哪里又或者住到哪里，都要时刻谨守仁义之道，即使受到暴政的迫害，也坚决不会改变自己的操守。“儒者有闻善以相告也，见善以相示也，爵位相先也，患难相死也，久相待也，远相致也：其任举有如此者。”④儒者在对待朋友时，听到善事会告诉朋友，见到有益的事也会告诉朋友，如果爵位有了空缺，首先会考虑自己的朋友；灾难降临了，首先要奉献出自己；如果自己的朋友被降位了，就等着他升迁；有的朋友不得意了，就想方设法招他一起共仕，这就是儒者对待志同道合朋友的方式。君子之所以这么做，就是因为君子有“道义”精神，时刻不忘自己的责任。“儒者有合志同方，营道同术，并立则乐，相下不厌，久不相见，闻流言不信。其行本方立义，同而进，不同而退。”⑤

（十二）君子要注重“九礼”

孔子要求君子在视、听、色、貌、言、事、疑、忿、见九个方面注意，这些在《礼记》中都有记载，比如，君子应遵循观看之“礼”，考虑自己是否真的看明白了；君子应遵循聆听之“礼”，应考虑自己是否真的听懂和理解了；君子应注意仪容神态之“礼”，时刻注意保持面部温和；君子应注意外在容貌之“礼”，关注自己的外在容貌是否保持庄严矜持的态度；君子还应讲求说话之“礼”，无论自己还是他人的语言，都应考虑是否诚恳、实在；君子还应保持对工作中的“礼”，对待工作的时候要严肃认真，不能分心；君子要持“礼”之心来对待产生的疑问，认真考虑应该

---

① 杨天宇. 礼记译注（上）. 上海：上海古籍出版社，2004：80.

② 杨天宇. 礼记译注（上）. 上海：上海古籍出版社，2004：47.

③ 杨天宇. 礼记译注（下）. 上海：上海古籍出版社，2004：794.

④ 杨天宇. 礼记译注（下）. 上海：上海古籍出版社，2004：796.

⑤ 杨天宇. 礼记译注（下）. 上海：上海古籍出版社，2004：798.

如何去请教；君子在发怒时，也应考虑清楚后果；君子对到手的物品，也要持“礼”之心，对于可以得到的东西，首先要考虑其是否真的属于自己。

《礼记·礼器》载：“君子慎其独也。”它要求君子做到与“礼”相称的举动，要格外注意自身的修养，谨言慎行。《礼记·礼器》载：“晏平仲祀其先人，豚肩不揜豆。澣衣濯冠以朝，君子以为隘矣。”①它要求君子应该注重服饰、住房等礼节。“无节于内者，观物弗之察矣。欲察物而不由礼，弗之得矣。”②要求君子内心对实际要有确切的体验，不然就不会明白事情的真相。“君子之于礼也，有所竭情尽慎，致其敬而诚若，有美而文而诚若。君子之于礼也，有直而行也，有曲而杀也，有经而等也，有顺而讨也，有撕而播也，有推而进也，有放而文也，有放而不致也，有顺而摭也。”③对于礼，君子一定要真情流露，不虚情假意。

因此，按“礼”来办事，不仅能赢得人们的尊重，更能取得人们的信任。《礼记·表记》记载，君子曰：“君子不以辞尽人。”子曰：“君子不以口誉人，则民作忠。”君子在评价一个人的时候，不仅要根据他的言辞好坏来评价，还要把“礼”作为评价一切事物的准则，因为仅仅依靠嘴来赞赏他人，不能获得别人发自心底的顺从。《礼记·昏义》载：“昏礼者，将合二性之好，上以事宗庙，而下继后世也，故君子重之。”君子对于身边发生的一切，都要亲身亲为，耳闻目睹，参考前人的经验，谨慎地做出自己的选择，一切依礼而来。《礼记·丧大计》与《礼记·丧服四制》记载的是整个丧礼，让君子用礼来表示对个体生命价值的肯定，以及对生命终结时的礼之情怀。《礼记·乡饮酒义》是通过饮、宾、庠、序之礼，突出君子的尊贤养老之义，以此要求君子学会尊敬、谦让、恭敬，也是注重“礼”。

总之，《礼记》通过对君子各种言行的记录，教育君子要有崇高的品格，要有使命感与担当精神，要仁爱、自律、节制、孝道，还要谨慎修身，庄敬自强；任重道远，勉力践行；表里如一，内外兼修；人性易变，以礼节制；躬行孝道，驰过敬美；认清角色，端正言行。这样就可以将君子本身应具有的品格贯穿自己的一生，乃至方方面面，为社会的进步与发展、和平与稳定贡献自己的力量。

---

① 杨天宇. 礼记译注（上）. 上海：上海古籍出版社，2004：291.

② 杨天宇. 礼记译注（上）. 上海：上海古籍出版社，2004：297-298.

③ 杨天宇. 礼记译注（上）. 上海：上海古籍出版社，2004：294.

第五章
中国古代君子教育的基本特点、历史影响与现代价值

谦 谦 为 人

中国古代君子教育历经千年发展，形成了自身的特点，产生了重要的历史影响，对促进现代教育的发展仍具有重要价值。

第一节　中国古代君子教育的基本特点

以德为要的精英人才教育目的取向、重视人文的君子教育内容选择、灵活多样的教育方法是中国古代君子教育的基本特点，具体分析如下。

一、以德为要的精英人才教育目的取向

中国古代君子教育是小众的精英教育，学而优则仕，其教育目的是培养以德为要的精英人才，进行管理国家、教化百姓。

（一）追求完美人格的塑造

以道为最高理想追求，以仁、义、礼、智、信为培养标准的君子教育，体现出了对塑造完美人格的追求。孔子开创的君子教育实质就是完人教育，是教人做人、以德育人的人格教育。君子教育以德为核心，仁爱是德行的基础，仁爱由人伦之孝扩展到对他人的爱和忠恕等，形成了中国教育的德教传统。君子应具备的仁、义、礼、智、信素养，就是传统中国人共同遵守的“五常”道德教育内容。君子就是“五常”的模范遵守者和坚定的守护者，君子人格也是“五常”的完美体现与超越。君子人格在一般伦理道德要求的基础上，升华至“道”的使命与担当，使君子人格成为以利他性为要的社会人格，如“义”不只是交往之道，对于君子来说，更是秉持与坚守社会正义之道。君子教育不但要培养道德人格的模范践行者，更重要的是让君子具有“志道”的人生理想和独立人格的追求。养成以德为要的“君子人格”，是君子教育一以贯之的教育目的。

另外，为了强调“德”在完美教育中的基础性与重要性，君子教育在肯定道德利他性的同时，对“道德利己性”也有不同程度的论述，如孔子所言的“仁者

不忧”就是对君子之德利己性的论述。

利他性是道德的基本特征，孔子对道德利己性的论述则体现了对道德认识的全面性与辩证性。在中国传统文化中，对道德利己性的表述也时常可见，如我们常说的“善有善报，恶有恶报；不是不报，时候未到”等。

（二）重视社会精英的培养

君子教育是培养社会精英人才的教育，这种精英教育又体现为培养“人上人”的政治精英。

培养有道德、有学问、有能力、有智慧、有官位的君子，是中国君子教育的首要目的。为政君子以事君从政、治理国家、教化百姓为己任。传统中国之所以选择儒学为官方政治哲学，选择君子之治的文治政府作为政治体制的主导，正是对国家治理经验的总结：依靠武力征伐和严刑峻法可以在争霸中获胜，却难以维系大一统国家的长治久安，秦朝二世而夭就是之后历代王朝念念不忘的历史教训。无为而治的黄老之学对和平年代的小国寡民社会有合理之处，可是对统一的中华民族而言，要内求稳定、外抵异族侵扰却显得有些无能为力。汉初的实践证明，大一统的中华不能仅采用黄老之学。汉武帝始，“独尊儒术”正是社会发展与历史选择的结果。至此，无论朝代如何变化，德才兼备的君子均是传统中国国家治理的主力军。君子为官不但处理政务，而且重视学校教育和社会教化，使国家哲学——儒学成为国人共有的文化。中国之所以历经离析而不散，最终成为大一统的泱泱大国，其强大的向心力之一就是通过君子之教和君子之治形成的源远流长的儒家文化。同时，以儒家思想为指导与农业文明相适应的中国君子教育对精英的培养，主要体现为对劳心者即国家官员的培养。孟子的“劳心者治人，劳力者治于人”与“得天下英才而教育之”则是对中国君子教育精英取向最坦诚的表述。宋代汪洙的《神童诗》则把君子教育培养“人上人”的精英取向表达得淋漓尽致：“天子重英豪，文章教尔曹。万般皆下品，惟有读书高……朝为田舍郎，暮登天子堂。将相本无种，男儿当自强……君看为宰相，必用读书人……莫道儒冠误，诗书不负人。”

（三）学而优则仕

“学而优”是君子入仕的主要凭借，“选贤任能”是儒家倡导的官员任用原则，“学而优则仕”是儒家认为的最佳选官路径。礼仪之邦的建立，官员不但要有处理政务的能力，还应有引领良好社会风尚、进行社会教化的知识和德行。这样的人就是君子，君子的养成需要教育，其中学习优秀者才能成为贤能的官员，这一理念在汉武帝之后逐渐发展成为具有传统中国特色的选官制度，其中“通经”为选官的重要条件。汉代太学生“学而不优”者，甚至出现“皓首而归”的境况，“学而优”的文学之士逐渐成为官员的主体。科举考试制度的确立，使“学而优则仕”之教育目的得到了更加公正的体现，大量饱学之士进入官僚系统，学者型官员成为中国文治官员的主体，亦官亦学也成了中国官员的进退之道。中国的君子教育首先是培养学者，而且只有优秀者才有做官的可能。中国虽然也有“荫官”制度，但一般限于低级官吏的任用上。在“学而优则仕”的选官理念下，位高权重的高官多出自博学贤德之人，科举考试制度实施后更是如此，到明代逐渐形成了“非进士不入翰林，非翰林不入内阁”的高官升迁定律。唐代宰相张九龄，宋代的欧阳修、王安石、司马光，明代的张居正，以及清代的曾国藩、李鸿章等均经历了由进士经翰林到权力中枢的升迁过程。

（四）注重内在超越

注重内在超越是君子教育的重要特征。君子教育重视内在修养。修身、齐家、治国、平天下是君子德性养成和事业发展的传统路径，而且自天子以至于庶人皆以修身为本。修身包括道德修养，也包括知识的丰富和能力的提高。只有实现自身的内在超越，才能达至齐家、治国、平天下，将教育目的凝练到“内圣外王”这一君子修养的路径与追求上。君子教育重视礼仪教育，更多的是一种长幼尊卑下的礼节，缺少普及性的外显形象设计。君子教育重视的礼仪主要指向各类仪式活动和长幼尊卑的礼节，对衣着装束缺少精心考虑，对生活细节缺乏关注，不拘小节成了毛病的托词。与英国绅士相比，中国君子更重视内涵，即心灵之美。也许正是这一传统的影响，某些西方人士错误地认为中国人缺乏修养，其实是生活习惯不同。

（五）培养学者型人才

在漫长的教育发展中，中国君子教育主要培养的是通经的学者型人才，汉代至清代基本如是。

在“学而优则仕”的理念与实践中，成为“通经”的学者是进入官僚系统与文化教育系统的前提。在君子教育这一培养目标下，很多高官是杰出的学者，如司马光、王安石等。在古代，君子同时肩负两种使命：一是作为“类世俗”的官员参与社会治理；二是作为“类宗教”的学者进行社会教化与文化传递。在没有统一宗教的古代中国，这两种使命促使君子成为学者型人才。

二、重视人文的君子教育内容选择

在教育内容选择上，君子教育重视德育课程的设置，课程内容凸显了人文性、古典性等特征。

（一）重视道德教育

在教育内容的安排上，君子教育重视道德教育，这是其典型特征。

君子的学问与才能，实际上是统摄在道德教育之中，如孔子曰：“故君子不可以不学，其容不可以不饬，不饬无类，无类失亲，失亲不忠，不忠失礼，失礼不立。”[①]如是可见，君子之学即德育之学，君子教育以儒家道德思想为指导，所有教育内容都渗透着道德教育。无论是孔子时代的“六艺”与“六书”，还是汉代之后逐渐形成的“五经”，均是以伦理道德教育为核心内容，学子在读经之中形成君子人格。同时，君子教育的内容整体处于儒家伦理道德的统摄之下，形成了以德教为主的、未分化的君子教育课程体系。

---

① （三国）王肃编撰，胡亚军译注. 孔子家语. 南昌：二十一世纪出版社，2018：72.

（二）人文性与古典性兼具

中国君子教育在教育内容选择上兼具人文性与古典性。君子教育的实质就是人格教育，其教育内容是围绕人格完善而设置的，无论是孔子时代的君子教育还是汉代之后的君子教育，均是以塑造完美人格为要的经典的人文教育，经典阅读几乎是学习的全部，即“十年寒窗，苦读圣贤之书”。圣贤之书就是孔子开创的儒家之学，如唐君毅所言：“……而孔子则统六艺之文化于人心之仁。以后中国儒家论文化之一贯精神，即以一切文化皆本于人之心性，统于人之人格，亦为人之人格之完成而有。儒家一贯是尊人文的，此与道家之尚自然，为中国思想之两大支。”①

君子教育内容的典型特征就是对经典的学习，以孔子编订的“六书”为开端，到汉代形成“五经”，之后发展至“十三经”，宋代之后又形成“四书”“五经”的课程模式。在中国传统教育中，除了对蒙学有针对性的课程编制外，大学的教育均以读经为主，儒家著作成为千古不易的经典。中国君子教育直到清末都是以儒家经典为教育内容，以培养各级官员和学者为主旨的典型的古典教育。

（三）单一、封闭的课程体系

君子教育的学习内容表现为单一、封闭，这是古代君子教育的显著特征。

孔子以“六艺”“六书”为君子教育的主要内容，提出文、行、忠、信之君子四教，以及君子应具备仁、智、勇三达德等，使孔子时代的君子教育内容比较全面，成为一种兼顾德、智、体、美诸育全面发展的全人教育，其弟子也是文武各类人才济济。当然，孔子编订“六书”之后，君子教育内容更加系统化，但也成为以后君子教育内容单一化发展的滥觞。汉代，以“通经”作为选官的主要依据，培养读经的文学之士成为教育的中心任务。也就是说，从汉代开始君子教育的内容就走向了封闭、保守的“五经”之学，抛弃了射、御，扔掉了乐，数也停滞在早期教育阶段，缺少了高等教育阶段的深入与分化。当然，在南宋及明、清各朝，国家也倡导文武全才教育，但由于武科的专门设立和以文官选拔为主要的

① 唐君毅. 唐君毅全集·文化意识与道德理性. 北京：九州出版社，2016：4-5（自序二）.

选官渠道等因素的影响，始终再也没有形成孔子时代的全面教育局面。在“学而优则仕”“书中自有黄金屋，书中自有颜如玉”的激励下，与以“通经”为要的文官选拔制度相辅相成，“十年寒窗只读圣贤之书”成为中国君子教育的真实写照。因此，单一的读经成为中国君子学习内容的重要特征。与此同时，君子教育的主要内容是伦理道德和为官之道，儒家思想是一以贯之的核心内容，其他学说通常被排斥在教育内容之外，从而形成了较为封闭的课程体系。无论是“五经”还是“十三经”，以及后来以理学思想阐释的“新儒学”，虽有援释、援道入儒之实，释、道却未被纳入君子之学的范畴，同时儒者也多是对释、道之学进行批判，由此形成了中国君子教育内容封闭于儒家一学的显著特征。这种现象类似于宗教派别的壁垒森严。

当然，中国君子教育的课程体系表现出来的单一、封闭特征有其历史原因。中国自秦汉以来就成为强大、统一的农业国，对周边诸国多以怀柔、绥靖政策为主，不以武力占领，君子反对穷兵黩武，睦邻友好是中国这一礼仪之邦的一贯主张。中国领土的逐渐扩大，主要是归顺与同化的结果，是“入中国者中国也”的自然民族融合之结果。保持国内安定是历朝历代统治者的主要任务，德刑相辅是国家治理的基本策略，忠君顺长、文质彬彬的君子正是进行社会治理和社会教化的最佳人才模式，这也成了中国社会致力于人才选拔的基本经验。汉代及其之后各王朝，以“五经”培养君子成为教育的主导思想。1840 年之前，中国长期以农业经济为主，在一定程度上呈现出相对封闭的特征，这也对君子教育内容产生了影响。

三、灵活多样的教育方法

（一）注重因材施教与循序渐进

君子教育强调因材施教和循序渐进的重要性。程颐道“西北与东南，人材不同，气之厚薄异也”①，说明因材施教是人的个性差异使然，并且认识到了只有在了解教育对象个性特征的前提下才能更好地实施因材施教，使受教育者

① （宋）程颢，（宋）程颐. 二程集：下册. 王孝鱼，点校. 2 版. 北京：中华书局，2004：1258.

的特长与潜质得到充分发展，达到“贤愚皆获其益，如群饮于河，各充其量”[①]的教学效果。如朱熹所言：“圣贤施教，各因其材，小以成小，大以成大，无弃人也。”[②]

孟子所言“其进锐者，其退速”“盈科而后进”等表明，君子教育重视知识学习上的循序渐进。另外，对循序渐进的重视还体现在课程编排的次序上。如《礼记·学记》中的“不陵节而施之谓孙”，不仅指向教学过程中的循序渐进，还指在课程安排上要根据年龄特征做到循序渐进。汉代形成的由《孝经》开始，进而学《论语》，高端研习“五经”的学习顺序，以及宋代形成的《孝经》—“四书”—“五经”的梯次，更表明了课程安排上的循序渐进。

（二）强调知行结合

君子教育培养的人才均以服务国家为目的，知行结合是培养经世致用的君子的重要教育方法。知识的学习和德行的提高最终都要落实在行动和行为举止上。“诵《诗》三百，授之以政，不达；使于四方，不能专对。虽多，亦奚以为？”[③]这里强调了知行结合的重要性。“力行近乎仁”强调了“行”对君子修身的重要性。总之，君子教育的知行结合可以概括为两方面：一是将间接的公共知识转化为学习者自身的知识，也就是孔子所说的“学而时习之”等；二是把自身的知识付诸实践，也就是君子教育的“笃行之”等。

（三）重视教师的作用

君子教育非常强调教师的示范作用，如荀子所说的“夫师以身为正仪，而贵自安者也”[④]和广义上而言的“其身正，不令而行；其身不正，虽令不从”[⑤]均体现了率先垂范的重要性。君子教育对教师的素养也提出了较高的要求，包括德行、学问、教育技巧与方法等方面。君子教育尊师与对教师的高标准要求是相辅

① （宋）程颢，（宋）程颐. 河南程氏遗书. 邵逝夫，导读. 合肥：黄山书社，2022：474.

② （宋）朱熹. 四书章句集注. 北京：中华书局，1983：369.

③ 金良年. 论语译注. 上海：上海古籍出版社，2004：148.

④ 熊明川，程碧英. 先秦元典学习思想研究. 成都：巴蜀书社，2021：138.

⑤ （宋）朱熹. 四书章句集注. 北京：中华书局，1983：143.

相成的。“名师出高徒”“师傅不名弟子弱”等也强调了教师素养高的必要性。孟子所说的“君子之所以教育五：有如时雨化之者，有成德者，有达财者，有答问者，有私淑艾者”[①]，是对教师教学技能提出的更高要求。

（四）重视内在的自我修养

重视内在的自我修养是中国君子教育的重要特征，“居敬持志”“慎独自省”“严以律己”等均是这一特征的体现。中国君子教育把修身视为学习的根本，是“齐家、治国、平天下”的起点，“内圣外王”重在内圣。修身的关键在于自觉、自省，在于对“道”的笃定与追求。“三军可夺帅也，匹夫不可夺志也”[②]指出了坚定志向的重要性，“少年戒色，壮年戒斗，老年戒得”之“三戒”和“君子求诸己，小人求诸人”[③]等正是对自我修养路径的要求。这种强调“自我内省”的向内功夫，体现出了中国人在道德追求中的高度自律性与自觉性。[④]

中国君子教育重视内在修养，在君子的德性养成方面起到了极其重要的作用。君子人格的养成主要就是指君子的内在修养，所谓“慎独”“自省”“居敬”等均是对内在修养的强调。这种向内用力的修养方式塑造了中国君子高尚的人格，同时高尚的人格内涵也反映在君子言谈举止的文质彬彬和谦谦有礼上。由于对内在修养的重视，相比而言，在一定程度上弱化了礼仪养成教育。内在修养是建立在“里仁”的基础上的。儒家学说的核心就是仁，仁德是君子基本的道德修养，言谈举止等道德规范之礼仪则是仁德的外化。之后，由于孟子对仁德的强化，以孔孟为正宗的儒家学说就弱化了礼仪教育。当代强调的“心灵美”就是中国传统内在修养的延续。中国君子教育强调塑造完美的君子人格，追求圣人之道，相对而言，“礼仪”只是“小节”，往往被弱化或忽视。重视内在修养的教育模式在古代中国有其合理性，古代中国文化是稳定、封闭的农业社会产生的熟人文化，对人的评价缘于长期的接触，即所谓“路遥知马力，日久见人心”。然

---

① 金良年. 孟子译注. 上海：上海古籍出版社，2004：290.

② 金良年. 论语译注. 上海：上海古籍出版社，2004：100.

③ 金良年. 论语译注. 上海：上海古籍出版社，2004：189.

④ 李申申. 人性：存在与超越的省视——中西方道德教育思想与实践比较研究. 北京：新华出版社，1999：138.

而，在以开放为特征的工业社会，与不同国家的交往、与不同人的交往成为常态，礼貌就显得尤为重要了。

需要说明的是，君子教育的开创者与集大成者孔子及后世儒者关于君子教育方法的论述主要针对的是高等教育阶段。传统的中国教育 15 岁之前为小学教育阶段，15 岁或 18 岁进入大学学习。大学阶段的教育对象是小学阶段的优胜者，是“中性之民”或“困而学之者”，孔子创办的私学主要就是大学阶段的教育。所以，古代君子教育阶段的指向不同导致其教育方法不同，如君子教育的“慎独自省”就是针对大学阶段甚至成人教育而言的。

第二节　中国古代君子教育的历史影响

君子教育走过了若干个世纪的发展历程，其涵养人格、高扬道德的精髓在历史的进程中闪现出熠熠的光彩，对促进社会乃至人类的进步做出了毋庸置疑的贡献。直至现当代，其仍然具有超越时空的价值和魅力。然而，君子教育以培养国家官员为主的目标、以人文与古典课程为主的教学内容，决定了二者是培养“劳心者”的精英教育，而不是培养“劳力者”的大众教育。这种小众化的精英教育模式具有其历史合理性，却不能适应近现代社会发展的需要。早在 17—18 世纪，王夫之、颜元等学者就站在时代的高度抨击传统教育，尤其是宋明理学教育，揭露了科举考试制度的危害；倡导实学，主张培养“实才实德”之士，强调对自然科技、军事和技能等在内的经世致用学科的学习，提倡劳动教育等。这就向以读经为主的君子教育模式提出了挑战。鸦片战争后，国人真正认识到了君子教育的局限性，经过“洋务运动”“戊戌变法”“清末新政”，包括“书院改制”“科举制度废除”等一系列改革，在“中体西用”为主的思想的指导下，对君子教育在课程设置、教学模式等方面进行了一系列更新。当代，传统的君子教育虽已不再是主流教育形式，但作为经典的人格教育与精英教育，它对我国教育、社会与文化的发展均产生了深远的历史影响。同时，这种蕴含着深厚文化内涵与独特教育理念的影响也远播他国，使君子教育成为世界教育史上凭借其独特价值而难得的经典教育模式。

一、君子教育对教育发展产生了深远的历史影响

君子教育是具有深远历史影响的古典教育，对我国教育的发展产生了重要影响，而且不同程度地影响到了世界其他国家教育的发展。

君子教育以悠远的中华三代文化为渊源，以持续发展的儒学为基础，以代代教育家的理论贡献和躬身实践为先导，以国家用人制度为动力，推行和发展于官学、私学、书院等教育系统和教育机构中，理论体系不断完善，实践模式日趋规范，谱写了中国古代教育的辉煌，彰显了中国以德为核心的教育特点，成为孔子以来特别是汉至清代中国主流的教育模式，主导了中国教育的历史发展。同时，君子教育的理念与实践对朝鲜、日本、越南等周边国家的教育发展也产生了重要影响。明清之际，随着东西方文化的交流，中国的君子教育思想也影响至欧洲大陆。清帝逊位，君子退出朝廷与官场，君子教育也随之退出官学，但是其教育理念和教育行动并没有完全消失，而是以不同的方式呈现在各类教育与社会文化之中。

21世纪，弘扬传统文化、建立文化强国成为时代的强音，传统君子教育也逐渐成为国人关注的对象。从中小学的君子教育活动的开展与君子文化校本课程的开设，到大学采用“书院”模式实施通识教育等，均显示了君子教育的勃勃生机。另外，通过孔子学院与其他交流形式，君子教育的理念还将进一步传播到世界其他国家，为人类的和睦相处、世界教育的发展做出了新的贡献。

二、君子教育对古代中国的稳定与发展作出了重要贡献

君子教育通过培养大批国家需要的政治、文化等方面的社会精英，在不同的历史环境和社会制度中为古代大一统国家的稳定与发展作出了重大贡献。

君子教育对传统中国社会的稳定发挥了重要作用，儒家伦理道德又是其中的关键。如果说“天不生仲尼，万古如长夜”，那么把孔子创立的儒家思想与政治

理想代代付诸实践者就是君子教育培养出来的一批批君子。汉儒董仲舒依据天人感应论提出的“屈民而伸君，屈君而伸天”①，为君子之治提供了重要的理论依据。“屈民而伸君”，实际上是为了维持统一、反对分裂而提出的口号，是对民众的约束；“屈君而伸天”，则是对帝王的约束和警醒，从而建立大一统的政治秩序。解释天的是儒者、君子，这就为君子提供了广阔的发展平台，也使儒家追求实现大一统德治国家的理想成为现实。“事道不事君”“以道抗势”，旨在使政治符合王道、顺应民心，从而维护社会的稳定，此为君子奉事之基本原则。宋代，君王与士人共治天下，则进一步激发了儒者参与国家治理与文化建设的积极性。中国君子躬身实践，为政、为学、为教，成为维系大一统传统中国的中坚力量与中华民族生生不息的脊梁，也不愧为中国主流文化的继承者、倡导者、宣扬者与践行者。

大一统是传统中国根本的政治模式，君子之教对构筑这一政治模式起到了重要作用。姚中秋说：“春秋之末，君子经历了一次贫民化转型，经由儒家之学而塑造的纯粹德行意义上的君子，替代了三代等级制意义上的君子。此后华夏文明历史上，先有汉晋士族之君子，后有宋明更平民化之君子。不论社会如何变化，君子始终是社会之治理者、文明之塑造者。”②自汉代，中国通晓儒经的君子（或称为文学之士）就逐渐成为各级官吏的主体，他们与中国政治体制一起构成了中国式的古代民主政治，成为农业文明下大一统国家治理的中国风格，为历代王朝沿用。关于中国传统政治的民主制，钱穆先生有这样的论述：

当知中国政府虽无国会，而中国传统政府中之官员，则完全来自民间。既经公开之考试，又分配其员额于全国各地。又考试按照一定年月，使不断有新分子参加。是不啻中国政府早已全部由民众组织，则政府之意见，不啻即民间之意见。③

按照钱穆先生的观点，传统的中国式民主政府的建立经历了三步：西周时代可以说有统一的政府，只是封建制的统一。秦始皇标志着中国历史上第一个实行

---

① （汉）董仲舒. 春秋繁露. 张世亮，钟肇鹏，周桂钿，译注. 北京：中华书局，2012：30.

② 姚中秋. 美德·君子·风俗. 杭州：浙江大学出版社，2012：90.

③ 钱穆. 文化与教育. 北京：九州出版社，2011：105.

郡县制的统一政府的开端。汉高祖代表着中国历史上第一个“平民为天子的统一政府”的开端。汉武帝代表着中国历史上第一个“文治的统一政府”即“士治”或“贤治”的统一政府的开端。这是当时中国人开始建设世界政府以后之三步进程。①

可见，中国传统的大一统的政治模式也不乏民主成分。这种大一统的政治模式在儒家思想主导的君子教育的影响下，在持续的君子之治王朝实践中，成为中国人心目中应然的国家治理模式。清帝虽然逊位，而清朝对中华传统文化的继承与发展，形成的国家认同，确实是一笔宝贵的财富。现在，中国外交中最重要的底线就是国家的统一和领土的完整，这确实与君子之教、君子之治的历史影响有着重要关系。

三、君子教育推动了我国君子文化的形成与发展

君子文化是中国文化的象征，君子教育对君子文化的形成和发展起到了关键的推动作用。

中国君子文化源远流长，是中国主流文化的重要体现。任福申在其《中国君子文化》一书中指出，从内涵、主体、传承等主要方面来讲，中国传统文化本质上就是君子文化。自炎黄以来，所有有所作为的政治家、军事家、史学家、科学家、思想家、文学家等各个方面的华夏精英，无一例外地都是以君子的视角、君子的胸襟、君子的标准来立功、立德、立言的，“君子”一语贯穿于经、史、子、集等中华传统经典之中。②

春秋战国被称为君子时代。西周末年，王道不兴，诸侯力政，对上古文化发展起着举足轻重作用的史官传统也随着礼崩乐坏开始瓦解，史官纷纷由王廷流散入诸侯封疆，在一定程度上刺激和促成了后来“天子失官，学在四夷”的文化局面。与此同时，伴随着诸侯力政，诸侯国坐大，一大批君子开始“亮开自己的嗓子”，他们以高尚的德操、高贵的血统和高蹈的“立言”而成为新的

---

① 钱穆. 中国文化史导论. 北京：商务印书馆，1994：94.

② 任福申. 中国君子文化. 北京：线装书局，2009：1（前言）.

文化权威。他们与此前文化的主要创造者和保有者——史官，以“共和”的姿态出现在春秋的历史舞台上，继承并推行着史官文化，形成了一个以“君子”风尚为核心的君子文化时期。[①]孔子开启的君子教育则对君子文化的进一步形成与发展起到了重要作用。孔子之后，以德性为核心的君子逐渐成为中国人的典范人格和中国人自觉的人格修养；学校教育系统以儒学为教育内容，以修德为本，以培养具有君子人格、德才兼备的人才为目的，使君子在从政施教中展示自身的人格魅力，并影响他人修养的提升。在社会生活中，每个人都可以在君子与小人的对比中评价他人，警醒自己，自觉地趋向君子做派，远离小人行为，在持续的不同形式的君子教育中培育了以君子人格为核心的具有中国特点的君子文化。经过历史的积淀与洗礼，中国君子文化成为中华民族厚德载物的民族性格与自强不息的民族精神。

君子文化首先体现出一种“弘道”的救世精神，如顾炎武所言：“君子之为学，以明道也，以救世也。”[②]这体现出君子重义轻利的公德，体现出为了国家利益与民族大义不畏权势、仗义执言的勇气与不畏牺牲的精神，造就了一批批可歌可泣的君子，如宋代揭露佞臣丁大全的“六君子”、明代“东林八君子”、清末“戊戌六君子”等。这些称谓是国人对他们的敬仰与褒奖，赞扬他们是弘扬中国君子文化的中流砥柱。

在历史发展中，以君子人格为核心的君子文化逐步成为中国人修身交往的共同文化。在中国传统中，对人的评价，既有“成王败寇”的评价模式，也有“君子小人”的评价模式。这是传统中国人对“有势者”的顺从与对“有德者”的敬服之两面性的反映。“君子小人”是绝大多数中国人自主的评价模式。君子、小人既表现在对人的终结性评价中，也表现在对每件事的过程性评价之中。一个君子也许有小人之想或偶尔做下终身后悔的小人之事，但是，改之人皆仰之；一个小人也会有君子之思，偶尔也会做出石破天惊的君子之举，令人赞叹。实际上，在君子文化主导下的中国，每个人都游走在君子和小人之间，每个人都想成为君

① 李凯.《左传》“君子曰”研究. 陕西师范大学硕士学位论文，2012.

② 昆山市档案馆（地方志办公室），昆山市顾炎武研究会. 顾炎武信札释读（选编）. 苏州：古吴轩出版社，2022：133.

子而不想成为小人，每个人也都可以成为君子。

君子文化还反映在为人处世的诚信上，如“君子一言，驷马难追”等。这些君子的口头承诺往往胜过小人的“白纸黑字”契约，君子之诺后来发展成为人与人交往的基石。君子之诚信也被中国古代商人敬崇，他们往往也以儒家君子之德作为自己的经商之道，并从更高的儒家义利观上教育子女。如明代富商王文显曾告诫诸子要做到“以义制利”：“夫商与士，异术而同心。故善商者，处财货之场，而修高洁之行，是故虽利而不污；善士者，引先王之经，绝货利之径，是故必名而有成。故利以义制，名以清修，各守其业，天之鉴也。如此，则子孙必昌，身安而家肥也。”[①]

君子文化更注重人与人之间、国与国之间的和睦相处。“与人为善、与邻为伴”“君子不武”是中国君子的交往理念，爱好和平是中国君子文化的重要特征。礼仪之邦中国的君子之治，对弱国是绥靖、支持与保护，而不是掠夺、占有与殖民。比较而言，中国以仁爱为本，与各国友好相处，西方人主张优胜劣汰、倚强凌弱，这就是中西方的一种文化差别。[②]

以人格为核心的君子文化也扩展到诸多方面，例如，由古代君子必持玉，使玉成为君子的象征，发展为以君子之德与玉互比。再如，“梅兰竹菊”四君子，还有君子汤、君瓷等，都是以君子为喻对其他事物的赞美等。

君子文化最常见的特点就是对人的称呼。君子作为敬称和美称，普遍反映在中国古代诗词作品中，如“莫愁前路无知己，天下谁人不识君”“君不见黄河之水天上来”等。现在，君子作为称呼仍在被继续使用，如“听君一席话，胜读十年书”等。

中国君子文化还影响了东亚、东南亚诸国文化的发展，日本和韩国至今仍采用“君子”作为对他人的称呼，足见中国君子文化对他们产生的深远影响。

当代，中国君子文化对世界产生的影响已经超过周边国家，远播世界，中国君子文化中的“己所不欲，勿施于人”等更是成为世界各国和平共处的共同理

---

① 转引自徐国利，刘旻娇. 儒商优秀文化案例. 上海：上海财经大学出版社，2023：87.

② 周桂钿. 董仲舒研究. 北京：人民出版社，2012：129.

念。当然，中国在对外推广汉语的同时，也应该把传统教育的精髓——道德教育推向世界，让世人了解中国的人格标签——君子，以促进世界对中国人的了解与认同。

第三节　中国古代君子教育的现代价值

君子教育是世界教育发展史上不可多得的具有深厚文化底蕴和深远历史影响的经典教育理论与教育实践。君子教育的形成机制、以德为要的精英教育理念、全人格教育观、三位一体的实践机制、超越时空的道德价值等，对现代教育和社会的发展均具有重要的借鉴意义。

一、君子教育的形成机制与当代教育理论创新

创新是我们这个时代发展的重要特征和根本驱动力，教育创新则是当代教育发展的驱动力。在互联网、人工智能等飞速发展的背景下，教育实践正在发生翻天覆地的变化，如颠覆传统课堂教学模式的慕课等。如何解释、指导和引领教育实践变革，则需要教育理论的不断创新和发展。君子教育的以下形成机制对于当代教育理论的创新不无借鉴意义。

其一，君子教育对本土文化的坚守与对外来文化的借鉴。君子教育的理论基础是孔子继承三代文化创建的儒学，它本身就是对中国传统主流文化的坚守、继承与发展。在百家争鸣之中，为什么儒学能够脱颖而出，最终成为我国两千多年的官方哲学和主流文化？关键就是孔子开创的儒学是以三代文化为主要内容的，是对传统文化的继承与发展。“国家一统、天下太平”是春秋战国时期的普遍民意和社会发展的总趋势，儒学提倡以德治国、建立礼治社会的政治理想，为天下一统文治国家的建立与治理提供了理论准备。在当时的传统文化与时代文化相契合而产生的儒家思想基础上形成的以培养构建与服务礼治社会的君子为目标的君子教育，无疑是有根基、有发展前景的。汉代之后的中国历史发展证明了儒家政

治理想对维系大一统国家的合理性与长效性，也验证了君子教育对传统中国的适应性。同时，君子教育思想和实践也与时俱进，积极借鉴外来文化，如历史发展到宋代，程颢、程颐等一批儒学大师“援释入儒”、创立理学，进一步丰富了君子教育理论，推动了君子教育的发展。由此可见，本土文化是教育理论创新的根基所在，脱离本土文化的创新理论（包括对他国教育理论的移植）往往只是耀眼而不结果的花朵，光鲜一时却难以持久。

其二，教育目标设计上“德”“才”“位”三要素的交融与匹配。君子教育注重对受教育者德行与才能的培养。同时，其“德”“才”又是与其欲从事的事业相交融、相匹配的。君子教育的目标是培养德才兼备的国家官吏或从事文化事业的学者，这与两千多年传统中国的君子之治与社会教化的人才需求相契合，所以君子教育一直是中国古代主导的教育模式。民国时期，原有的君子教育模式培养的“德、才”之人已没有相应的“位”，其更化便戛然而止。君子之德与君子之才一起轰然倒塌，君子教育骤然退出中国主流教育。所以说，“德”“才”“位”三位一体是中国君子教育理论设计的重要特征，也是君子教育持续发展的重要条件。当前，我国不断推进的教育改革，也体现了“德”“才”“位”三要素的匹配：“立德树人”之教育根本任务的确立体现了中国教育源远流长的德教传统，基础教育课程改革与高等教育专业调整等体现了教育培养之“才”与社会能提供的“岗位”之间的匹配。所以，君子教育“德”“才”“位”三位一体教育目标设计的重要理论特征，对新时代教育理论的创新具有重要意义。

其三，一代代才识渊博、勇于担当的学者躬身教育研究与教育实践，接力发展。从我国君子教育的形成和发展过程，可以清楚地看到这一点：君子教育源于孔子长期的私人讲学与研究著述，并在其弟子和再传弟子，以及其他儒者的接续努力下逐渐发展与完善。其中，曾子、孟子、荀子、董仲舒、程颢、程颐、朱熹、王阳明、王夫之等均为中国历史上不可多得的先贤，他们和孔子一样躬身教育实践、著书研究，接力发展和完善了君子教育理论。可以说，没有一批批才识渊博、勇于担当学者的教育实践与教育研究，一种有生命力的教育理论是很难产生的。当前，我国教育领域呈现出理论与实践“两张皮”的现象，基础教育领域的问题尤为突出，“轰轰烈烈的素质教育”与“踏踏实实的应试教育”更是鲜明写照。究其原因，主要是理论研究者与实践工作者的分离。研究者常常面对人和社会的发展需要，以及在逐渐升级的科研压力下，皓首穷经，潜心于理论不断更新的“素质教育”；一线教师往往在升学为要的社会场域中难以自拔，起早贪黑，埋头于无边无涯的“应试教育”。如此，研究者与实践者往往各信其道、各干其事，二者缺少交集，难以形成健全的理论与实践转换机制。因此，要想产生真正有生命力的教育理论，学者关注并躬身教育实践应是不可或缺的一环。然而，知名学者，包括人文、社会与自然科学等领域的专家，参与教育研究与教育实践，更是促进教育理论创新的重要举措。现在，确实也有一部分教育研究机构在积极探索与教育实践紧密结合的新模式，如在崔允漷教授的带领下，华东师范大学课程与教学研究所历经数年对“学历案”的理论研究与实践探索，2017 年 10 月 26 日与南京市第一中学共同举办了第一届全国高中学历案研讨会，同时成立了由九所不同省、市高中加盟的高中学历案联盟，开启了教育理论研究与教育实践深度融合的新模式，增进了教育理论与教育实践的相互补益、同生共长。整体而言，这类群体的基础比较薄弱，其仍需要大批才识渊博、勇于担当的学者躬身于教育研究与教育实践，二者不可偏废，这样才有利于教育理论的创新。

二、君子教育以德为要的精英教育理念与当代精英教育的健康发展

君子教育既是经典的人格教育，也是经典的精英教育。“以德为要”的精英教育是君子教育的核心理念。该理念对当代精英教育的健康发展具有重要借鉴意义。

在教育日益走向民主化、大众化的今天，培养各行业的高端人才之精英教育依然是世界诸国，尤其是创新型国家国民教育的重要组成部分，而且实然的精英教育必将永远存在，只不过是精英群体与受教育对象在不断发展、教育的形式在不断变化罢了。党的十一届三中全会之后，为了培养精英、多出人才，我国设立了“重点（示范性）小学”“重点（示范性）中学”“重点大学（如 985 与 211 工程项目学校）”等精英教育模式。中国特色社会主义新时代，我国在致力于教育

均衡发展的同时，也在进一步做强精英教育，如刚启动的新时代精英教育新篇章的“双一流”高校建设等。在世界其他国家，精英教育也同样存在，如当今的英国，被誉为领袖摇篮和科学家摇篮的牛津大学和剑桥大学，以及在争议中依然蓬勃发展的享誉全球的“公学”进行的无不是货真价实的精英教育，另外还有美国的常青藤高校和新加坡孜孜以求的分流教育等。

君子教育的对象是小众而非大众，虽然提倡有教无类，而且在这一教育理念的推动下，确实在一定程度上扩大了非贵族阶层的入学机会，但是，支持子弟“十年寒窗”的经济条件是绝大多数非贵族社会阶层难以达到的，至少应是殷实的民众之家才有可能支撑子弟攻读圣贤书，学优成仕。

总之，君子教育是典型的精英教育，所培养出来的精英主要是“治民者”与“化民者”，是政治、文化意义上的精英。这些精英之德的重要体现就是担当精神和引领社会发展，正如宋代名儒张载所言：“为天地立心，为生民立命，为往圣继绝学，为万世开太平。”但无论如何，我国历史上的精英阶层教育注重的“修身”与“德行”，使精英恪守基本的人格，具有一种“先天下之忧而忧，后天下之乐而乐”的情怀，“苟利国家生死以，岂因祸福避趋之”的风骨和引领社会发展之担当，这对社会发展是有着巨大影响的。

当代精英的内涵已经从官员为主体的政治精英，扩展到学术、经济、艺术等领域，官员、企业家、各类明星、先富一族和专家学者等共同组成了当代社会的精英群体，他们是引领社会发展，特别是社会道德风尚发展的重要力量，是青少年的偶像和榜样。遗憾的是，当前部分“精英”缺失社会道德，唯成功论英雄之偏狭的精英评价之风更是使“唯能精英”大行其道。成功的关键词又往往是“官职”“金钱”“名气”等。道德问题，甚至是违法行为往往被看成了“小节”而被忽略。某些政治精英的腐败、文化精英的剽窃、影视明星的堕落令人心寒。此类人早已把“不值钱”之“德”抛掷九霄云外，仅仅留下“值钱”的肆无忌惮的“能”。抽掉了德性的畸形精英带给社会的不是专业贡献与道德引领，而是阻碍社会进步与败坏社会风气。此种“唯能精英”的产生，当然是多种因素综合作用的结果，而教育领域也应当有所反思。学校教育是以德为要、实施立德树人的素质教育，还是以能为要、坚持紧盯升学率的应试教育；社会教育方面对精英人物的宣扬是德能兼备，还是只看其耀眼的成功之果；家庭教育方面是提倡成“人”教育还是成“才”教育，等等。在某些方面，如“立德树人”等，我国教育政策虽已明确，但是与时代相适应的理论与切实可行的实施路径仍在探索中，而经典的以德为要的精英教育——君子教育是有可借鉴之处的。

新时代精英之德的重要性之缘由所在，诚如周善甫所言：“有权、有钱、有才的人，既可千百倍地为善，也可千百倍地为恶。是以‘《春秋》责备贤者’，而务严君子之教焉。以整个社会来讲，财富的发展，也同样能助长世风之善恶。且物易引物，在物阜而失教的情况下，物欲横流，尤易向恶的一面堕落。故社会愈繁富，‘教’的重要，就愈加突出了。在简朴的社会里，人们的心态便毕竟好得多。”[①]新时代的中国正处在孔子所主张的国家治理三部曲：当下，我国是世界第二大经济实体，可谓“富”；我国人口居世界前列，可谓“庶”；我国正当“教”之时，正当更加重视道德教育之时。对“有权”“有钱”“有才”之当代精英群体的教育就更为重要了，要培植、扩充其善端，摒弃、避免其恶念，使其精英之称不能只停留在“能”上，更重要的是体现在“德”上。其中，由各级官员组成的政治精英群体的道德教育是重中之重。因为他们是执政者，是形成海晏河清、朗朗乾坤之清明政治的中坚力量，是引领社会良风美俗的表率。诚然，优秀公务员队伍建设需要完善的制度，但是借鉴传统君子之德以提高公务员自身修养、培植其担当之德性，应是必要之举。传统大一统中国的治理者就是以德行君子为主体的各级官员。当前，我国正走在实现中华民族伟大复兴中国梦的征途中，更需培植精英之德，让精英群体真正成为维持社会长治久安、引领社会健康发展的中坚力量。

总之，君子教育的精英教育理念对提升当代“精英群体”的道德水准、推进实然存在的当代精英教育的健康发展具有重要的借鉴意义。

三、君子教育全人格教育观与通识教育的实施

君子教育在教育内容方面注重人文教育，注重全人格的养成教育。这种全人格教育观对实施通识教育、培养具有健全人格的一代新人具有重要的借鉴意义。

---

① 周善甫. 大道之行：周善甫国学论集. 昆明：云南民族出版社，2003：623.

中国君子教育的内容是以德为核心的“五经”课程，是一种没有分化的知识体系，是一种人文知识与社会知识的综合，是一种全人格教育体系。按照唐君毅先生的说法：“诗属文学艺术。礼属道德伦理、社会风俗、制度。书属政治、法律、经济。《易》属哲学宗教。春秋即孔子依其文化理想所以裁判当世，垂教当世之教育法律也。”“而孔子则统六艺之文化于人心之仁。以后中国儒家论文化之一贯精神，即以一切文化皆本于人之心性，统于人之人格，亦为人之人格之完成而有。”①这是一种综合性的人文社会知识体系，一种统属于人格教育的课程设置。汉代太学开始“专经”研修，创设培养文职官员的教育模式。与此同时，《论语》《孝经》成为学子必学之“兼经”，成为道德教育的通识课程。宋代，在程颢、程颐、朱熹等理学家的努力下，《论语》并入“四书”，“四书”成为新的通识课程。

20 世纪，人文教育被看成古典教育，在高扬“科学教育”大旗的现代化教育发展中，人文教育越来越走向边缘。在极端专业化思想的支配下，以培养专业技术人才为要，而忽视了以德育为核心的人文性通识教育的开展，远离了立德树人的教育宗旨，也使教育脱离了生活。“教育回归生活世界”的呼声也是对这一教育弊端的积极回应与纠正。现在，已经有不少高校开始研究和实施以人文教育为主要内容和形式的通识教育。例如，长江师范学院继承和发展了传统书院教育模式，在实施通识教育方面进行了探索。2009 年，该校把宋代程颐创始的钩深书院组建为长江师范学院钩深书院，对大一学生进行通识教育。再如，河南省夏邑县孔祖中等专业学校把夏邑地方文化最古老、灿烂、有价值的精神财富——“孔祖文化”，作为最宝贵的教育资源加以开发和传承，创造性地提出了“新君子教育”的概念。②

完美的全人格塑造是君子教育的重要价值取向，这对于当前通识教育的实施，特别是人文通识课程的设置有着重要启示。君子教育不但对高等教育通识课程开设具有借鉴意义，而且对人格形成关键期的基础教育如何在课程设置与教育教学活动中一以贯之地培植完美人格，同样具有借鉴意义。

---

① 唐君毅. 文化意识与道德理性. 北京：中国社会科学出版社，2005：4（自序二）.

② 郝兰奇. 新君子教育读本. 北京：国家行政学院出版社，2013：1（序三）.

四、君子教育三位一体实践机制与社会主义核心价值观的培育和践行

君子教育之所以能够成为教育经典，促进我国传统君子文化的形成，重要原因之一就是其在实施中形成的家庭教育、学校教育与社会教育深度融合的“三位一体”实践机制。这种实践机制产生了强大而持久的合力，有力地推动了君子教育的持续发展和传统君子文化的发展，也推动了全民共识价值观的形成。这种实践机制对于培育和践行社会主义核心价值观具有重要借鉴意义。行之有效的价值观教育理应是家庭教育、学校教育与社会教育的“三位一体”，而家庭教育又是重中之重，一种不被家庭接受的价值观无论如何努力教化，也是难以扎根、难以持久的。

君子教育重视家庭教育，重视价值观养成的早期教育。“在前工业文明时期，家庭教育曾经是无所不包的。无论是东方的‘君子教育’还是西方的‘绅士教育’，都以家庭为载体并以代际传承的方式进行。”[①]在教育内容方面，君子教育尤其重视价值观的早期教育，强调“蒙以养正”。“蒙以养正”语出《周易·蒙卦》：“蒙以养正，圣功也。”[②]其意为道德养成教育要从孩提开始，儿童从小得到正确的引导，将来就可能成就圣人之德。

我国古代把君子养成教育作为家庭教育的核心内容，士大夫之家庭教育更是如此，并且往往采用《家训》之家庭教育课程，实现了君子教育的代际传递。三国时期吴人陆绩曰：“圣人教先从家始，家正而天下化之，修己而安百姓者也。”[③]明代著名谏臣、兵部员外郎杨继盛教育孩子立志成为君子：“人须要立志。初时立志为君子，后来多有变为小人的。若初时不先立了个定志，则中无定向，便无所不为，便为天下之小人，众人皆贱恶。我希望你们发愤，立志要做个君子，即使不做官，人人也都敬重你们。故我要你先立起志来。”[④]作为中

① 张华，权福军，等. 现代家庭成功教育. 济南：泰山出版社，1998：86.

② 黄寿祺，张善文. 周易译注. 上海：上海古籍出版社，2004：46.

③ 转引自李笑野. 先秦文学与文化研究. 上海：上海财经大学出版社，2000：44.

④ 张立驰. 中国传统家庭文化的现代教育价值研究. 上海：上海三联书店，2023：54.

国历史上一个“内圣外王”、人格完美统一的典型代表，诸葛亮在《诫子书》中曾说：“夫君子之行，静以修身，俭以养德，非淡泊无以明志，非宁静无以致远。”[①]曾国藩则教育子女要养成君子人格：“君子之立志也，有民胞物与之量，有内圣外王之业，而后不恭于父母之生，不愧为天地之完人。”[②]可以说，千千万万的中国古代家庭都在有意识与无意识地进行君子教育，而士大夫之家更是有意识、自觉地实施君子教育的一族，在传统中国君子教育的长河中产生了重要的引领作用。

这样，在家庭教育中奠定了儿童价值观基础，进入学校教育，通过系统教育则进一步强化了其价值观的形成。我国学校教育，自汉代起，无论是官学、私学，还是中后期形成的书院，无不把君子之教的儒学作为主要的教育内容，把培养君子式的官员和学者作为培养目标。

社会教育（包括政府行为）方面对君子教育的发展更是起到了推动和强化作用。我国自从孔子提出“学而优则仕”，培养德才兼备君子式官员和学者的倡导，汉代开始对儒生的重视，及至隋唐以德教为要的儒学经典为考试内容的中国科举制度的确立等，使君子教育的范围逐渐扩大，君子教育的理念逐步深入。特别是通过君子与小人的对比形成的国人自觉的道德判断，使所有人——无论是读书之人还是目不识丁者，实质上都在接受着君子教育，实施着君子教育，形成了社会化的人格教育。直到清末，由于官方的主导和学者的倡导，各朝各代均维持着全社会参与的君子之教，从而塑造了君子人格，发展了君子文化。清帝逊位，君子退出朝廷与官场，君子教育也随之退出制度化的教育体系。但是，其教育理念和教育活动并没有完全消失，而是以不同的方式呈现于各类教育活动与社会文化之中。

通过家庭教育、学校教育、社会教育使君子教育形成了强大合力，这是君子教育得以持久发展、国民共同价值倾向养成，以及中国传统君子文化形成的关键。培育和践行社会主义核心价值观，是推进中国特色社会主义伟大事业、实现

① 转引自释悟才. 禅林信步. 北京：宗教文化出版社，2021：268.

② 曾国藩. 曾国藩十三经. 林畅，评述. 北京：九州出版社，2003：22-23.

中华民族伟大复兴中国梦的战略任务。[①]如果此项工程仅停留在理论和政策层面，或仅仅依靠制度化的教育系统力量，是远远不够的。如果一种价值观没有得到民众的认可，没有得到家长和社会的支持和拥护，学校推行起来就只是一门课、一项工作、一种形式，会随着学习阶段的结束而结束，难以形成指导学生终身行动的价值观。行之有效的价值观教育势必需要奠基于家庭的养成教育，强化于学校的系统教育，形成于社会的事实教育。如果三者各行其是，只能给受教育者的世界观、人生观与价值观带来混乱，使其心无所依，成为盲目跟风、缺少道德信仰的一代。因此，我们应该认真研究和借鉴君子教育的实践机制，让社会主义核心价值观奠基于家庭的养成教育，强化于学校的系统教育，形成于社会的事实教育，使培育和践行社会主义核心价值成为全方位的全民行动，进而促进中国特色社会主义新时代特色文化的形成与发展。

五、君子教育对道德价值的追求是人类教育的永恒主题

与中国主流文化发展一脉相承且历史悠久的君子教育，其涵养人格、高扬道德的精髓在历史的进程中散发出了熠熠的光彩，对中国社会乃至全人类的进步做出了毋庸置疑的贡献，直至现当代，仍然具有超越时空的价值和魅力。然而，君子教育以国家官员为主的培养目标、以儒家经典为主的教学内容决定了其是培养“劳心者”的精英教育，而不是培养“劳力者”的大众教育。这种小众化的精英教育模式具有其历史的合理性，却不能适应近现代社会发展的需要，及至清末“废科举”“兴新学”，传统的君子教育最终退出了中国主流教育舞台。

传统的君子教育虽已离开历史舞台，可是作为经典的人格教育与精英教育，其影响依然存在。特别是“君子”在脱离了“能力”和“职位”等要素之后，其核心的道德价值追求却更加鲜明：君子在中国文化中已成为德性的化身，演变为君子人格，形成了源远流长的君子文化，渗透在中国人的修身、处事之中。大浪淘沙，发展历史到今天，更加凸显了君子教育追求道德价值的合理性。

---

① 中共中央办公厅. 关于培育和践行社会主义核心价值观的意见.（2013-12-23）[2024-03-25]. http://news.xinhuanet.com/politics/2013-12/23/c_118674689.htm.

人类社会自产生之日起，就与道德规范和道德实践的发展相随相伴，中西方概莫能外，道德与道德教育形成了人类生活中的永恒主题。[①]不同时代需要的人才虽然规格不同，但是无论哪种人才，道德都应置于首位。否则，培养的人才越多、能力越强，虽然可能给个体或集团带来暂时的利益，但是对于一个民族、一个国家和全世界的长远发展而言，这种“以能为要”的人才迟早会成为社会的灾难和文明的大敌。君子教育倡导的道德观念，其中不少精华之处具有超越时空的价值，是人类道德文明的核心元素，如“己所不欲，勿施于人”“君子一言，驷马难追”等，已经成为中外共同认可和倡导的交往理念，成为人类社会超越时空的道德准则。

① 李申申. 人性：存在与超越的省视——中西方道德教育思想与实践比较研究. 北京：新华出版社，1999：84.

结　　语

谦谦为人

世界已经进入“新轴心时代”[①]，不同文化将再次绽放异彩，不同国家的经典教育理论和教育思想也会再次进入人们的视野，为这个时代贡献力量。世界已进入了经济全球化和知识经济时代，对人才的重视、对教育的重视已成为当代诸国新一轮经济发展的重要特征。当代任何一个国家的发展都难以绝缘于其他国家而孤芳自赏，人类命运共同体需要世界各族人民共同构筑、共同经营。培养具有高素质和共识价值理念的世界公民，应是世界各国共同关心的话题。于多元文化中求同存异，于全人类文明中学习那些超越时空的道德价值，培养具有较高道德素养的“世界公民”或“地球村村民”，已是世界教育发展的必然。在中国特色社会主义新时代，进一步研究以道德教育为核心的君子教育，对于培育和践行社会主义核心价值观，建设富强、民主、文明、和谐、美丽的社会主义现代化强国，构筑人类命运共同体，将会发挥更加重要的作用。

几年的持续研究，使我们进一步体会到中国古代君子教育这一专题研究的快乐与艰辛，也更加清醒地认识到这一研究的重要性与必要性。在这几年的持续研究中，我们既有收获，也有不足，收获是鼓励，不足是动力。让我们携手努力，共同挖掘古代经典教育的宝贵资源，为弘扬中华优秀传统文化、推动现代教育的发展贡献力量。同时，我们也非常期待各位读者不吝赐教，提出宝贵的意见和建议，共同推动这一领域的研究不断向前发展。

---

① 汤一介，李中华. 中国儒学史 先秦卷. 北京：北京大学出版社，2011：3（总序）.

参 考 文 献

［美］阿拉斯代尔·麦金太尔. 2003. 伦理学简史. 龚群，译. 北京：商务印书馆.

［美］白诗朗. 2006. 普天之下：儒耶对话中的典范转化. 彭国翔，译. 石家庄：河北人民出版社.

曹勃昊. 2014.《诗经》君子德性研究. 河北大学硕士学位论文.

陈壁生. 2015. 古典政教中的“孝”与“忠”：以《孝经》为中心. 中山大学学报（社会科学版），(3).

（清）陈启源. 1991. 毛诗稽古编. 济南：山东友谊书社.

（宋）程颢，（宋）程颐. 1981. 二程集. 王孝鱼，点校. 北京：中华书局.

程俊英. 2004. 诗经译注. 上海：上海古籍出版社.

（汉）戴圣. 2015. 礼记. 刘小沙，译. 北京：北京联合出版公司.

［美］狄百瑞. 2009. 儒家的困境. 黄水婴，译. 北京：北京大学出版社.

（汉）董仲舒. 2012. 春秋繁露. 张世亮，钟肇鹏，周桂钿，译注. 北京：中华书局.

（宋）范晔. 1965. 后汉书.（唐）李贤，等，注. 北京：中华书局.

高恒天，杨杰. 2018. 先秦儒家君子人格的理论建构及其现代价值. 船山学刊，(3).

高金鹏. 2020.“成善之途”：孟子“大丈夫”理想人格思想及其对当代人格塑造的价值意义. 西部学刊，(8).

［日］高木智见. 2011. 先秦社会与思想：试论中国文化的核心. 何晓毅，译. 上海：上海古籍出版社.

［美］顾立雅. 2000. 孔子与中国之道. 高专诚，译. 郑州：大象出版社.

［美］郝大维，［美］安乐哲. 2005. 通过孔子而思. 何金俐，译. 北京：北京大学出版社.

[美] 赫伯特·芬格莱特. 2002. 孔子：即凡而圣. 彭国翔，张华，译. 南京：江苏人民出版社.

黄寿祺，张善文. 2004. 周易译注. 上海：上海古籍出版社.

黄思记. 2020. 君子教育新时代价值论. 河南工业大学学报（社会科学版），(4).

黄钊. 2004.《孝经》的道德观念及其现实价值. 纪念孔子诞生 2555 周年国际学术研讨会论文集（卷四）.

姜亮夫，夏传才，赵逵夫，等. 1998. 先秦诗鉴赏辞典. 上海：上海辞书出版社.

金良年. 2004. 孟子译注. 上海：上海古籍出版社.

孔子. 2015. 论语. 王超，译. 北京：北京联合出版公司.

兰辉耀. 2012.《孝经》的孝道思想探析. 孝感学院学报，(1).

李梦生. 2004. 左传译注（上、下）. 上海：上海古籍出版社.

李民，王健. 2004. 尚书译注. 上海：上海古籍出版社.

[澳] 李瑞智，[澳] 黎华伦. 1999. 儒学的复兴. 范道丰，译. 北京：商务印书馆.

李学勤. 1999. 十三经注疏·毛诗正义（上、中、下）. 北京：北京大学出版社.

李泽厚. 2004. 论语今读. 北京：生活·读书·新知三联书店.

梁启超. 1936. 中国之武士道. 上海：中华书局.

梁漱溟. 2010. 中国文化的命运. 北京：中信出版社.

刘凤云，冯静. 2008. 论《孝经》对当代教育的积极价值. 现代教育科学，(4).

刘华荣. 2018. 儒家教化思想研究. 北京：中国社会科学出版社.

刘岩. 2019. 礼乐文明影响下的周代君子人格. 青年文学家，(8).

钱穆. 1996. 国史大纲（修订本）（上、下）. 北京：商务印书馆.

钱穆. 1994. 中国文化史导论（修订本）. 北京：商务印书馆.

宋明. 2017.《孝经》的思想教育意义及现代价值. 语文建设，(27).

汤一介，李中华. 2011. 中国儒学史. 北京：北京大学出版社.

唐君毅. 2005. 文化意识与道德理性. 北京：中国社会科学出版社.

万平. 1990. 论《左传》“君子曰”之引《诗》. 乐山师专学报（社会科学版），(2).

汪受宽. 2004. 孝经译注. 上海：上海古籍出版社.

王晖. 2000. 殷商为神本时代说. 殷都学刊，(2).

王健文. 2008. 流浪的君子：孔子的最后二十年. 北京：生活·读书·新知三联书店.

王连城. 1990. 吟之有因 颂之有理——从历史上的鲁僖公看《鲁颂》四篇的思想倾向. 辽宁师范大学学报，(5).

（明）王守仁. 2014. 王阳明全集. 上海：上海古籍出版社.

（三国·魏）王肃. 1991. 孔子家语. 郑州：中州古籍出版社.

（清）王先谦. 2012. 荀子集解. 沈啸寰，王星贤，整理. 北京：中华书局.

王贞. 2011. 《孝经》“以孝治国”理想政治模式论略. 华中科技大学学报（社会科学版），(4).

魏臣宇. 2022. 《礼记》之君子观探析. 汉字文化，(6).

项阳. 2010. 中国礼乐制度四阶段论纲. 音乐艺术（上海音乐学院学报），(1).

肖群忠. 2001. 孝与中国文化. 北京：人民出版社.

徐复观. 2005. 中国人性论史. 上海：华东师范大学出版社.

（汉）许慎. 2018. 说文解字. 汤可敬，译注. 北京：中华书局.

［澳］许倬云. 2006. 中国古代社会史论：春秋战国时期的社会流动. 邹水杰，译. 桂林：广西师范大学出版社.

杨伯峻. 1980. 论语译注. 北京：中华书局.

杨天宇. 2004. 礼记译注（上、下）. 上海：上海古籍出版社.

姚中秋. 2012. 美德·君子·风俗. 杭州：浙江大学出版社.

余秋雨. 2014. 君子之道. 北京：北京联合出版公司.

余英时. 1989. 中国思想传统的现代诠释. 南京：江苏人民出版社.

张国强，梅柳. 2007. 《孝经》道德教化思想探析. 湖南工程学院学报（社会科学版），(2).

张辉忠. 2003. 初析《诗经》在古代政治思想交流中的启示作用——从《左传》中用歌《诗》奏《诗》充实和代表言语谈起. 长春理工大学学报（社会科学版），(2).

张美玲. 2016. 《诗经》中“君子”含义浅析. 学理论，(7).

张蕊，俞启定. 2010. 《诗经》教育价值考论. 孔子研究，(3).

张晓松. 2006. “移孝作忠”:《孝经》思想的继承、发展及影响. 孔子研究，(6).

张晓月. 2022. 孟子的君子教育思想及其当代价值. 汉字文化，(7).

赵娜. 2012. 从《诗经》中的“君子”看周人的人格范型. 语文学刊，(5).

周桂钿. 2012. 董仲舒研究. 北京：人民出版社.

朱明勋. 2002. 论魏晋六朝时期的《孝经》研究. 华中科技大学学报（人文社会科学版），(3).

（宋）朱熹. 2004. 四书章句集注（上、下）. 北京：中华书局.

Aldrich R. 1985. An Introduction to the History of Education. London: Hodder and Stoughton.

Cua A S. 2007. Virtues of Junzi. https://onlinelibrary.wiley.com/doi/abs/10.1111/j.1540-6253.2007.00456.x.

Cua A S. 2014. Early confucian virtue ethics: The virtues of Junzi. In V. Shen（Ed.）, Dao Companion to Classical Confucian Philosophy (pp.291-334). Berlin: Springer Netherlands.

Gathorne-Hardy J. 1979. The Public School Phenomenon. London: Penguin Books Ltd.

Hickman D. 1995. The religious allegiance of London's ruling elite 1520-1630. University College London.

Kim H P. 2006. Confucius's aesthetic concept of noble man: Beyond moralism. Asian Philosophy, 16(2).

Lindsay J O. 1957. The New Cambridge Modern History, Vol. 7: The Old Regime. Cambridge: Cambridge University Press.

Meng J F, Fang Y L, Qin M Y, et al. 2012. Varietal differences among the phenolic profiles and antioxidant properties of four cultivars of spine grape (Vitis davidii Foex) in Chongyi County(China) . Food Chemistry, 134(4).

Monroe P. 1911. A Cyclopedia of Education. New York: The Macmillan Company.

Newman J H. 1994. The Idea of a University Defined and Illustrated. London：Routledge/Thoemmes Press.

Shen V, Antonio S. 2007. CUA: A confucian Junzi. Journal of Chinese Philosophy, 34(2).

Shoemaker R B. 2002. The taming of the duel: Masculinity, honour and ritual violence in London, 1660-1800. The Historical Journal, 45(3).

Strauss L. 1995. Liberalism Ancient and Modern. Chicago: University of Chicago Press.

Thompson M. 2011. Chinese hedonic values and the Chinese classical virtues: Managing the tension. Journal of Management Development, 30(7-8).

Walker J, Johnson S, Jameson R S. 1828. A Dictionary of the English Language. London: Longman.

Woodward W H. 1963. Vittorino da Feltre and Other Humanist Educators. New York: Teachers College Press, Columbia University.

Xie Y H, Chen G E. 2013. Confucius' thoughts on moral education in China. Cross-Cultural Communication, 9(4).